JN068862

昭和30年代〜50年代の地方私鉄を歩く 第1巻

時刻表から消えた 北海道の私鉄

寿都鉄道、定山渓鉄道、旭川電気軌道、夕張鉄道、三菱石炭鉱業大夕張線、三菱鉱業美唄鉄道線、
三井芦別鉄道、北海道拓殖鉄道、十勝鉄道、雄別鉄道、釧路臨港鉄道、根室拓殖鉄道、士別軌道、
留萌鉄道、天塩炭礦鉄道、羽幌炭礦鉄道、簡易軌道

髙井薫平 著

【簡易軌道標茶線】この写真を撮影したとき、標茶線起点の開運町の雑然とした構内には、既に使用を中止した車両が放置されていた。撮影の翌々年、軌道は全線が廃止された。◎開運町　昭和44年10月　撮影：大野真一

Contents

【役者が揃った夕張鉄道鹿の谷機関区】左から27号、キハ202、庫の中には9600形26号、期待を込めて投入したＤ1001ディーゼル機関車、そして夕張鉄道独自設計の12号機が並ぶ。◎昭和45（1970）年８月　撮影：矢崎康雄

時刻表の地図（北海道全図）

交通公社時刻表　昭和32年1月号

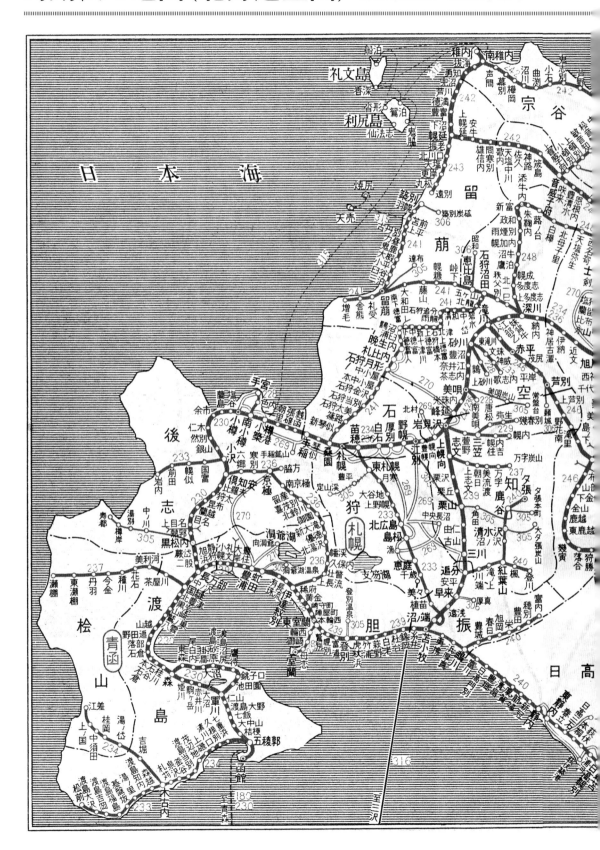

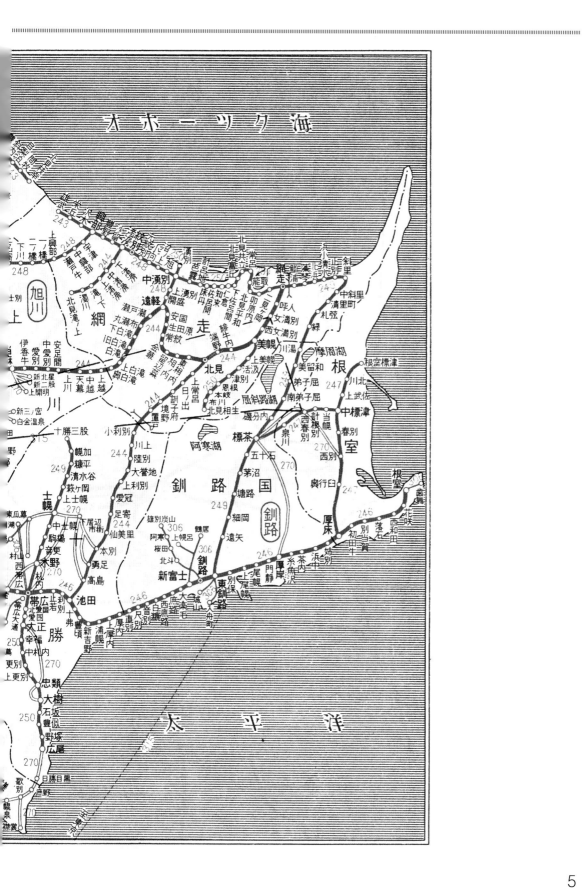

黒松内—寿都（寿都鉄道）　31.11.19 改正

					粁	円		発	黒松内 ⑪ 着					左表の他 バス⑪
1135	1320	1635	1945		3.9	30	ク	中ノ川	発	1010	1125	1510	1900	黒松内発寿都行
1152	1330	1652	2002		9.9	70	ク	湯 別	ク	957	1115	1457	1847	630. 930.1925
1211	1344	1712	2021		13.3	100	ク	樗 岸	ク	937	1101	1437	1827	寿都発黒松内行
1223	1353	1723	2033		16.5	120	着	寿 都	発	925	1052	1423	1813	425. 615.1600
1235	1402	1735	2045							910	1043	1410	1800	

清水沢——大夕張炭山（三菱鉱業大夕張鉄道）　31.11.19 訂補

						粁	円	発	清水沢 着							
631	859	1308	1507	1641	1902	7.6	20	ク	南大夕張 発	805	948		1402	1556	1735	2029
702	933	1340	1538	1712	1928	2244	15.8	40	ク 大 夕 張 ク	746	928	1138	1343	1536	1716	2010	2244
741	1011	1420	1615	1745	2002	2313	17.2	50	着 大夕張炭山発	715	857	1110	1312	1505	1645	1941	2210
745	1015	1424	1619	1749	2006	2317				706	850	1101	1304	1456	1639	1934	2205

大炭夕山張

美唄——常盤台（三菱鉱業美唄鉄道）　31.6.1 改正

								粁	円	発	美 唄 ⑪ 着								
600	725	902	1005	1245	1622	1800	2105	7.5	20	ク 我 路 発	638	749	923	1208	1541	1729	1821	2126
634	801	939	1041	1222	1656	1835	2139	8.3	20	ク 美唄炭山 ク	614	725	859	1144	1517	1707	1757	2102
639	807	945	1047	1228	1701	1841	2145	10.6	30	着 常盤台 発	610	720	855	1139	1512	1703	1753	2058
649	817	955	1057	1238	1711	1851	2155				600	710	844	1129	1502	1648	1743	2048

苗穂——東札幌——定山渓（定山渓鉄道）　31.11.19 改正

粁	円	苗 穂 ⑪ 発		...	728	...	▲	...	1127	1328	...	...	1622	...	...	2022	
3.1	10	東 札 幌 発	...	742	822	...	1027	1133	1334	...	1448	1540	1629	...	1836	...	2028	2112
4.1	20	豊 平 ク	658	748	826	908	1035	1159	1339	1423	1455	1545	1635	1710	1746	1842	1935	2034	2120
14.1	50	石切山 ク	718	805	844	923	1054	1154	1356	1436	1511	1602	1652	↓	1804	1859	1953	2050	2137
23.9	90	滝の沢 ク	744	831	906	942	1114	1211	1417	↓	1532	1622	1614	↓	1825	1923	2015	2106	2157
30.3	110	定 山 渓 着	759	848	923	956	1131	1227	1433	1501	1547	1637	1629	1746	1840	1938	2030	2121	2212

粁	円	定 山 渓 発	642	730	820	914	1007	1033	1217	1322	1422	1511	1608	1647	1718	1812	1910	2002	2051
6.4	30	滝の沢 発	656	743	↓	928	1021	↓	1230	1338	1436	1531	1622	1700	1732	1826	1923	2016	2107
16.2	60	石切山 ク	717	804	843	948	1039	↓	1245	1357	1457	1549	1637	1723	1751	1844	1937	2035	2120
26.2	100	豊 平 ク	734	819	855	1008	1058	1105	1302	1416	1516	1607	1652	1737	1809	1859	1957	2055	2139
27.2	100	東 札 幌 着	736	821		1010	1100		1305	1416	1518	1609			1811		1959	2057	
30.3	110	苗 穂 ⑪ 着			▲		1111		1310		1614		2004	

上表の他　豊平発定山渓行 943.1227　苗穂行 650
定山渓発豊平行 838.1122

▲印＝座席指定車連結指定料 50円
◎苗穂—東札幌　千歳線 233頁参照

留萌——達布（天塩鉄道）　31.11.19 改正

820	1410	Ⅹ1647	1900		粁	円	発 留 萌 ⑪ 着	706	1226		1515	1754
843	1433	1710	1923		10.4	40	ク 天塩本郷 ク	644	1204		1453	1732
852	1443	1725	1933		14.3	50	ク 沖 内 ク	636	1156		1445	1723
908	1459	1741	1949		20.4	70	ク 天塩住吉 ク	621	1141		1425	1707
918	1509	1751	1959		25.4	90	着 達 布 発	610	1130		Ⅹ1415	1655

登別——登別温泉（道南バス登別線）　🚌 31.11.19 改正

登別⑪発温泉行	645. 651. 753. 804. 909. 941.1033.1104.1151.1213.1347.1427 1441.1602.1639.1707.1810.1845.1856.1918.2011.2218.2228	室蘭—登別温泉🚌 室 蘭発 820.1500.1700
登別⑪行温泉発	610. 720. 830. 900.1000.1040.1110.1130.1320.1350.1530.1600 1635.1740.1800.1820.1840.1950.2140.2150	登別温泉発 1000.1500.1700 7.5粁45円所要20分　32.8粁 所要 70分 135円

虻田-洞爺湖温泉🚌-登別温泉-伊達-札幌🚌（道南バス洞爺湖線）　🚌 31.11.19 改正

粁	虻 田 ⑪ 発	643	830	953	1015	1120	1305	1325	1421	1715	1815	1857	1957	2157	...	...
10.2	洞爺湖温泉 着	703	850	1013	1035	1140	1325	1413	1538	1647	1735	1855	1917	2017	2150	...

円	洞爺湖温泉 発	540	720	850	935	1045	1130	1210	1300	1430	1550	1650	1740	1820	1920	2040
50	虻 田 ⑪ 着	600	740	910	955	1100	1150	1230	1320	1450	1610	1650	1800	1840	1940	2100

円	札 幌 発		洞爺湖温泉—伊達紋別 110円 所要45分
109	発 定 山 渓 発	冬 季 運 休	温泉発 810.1000.1330.1500.1730
215	ク 中山峠 ク		伊達発 800. 925.1130.1250.1730.1835
360	ク 喜茂別 ク		洞爺湖温泉—登別温泉 265円 所要2時間半
550	着 洞爺温泉発		洞爺湖発 900.1230　登別発 800.1400

冬 季 運 休

旭川—上川—層雲峡温泉—大函（層雲峡交通）　🚌 31.11.19 改正

...	...	...		円	発 旭 川 着				...
...	...	8 20	11 25	13 35	16 50	125	発 上 川 発	8 00	9 10	10 15	15 30	...
...	...	9 20	12 25	14 25	17 50	270	着 層雲峡温泉発	7 00	8 00	10 10	14 10	15 30	...

層雲峡—大函　　冬 季 運 休　　所要30分　55円

野幌——夕張本町（夕張鉄道）　🚌 🚌 31.11.19 改正

...	545	903	1135	1345	1538	...	1830	2000	粁	円	発 野 幌 着	739	812	944	1117	1506	1701	1940	...
...	615	924	1157	1407	1558	...	1850	2019	12.2	50	ク 南幌向 発	712	751	923	1054	1443	1640	1922	...
...	630	933	1207	1417	1608	...	1859	2027	18.1	70	ク 北長沼 ク	700	743	913	1045	1434	1632	1914	...
...	655	948	1220	1431	1625	1700	1908	2034	23.0	80	ク 栗 山 ク	650	731	905	1037	1420	1624	1907	...
...	706	956	1228	1439	1633	1712	1916	2041	27.4	100	ク 角 田 ク	630	725	856	1029	1417	1608	1850	...
...	736	1014	1246	1500	1648	1734	1932	2054	35.7	130	ク 新二岐 ク	612	712	843	1015	1403	1554	1837	...
...	830	1043	1331	1537	1727		2001	2123	49.1	180	ク 若 菜 ク	534	647	817	948	1337	1527	1812	...
...	840	1050	1332	1543	1734		2008	2130	51.1	180	ク 鹿ノ谷 ク	528	641	811	941	1331	1521	1806	...
...	846	1057	1339	1551	1742		2015	2137	53.2	190	着 夕張本町発	520	635	805	935	1325	1515	1800	...

上表の他　若菜発夕張本町行 610. 735.1620 鹿ノ谷行 755　夕張本町発若菜行 734.1600 鹿ノ谷行 1640.2025

（305）

早来—厚真(連)—千才—鵡川—幌内(非)　（早来運輸）　31.6.1 改正

早来(回)—厚真		早来発	830. 1120. 1325. 1600. 1850. 1925	10.8粁　所要25分　50円
		厚真発	655. 700. 1000. 1420. 1650. 1815	
早来—千歳(非)		早来発	720. 1040. 1730	千歳発　810. 1220. 1835　所要50分　85円
浜厚真—千歳(非)		浜厚真発	800. 1250. 1715	厚真発　700. 1120. 1610　所要50分　80円
鵡川—厚真(非)		鵡川発	750. 1305. 1655	厚真発　645. 1100. 1545　所要55分　90円
幌内—厚真(非)		幌内発	925. 1230. 1700	厚真発　855. 1200. 1630　所要30分　45円

城山——東釧路——入舟町 (貨)(連)　（釧路臨港鉄道）　31.11.19 改正

8 45	10 45	…	13 45	15 58	17 09	粁 2.2	円 10	発城　山着	8 25	10 33	…	13 08	15 08	16 59		
8 51	10 51	…	13 51	15 45	17 15	粁 円		〃東釧路(国)発	8 20	10 31	…	13 03	15 03	16 54		永 8
9 00	11 00	12 15	14 00	16 00	17 23	3.3	10	〃春採	8 08	10 01	11 58	13 05	15 00	16 46	18 06	住 17
9 11	11 18	12 33	16 03	16 20	17 41	8.5	10	〃臨港		9 41	11 41	12 41	14 41	16 25	17 45	町 18
9 20	11 20	12 36	14 20	16 20	17 43	9.3	10	着入舟町着		9 38	11 38	12 38	14 38	16 25	17 45	

帯広大通——戸蔦——八千代(非)　（十勝鉄道）　31.11.19 改正

805	930	1055	1305	1505	1650	1747	1920	粁	円	発帯広大通着		840	1001	1240	1440	1536	1651	1855
835	1000	1122	1332	1533			1946	5.7	30	〃農学校前発	706	814	936	1216	1416	1509	1626	1831
846	1013	1133	1343	1544	1703	1758		9.2	40	〃川 西	655	802	925	1205	1405	1457	1615	1820
…	1040			1730				15.0	60	〃藤		741				1436		
…	1136			1825				30.1	130	着戸　蔦		635				1330		
…	1044			1729				15.0	60	発藤		730				1424		
…	1152			1837				32.8	140	着八千代発		630				1325		

芦別——頼城(連)　（三井鉱山芦別鉄道）　31.11.19 改正

		粁	円	芦　別(国)発	…	640	825	1018		1241	1400	1456	1557	1646	1736	1857	…	2126
		4.1	10	三井芦別 〃	557	702	850	1037	1152	1304	1414	1519	1611	1700	1757	1918	2055	2140
		5.8	10	中の丘 〃	607	708	856	1043	1159	1310	1419	1524	1616	1706	1802	1923	2100	2145
		7.5	20	緑泉 〃	607	714	902	1049	1203	1316	1424	1530	1621	1710	1808	1928	2105	2150
		9.1	20	頼城着	612	718	906	1053	1207	1320	1429	1534	1626	1712	1812	1933	2110	2155
		粁	円	頼城発	535	617	728	925	1135	1247	1357	1502	1554	1641	1740	1945	2033	2204
		1.6	10	緑泉城泉 〃	539	621	734	930	1140	1252	1402	1507	1559	1646	1745	1950	2038	2208
		3.5	10	中の丘 〃	544	626	740	935	1145	1257	1407	1512	1604	1651	1750	1954	2043	2213
		9.1	20	三井芦別 〃	551	631	751	943	1201	1306	1423	1517	1607	1658	1810	1959	2049	2218
				芦　別着	600		800	952	1212	1316	1437		1630	1708	1820		2059	

新得——東瓜幕 (連)　(貨)併用　（北海道拓殖鉄道）　32.1.1 改正

6 00	10 24	14 15	18 10	粁	円	発新南得(国)着	9 22	13 27	17 37	19 19	帯広—然別湖
6 06	10 29	14 20	18 14	1.4	10	〃新得延	9 15	13 24	17 34	19 16	冬季運休
6 30	10 50	14 43	18 32	10.5	45	〃上佐幌道	9 03	13 08	17 17	19 00	所要下り 3時間63.7粁
7 00	11 20	15 15	…	21.0	90	〃瓜幕	8 33	12 41	16 47	…	上り 2時間半 280円
7 26	11 42	15 40	…	28.7	120	〃東瓜幕	7 55	12 05	16 10	…	
7 41	11 56	15 53	…	35.4	150	着東瓜幕発	7 55	12 05	16 10	…	

釧路—雄別炭山(連)　（雄別炭鉱鉄道）　31.11.19改正

6 00	9 42	15 17	44	粁	円	発釧路着	8 07	11 55	18 16	19 50
6 15	9 56	14 00	17 44	14.5	40	〃北斗発	7 54	11 42	15 43	18 35
6 32	10 18	14 20	18 01	18.0	50	〃桜田	7 37	11 25	15 27	18 18
6 43	10 32	14 34	18 34	25.2	70	〃阿寒	7 05	10 51	14 57	17 51
7 03	10 49	14 51	19 01	31.5	80	〃古潭	6 52	10 38	14 42	17 38
7 13	10 59	15 01	19 19	38.7	100	〃布伏内	6 39	10 25	14 30	17 25
7 49	11 39	15 39	19 39	44.1	110	着雄別炭山発	6 15	9 59	14 01	16 20

恵比島——昭和 (連)　（留萠鉄道）　欄外注意　31.12.15 改正

655	840	1050	1244	1510	1600	1825	2115	粁	円	恵比島(国)着	748		936	1156	1340		1457	1657	1814	2100
705	851	1101	1255	1520	1611	1835	2125	4.8	10	幌新	738	深22	925	1145	1330	深22	1447	1647	1804	2050
725	920	1116	1320	1547	1637	1851	2141	12.0	30	新雨竜川			1126	1315	1331	川	1427	1634	1744	2035
740	938	1131	1338	1551	1655	1906	2156	17.6	50	昭和着	708		852	1054	1257		1401	1613	1720	2020

小頓別—歌登(非)　（歌登村営軌道）　31.12.1改正

1000	1410	1740	粁	円	発小頓別着	930	1215	1700
1015	1425	1755	4.5	40	〃小毛登別発	815	1215	1645
1045	1500	1830	11.2	160	〃中央	740	1140	1610
1100	1510	1840	16.2	200	着歌登発	730	1130	1600

根室—歯舞(非)　（根室拓殖鉄道）　31.9.1訂補

粁	円	発根室着	755	941	1240	1436	1706	1840
	100	〃歯舞着	8 40	12 00	15 30	17 30		
15.1		雄別	7 30	10 20	13 50	16 10		
		根室	7 30	10 50	14 20	16 11		

築別—築別炭鉱 (連)　（羽幌炭鉱鉄道）　31.11.19 改正

830	1020	1325	1600	1730	1910	粁	円	発築別(国)着	755	941	1240	1436	1706	1840
849	1039	1344	1619	1749	1929	6.3	20	〃上築別発	738	924	1223	1419	1649	1823
911	1059	1404	1639	1810	1949	11.1	40	〃下築別	724	910	1209	1405	1635	1809
916	1104	1421	1656	1827	2006	16.4	60	着築別炭鉱発	700	840	1150	1345	1550	1740

鶴居村営軌道(非)　31.10.1 改正

7 30		粁	円	発鶴居着	17 40	6 40		粁	円	発上幌呂着	18 10
8 00	14.0	70	〃温根内	17 00	7 00	23.0	100	〃温根内発	17 00
9 00	28.0	130	着新富士(国)発	16 00	8 00	27.0	160	着新富士(国)発	16 10

士別——奥士別(非)　（士別軌道）　31.12.1 改正

540	700	此	士別発 730.900	1730	1910	粁	円	発士　別着	740	750	此	士別行 805.1005	1740	21 05
610	730	間	1000.1110.1300	1800	1940	10.8	50	〃士別	710	720	間	1025.1115.1215	1710	20 35
635	755		1330.1400.1530	1825	2005	20.1	95	着奥士別発	645	655		1405.1505.1605	1645	20 10

北海道の私鉄切符 （所蔵・文：堀川正弘）

寿都鉄道

寿都鉄道のこの切符は、私が唯一所蔵しているもので、北海道の私鉄切符全体の中でも数少ない昭和20年代の乗車券です。
寿都～黒松内の16.5キロ区間が100円となっていますが、当時の物価水準や国鉄運賃に比べると随分と高い賃率です（国鉄は1キロ当たり2.1円）。

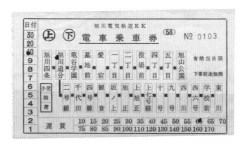

旭川電気軌道

旭川電気軌道は発駅と上り・下りに入鋏する金額式乗車券です。また、有料手回り品荷物欄もあるのですが、収受額欄は運賃だけとなっています。

定山渓鉄道

定山渓鉄道の車内乗車券は、精算欄がある珍しいタイプです。本州では裏面が多いのですが、北海道の私鉄では何社かがこのタイプでした。

夕張鉄道

夕張鉄道のような有料急行は、地方私鉄としては珍しいですね。
この他には長野電鉄、富山地方鉄道、島原鉄道等の数社だけでした。

こちらはバス車内で発行された鉄道連絡車内乗車券です。鉄道線内だけの車補（車内補充券）と違い、注意記述に特色があり、また、割引種別欄が他社よりも多くなっています。

三菱大夕張鉄道

この会社は、社名が何度か変わっています。上段と中断の切符のすぐあと、昭和44年10月1日に「三菱大夕張炭礦大夕張鉄道」となり、さらに昭和48年の合併により、上段の切符の社名になりました。

美唄鉄道

昭和25年に三菱鉱業に買収されましたが、中段の切符は、まだ「美唄鉄道」のままです。また、地紋も北海道の一部の私鉄で使われていた国鉄同様の地紋です。

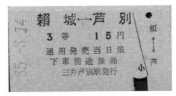

芦別鉄道

昭和35年に三井鉱山から譲渡され「三井芦別鉄道」となりました。ここも、やはり上段の2枚は国鉄地紋ですが、譲渡後は北海道の私鉄特有の「HPR」地紋です。これは前項の三菱美唄も同様です。

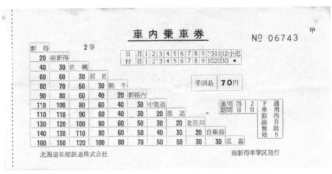

北海道拓殖鉄道

ここも地紋は国鉄でした。当時の北海道の私鉄は、国鉄に乗車券印刷を委託している会社が多数ありました。

留萌鉄道

ここも、地紋が「JNR」から「HPR」に代わっています。恵比島は平成11年のNHK朝の連続テレビ小説「すずらん」の舞台になったところです。

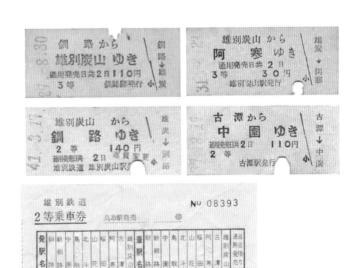

雄別炭鉱鉄道

上段左は、数少ない昭和20年代の北海道の私鉄乗車券です。営業キロが44キロと前述の寿都鉄道の3倍近くもあるのに、運賃は10円しか違いません。上段左以外は「雄別炭鉱」時代です。

羽幌炭礦鉄道

社名の「礦」の字が、駅名では旧字体になっています。

簡易軌道

①幌延：村から町に昇格しています。列車名の「特」は特別列車の運転が時々あったのでしょう。
②鶴居：通常旅客乗車券は運賃で、荷物が料金です。
　　　　荷物はミルクタンクでしょう。
③歌登：発駅の記載がありません。
④標茶：駅に入鋏し、上下別で金額式にしたのでしょうか。運賃欄の並び方も面白いです。
⑤浜中：種別欄の１〜４・臨は何を表していたのでしょうか。

⑥標茶：「軌道運行事務所発行」となるところが、「軌海」となっている誤印刷券です。確認できただけでも、地紋が4種類ありました。

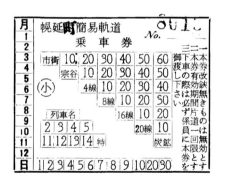

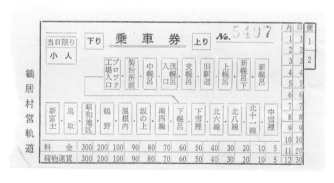

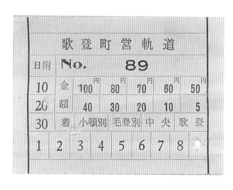

1章
カラー写真で見る
北海道の私鉄

【雪がやんだ途中の樽岸駅で入換え作業を行う8108号】◎昭和37(1962)年1月 撮影：J.Wally.Higgins

寿都鉄道
(すっつ)

【8100形（8108号）】
日清戦争後の明治30（1897）年
に米国のボールドウィン社で製
造された20両の8100形の1両。
寿都鉄道には延べ4両の8100
形が在籍した。
◎寿都　昭和37（1962）年1月
撮影：J.Wally Higgins

【キハ1形（1）】昭和28（1953）年にカテツ交通工業で改造。寿都鉄道でただ1両の気動車。千葉県の成田鉄道で使用された汽車会社の昭和7（1932）年製ヂ301を流用している。◎寿都　昭和43（1968）年3月　撮影：清水敏史

【ハ6形（6）】
元は国鉄に買収された北九州鉄
道キハ5。その後、栃木県の下
野電気鉄道に払い下げられ、同
県の東武矢板線でキサ22として
活躍。寿都鉄道入りハ21を名乗
り、その後しばらくして、ハ6（2
代目）に改番された。
◎寿都　昭和43（1968）年3月
撮影：清水敏史

定山渓鉄道
じょうざんけい

【車庫に並ぶモ800形】
昭和24（1949）年に製造された 運輸省規格型800形 モ801, 802。晩年の定山渓鉄道の電車は窓廻りが赤、腰部がクリームのツートン塗装だった。右奥にはブルーのED5000形が並ぶ。
◎豊平　昭和42（1967）年3月
撮影：荻原俊夫

【キハ7501とモ801】国鉄の気動車に併結し札幌に乗り入れるため、たキハ7001,7002,7003,7501の4両の気動車が投入されていた。 性能は国鉄キハ22に合わせていたが、車体は湘南スタイルの2枚窓、マルーンの塗装で異彩を放っていた。当時の定山渓鉄道の電車は深い緑色塗装だった。また電車・気動車とも運転台が右側にあった。
◎簾舞　昭和36（1961）年6月　撮影：荻原二郎

【モロ1100とモ1200の2両連結】
先頭のモロは座席指定料を徴収する。2等がなくなった後も50円の座席指定料を徴収した。
◎昭和32（1957）年5月
撮影：J.Wally.Higgins

旭川電気軌道

あさひかわ

**【市街地道路中央を行く
貨車を引くモ501】**
旭川電気軌道は機関車を持たな
かったため、貨車は電車が牽引。
◎旭川四条駅付近
昭和45（1970）年8月
撮影：矢崎康雄

【モ102とモ501】
貨車をつないだモ102とモ501
が並ぶ。旭川電軌の塗装は廃止
になるまで、濃い緑色だった。
◎旭川四条駅
昭和45（1970）年8月
撮影：矢崎康雄

**【貨車を牽いて市街地の
道路中央を走るモ102】**
モ100形は昭和24（1949）年
に製造された旭川電軌で最
初のボギー車。旭川電軌で
はパンタグラフ装着後も車
庫内運転用にポールを残し
ていた。
◎東川学校前付近
昭和34（1959）年8月
撮影：J.Wally Higgins

夕張鉄道
ゆうばり

【転車台と12号機】
蒸気機関車11～14号機は大正時代の末に夕張鉄道が日立製作所に発注したもので、足回りは国鉄9600形、上部すなわち缶の部分は8620形という珍しい機関車。私鉄が独自に蒸気機関車を発注するのはこの時代からはあまりない。
◎鹿ノ谷
昭和38 (1963) 年6月
撮影：林 嶢

【鹿ノ谷機関区】夕張鉄道の機関区は鹿ノ谷にあった。蒸機機関車は国鉄形式9600形の21～28が活躍した。ただし21は新造。このほか国鉄DD13タイプのディーゼル機関車DD1001,1002があった。
◎鹿ノ谷　昭和46 (1971) 年3月　撮影：西川和夫

【キハ201＋キハ250形の3両編成】
キハ250形とキハ300形は総括制御ができたが、キハ200形は総括制御できないため機関士が乗務していた。
◎鹿ノ谷
昭和45 (1970) 年8月2日
撮影：矢崎康雄

三菱大夕張鉄道
みつびしおおゆうばり

【№.3号機の牽く旅客列車】
大夕張駅はシューパロ湖の
ダム建設で線路が移設され
姿を消した。
◎大夕張
昭和45(1970)年8月
撮影：矢崎康雄

【DL-55 №.3＋客車＋貨車】国鉄DD13タイプのDL-55形は昭和48(1973)年三菱重工製。3
両が製造された。塗装も国鉄のディーゼル機関車に準じていた。
◎南大夕張　昭和62(1987)年5月　撮影：奥山紀道

清水沢13:08発の大夕張炭山行
き混合列車の客車内（ナハ5）。
車内にはダルマストーブが2基
あり、中央部はクロスシート、
車端部はロングシートだった。
◎昭和47(1972)年3月
撮影：西川和夫

【大夕張炭山を出発する№.6号機】
大夕張鉄道は国鉄9600形と同じ
タイプの蒸機機関車が7両いた。
車両番号の前に№.の文字を付けて
いるのは珍しい。
◎大夕張炭山
昭和48(1973)年9月
撮影：林 嶬

美唄鉄道
（び ばい）

【4122号機が牽く混合列車】
美唄鉄道では使い勝手がよかったのか、国鉄4110形を遅くまで使用していた。自社で発注した国鉄4110形と同タイプのほか、国鉄から来てそのままの番号で使用されたものもあった。
◎美唄付近
昭和34（1959）年9月
撮影：J.Wally Higgins

【7号機が牽く混合列車】
美唄炭山をバックに7号機が客車と貨車を牽いて出発する。5～7号機は国鉄9600形。ただし5号機は自社発注のもの。
◎美唄炭山
昭和40（1965）年5月
撮影：荻原二郎

**【終点駅常盤台で
発車待ちのキハ102】**
昭和40（1965）年に国鉄キハ05形を3両譲り受け、キハ100形キハ101～103になった。受け入れに際してエンジンは換装され、トルコン付で総括制御が可能になっていた。撮影時の塗装は国鉄交直流急行電車451系や、廃止になった江若鉄道の気動車と同様のツートンだった。
◎常盤台
昭和45（1970）年8月
撮影：矢崎康雄

三井芦別鉄道
みつい あしべつ

【DD500形（501号）】
国鉄タイプの機関車は富士重工製。同型式が3両あった。写真は頼城を出発し、芦別に向かう三井芦別鉄道の石炭輸送列車。
◎頼城　昭和52（1977）年8月
撮影：田中義人

【キハ100形（101）】
昭和32（1957）年に新潟鉄工所で3両が生まれた。夕張鉄道キハ251とよく似ている。
◎芦別　昭和40（1965）年8月　撮影：今井啓輔

北海道拓殖鉄道

【8620形（8621号）】
国鉄8620形のトップナンバー機ではなく、昭和3（1928）年汽車會社で新造されたもの。8620形の中では後期型に属する。この鉄道で8620形は8622号とともに2両だけだった。
◎南新得　昭和34（1959）年1月
撮影：J.Wally Higgins

【キ2ラッセル車とホハ502 客車】
キ1形キ2は大正14（1925）年苗穂工場製。
◎南新得　昭和34（1959）年1月
撮影：J.Wally Higgins

十勝鉄道
（と かち）

【DC 2 ＋コハ22＋他】
十勝鉄道には帯広の南方に線路を張り巡らし、ビート（甜菜）を工場に運ぶための762mmゲージの路線があった。十勝鉄道の帯広大通駅は国鉄の帯広駅とは離れていた。
◎帯広大通
昭和34（1959）年8月
撮影：J.Wally Higgins

雄別鉄道
（ゆう べつ）

【8700形（8722号機）】
雄別鉄道には2両の旧国鉄8700があった。8722号機は廃車後、釧路製作所で静体保存されている。
◎昭和34（1959）年8月
撮影：J.Wally Higgins

【キハ49200Y形】
国鉄形式キハ49200（称号改正でキハ21）と同型であるが、便所が無く、台車が異なるなどの相違があった。当初の塗装は青とクリームだった。
◎釧路　昭和36（1961）年6月
撮影：荻原二郎

釧路臨港鉄道
くしろ りんこう

【終点の駅】左に貯木場、右には貯炭設備が置かれ、無蓋車には石炭が積まれている。先のホームには気動車が写っている。
◎城山　昭和34（1959）年7月　撮影：J.Wally Higgins

【キハ1000形（1001）】
生まれは元北海道鉄道のキハ553、国鉄に買収されたものを昭和26（1951）年に譲り受けた。昭和28（1953）年にトルクコンバータを付けた気動車に復活した。
◎城山　昭和34（1959）年7月
撮影：J.Wally Higgins

留萌鉄道
るもい

【キハ1000形（1103）】
キハ1103とキハ1002の2両編成。昭和32（1957）年日立製作所製の気動車キハ1001,1002の正面窓下中央に取り付けられた照射角度を変えられる前照灯は、キハ1103では廃止された。左は国鉄留萌本線のキハ21形である。
◎石狩沼田
昭和36（1961）年5月
撮影：荻原二郎

【キハ2000形（2004）】
キハ2004とキハ2005の2両。昭和41（1966）年新潟鉄工製、国鉄キハ22形と同じタイプだが、窓が一重、便所が無いことや正面のヘッドライト両脇に汽笛があるなどの違いがある。
◎深川　昭和43（1968）年9月
撮影：荻原二郎

天塩炭礦鉄道
てしおたんこう

【3号機が牽く混合列車】
天塩炭礦鉄道は気動車が無く、旅客輸送も蒸機列車であった。1号機と2号機がC58タイプ。3号機は国鉄9600形の払い下げ、9号機は元筑波鉄道のCタンクであった。
◎留萌　昭和43（1968）年9月
撮影：荻原二郎

羽幌炭礦鉄道
は　ぼろたんこう

【雪原を行く羽幌のキハ22形】
マルーンに白帯のキハ22形の気動車が、雪の平原を軽快に走り抜ける。羽幌炭礦鉄道の気動車列車は、築別から羽幌まで国鉄羽幌線に乗り入れていた。
◎築別
昭和48（1973）年3月
撮影：小川峯生

【キハ1000形（キハ1001）】側面は2扉になっているが、まるい正面に6枚窓で、国鉄キハ42000形、のちのキハ07とすぐわかる。客車化されていたものを昭和33（1958）年に液体式の気動車に改造されたもの。昭和37（1962）年に焼失しているので、わずか4年の短命だった。
◎築別　昭和34（1959）年8月　撮影：荻原二郎

【キハ10形（11）】
昭和34（1959）年に富士重工が製作したレールバスが投入された。富士重工はこの後、南部縦貫鉄道にも納入しているが、このタイプのレールバスはあまり普及しなかった。
◎築別　昭和43（1968）年8月　撮影：荻原二郎

【国鉄と私鉄のキハ22】左の国鉄羽幌線と接続する羽幌炭礦鉄道。昭和45（1970）年、日本の鉄道では女性の車掌が珍しかったが、ここには若い女性車掌が乗務していた。◎築別　昭和45（1970）年8月　撮影：矢崎康雄

簡易軌道
かんい

【歌登(うたのぼり)村営軌道(1962年から町営)】
廃止になった国鉄天北線の小頓別(しょうとんべつ)から東へ線路が延びていた。
◎歌登　昭和45(1970)年5月
撮影：J.Wally Higgins

【幌延村営軌道(1960年から町営)】
国鉄宗谷本線の問寒別から北へ16キロほどの路線。写真は簡易軌道の混合列車。機関車は小さく貨車の背丈の方が大きい。
◎問寒別　昭和45(1970)年5月
撮影：J.Wally Higgins

【鶴居村営軌道】
釧路の西隣駅新富士から北に線路を伸ばしていた軌道。鶴居村役場近くの「鶴居村ふるさと情報館」に車両が保存されている。
◎新富士
昭和34(1959)年7月
撮影：J.Wally Higgins

【浜中町営軌道】
茶内では線路が国鉄根室本線と並行で北東に向いているが、すぐに左にカーブして北西に直線で進む。この路線は途中線路が分かれ、終点は3か所ある。茶内からは行き先の異なる列車が続行する。後ろと前の車両で塗装が異なるものの、どちらもツートーンの間に白い帯を入れている。
◎茶内　昭和46（1971）年10月
撮影：荻原俊夫

【牛乳の積み込み】
この軌道は住民や生活物資も運んだが、酪農農家からミルクを工場への輸送が大きな仕事だった。沿線の所々にこのようなホームがあり、ミルク缶を積み込み茶内駅に隣接した雪印乳業の工場へ輸送した。
◎秩父内
昭和47（1972）年3月
撮影：西川和夫

【浜中村営軌道（1963年から町営）の気動車】根室本線の茶内駅から出ていた町営軌道。北（左）に延びる線の終点は西円朱別。右に雪印の工場が見えるが、今は高梨乳業北海道工場となっている。◎茶内　昭和47（1972）年3月　撮影：西川和夫

2章
時刻表から消えた 北海道の私鉄

【転車台に乗る8721号テンダ機関車】◎雄別炭山 昭和29（1954）年8月　撮影：竹中泰彦

まえがき

　僕が学生だった頃、北海道に行くということは、現在の海外鉄道旅行と同じくらい大事業であったと記憶しています。青木栄一さんや広田尚敬さん、湯口徹さんの北海道鉄道旅の記録は「RMライブラリ」などでも細く述べられていますが、上野駅まで鉄道仲間が見送りに行ったなどのエピソードも残っています。

　僕にとって最初の北海道旅行は昭和30（1955）年の高校の修学旅行でした。1学年18クラス900人というマンモス校だったので、臨時列車を仕立て上野から常磐線経由で出かけたのです。上野から乗車した客車は出来立てほやほやのオハ45で統一されたきれいな編成でした。夜行車中泊6回を含む11泊12日の旅行でしたが、その前年に洞爺丸事件が発生したので客車の航送はなく、函館駅で待っていたのは道内各地から集められた様々な客車で編成された12両編成で、中にはオハ31も加わっていました。

　この旅で最初に接した北海道の私鉄は3日目に東札幌から乗り入れた定山渓鉄道で、D51から8100の重連にバトンタッチしていました。修学旅行ですから他に見たのは札幌と函館の市電くらい、それに札幌の植物園で檻の中に収まった7150「大勝号」を見たくらいでした。

　2回目の北海道行は大学2年の時で、1年後輩の荻原君と二人で出かけました。均一周遊券を握りしめ、常磐線の急行列車に乗り込んだのです。すでに北海道の私鉄の中にはバスに転換するところもあり、士別軌道と早来軌道は訪問の対象から外しました。また鉄研創立時メンバーでのちに釧路製作所の社長を務められた大谷正春さんが雄別炭鉱に勤務されており、川湯温泉と雄別炭山の社員クラブにご厄介になり、あと札幌のユースホステルに1泊した以外は車中泊を続けました。このころ北海道の国鉄は札幌中心に函館、根室、網走、稚内に向けて夜行列車が走っていたので、うまく活用すれば18日通用の北海道周遊券は実に便利なツールでした。

　今回は「時刻表から消えた北海道の私鉄」というタイトルにいたしました。北海道の鉄道撮影行といえば国鉄各線に撮影ポイントが現在も多くの愛好者を引き付けますが、国鉄撮影はセンスのある皆さんにお任せし、僕自身は後年なくなりそうになったニセコを追いかけたくらいです。常紋も狩勝峠も目的地を便利に結んでくれた夜行列車の車内におり、常に夜の通過だったのです。

　ほかに北海道の鉄道といえば炭鉱鉄道の存在があります。取り上げたいテーマですが本号では交通公社の時刻表にあった私鉄に限定し、炭鉱鉄道は次の機会にいたしました。ただ夕張鉄道や雄別鉄道など炭鉱鉄道そのものではありますが、蒸気機関車牽引の旅客列車も走っており、また時刻表にも掲載されているので本号で取り上げていきます。また令和の時代まで生き残った釧路臨港鉄道は石炭輸送専用の鉄道ですが、かつて旅客運輸を行っていた時期があるので、この期間を私鉄として紹介し、その後の変化は炭鉱鉄道の巻でご紹介するつもりでおります。

　先にお話しした北海道周遊券は時間に余裕がある学生にとって実に便利な乗車券でした。確か3回この切符を使っていますが、その時の大まかな行程を参考まで書いておきます。それ以外の北海道行は飛行機を使ったせいぜい3泊の旅に変わっていきます。1回目は昭和30（1955）年の修学旅行ですが、2度目は周遊券を使った鉄道旅です。昭和33（1958）年8月10日、東京を出て11日の昼過ぎ黒松内に着き寿都鉄道を見て、夜行列車で狩勝峠を越え、北海道拓殖鉄道、十勝鉄道訪問、鶴居村の自走客車を新富士で見た後、釧路に移動後、雄別炭礦鉄道で雄別炭山に行き、雄別炭鉱の倶楽

部に宿泊、雄別炭礦鉄道見学、雄別埠頭に寄ってから夜行列車で、岩見沢、栗山経由夕張、清水沢で三菱大夕張鉄道の9237に対面、札幌に戻り、稚内に向かう途中豊富で日曹炭鉱の9643号に対面、稚内から天北線で小石へ、ここには藤田鉱業の小石炭鉱があるのですがお盆でお休みでした、音威子府から夜行で札幌へ、札幌ではユースホステスに1泊、美唄鉄道、三井奈井江、運輸工業、定山渓鉄道、札幌市電などみて小樽から石北線の夜行で美唄、ちょこっと観光して川湯温泉の雄別炭鉱の倶楽部ハウスにご厄介になり、釧路経由で根室泊まり、翌日ほとんどを根室拓殖鉄道に費やし、その夜、根室から函館行きの列車に乗車、3度目の狩勝超えののち深川で留萌本線に乗り換えます。恵比島で留萌鉄道に乗り換えて終点の昭和で憧れのクラウス10形に対面しました。さらに留萌まで足を延ばして、天塩炭礦鉄道の1号に対面、線路の脇で待っていたら9号プレイリーの牽くミキストにも出会いました。周遊券の通用期限はまだ残っていたのですが、実は翌々日から鉄研の合宿が花巻で控えており、夜行で函館に戻りました。

　2回目は卒業式を数日後に控えた昭和35（1960）年3月11日からで、今回も夜行列車の有効活用でした。まず夕張地区にポイントを置き、夕張鉄道、大夕張鉄道、茶志内炭鉱、美唄、美流渡など見て夜行で釧路に移動、雄別鉄道と釧路臨港鉄道に行きます。その日の夜行で芦別、旭川電軌を見て留萌、天塩、羽幌炭鉱を回っています。北海道でただ1度の宿は岩見沢でした。

　3回目はすでに社会人で正月休みをすべて当てて大みそかは札幌の待合室でした。この時まず目的地を寿都鉄道に決めていたのですが、当時寿都の列車は午前中に黒松内に向かう1本だけで、戻る列車はありませんでした。しかも函館本線の山線は極端に列車本数が少なく、色々調べた結果夜行列車で札幌につき、小樽から寿都に向かう中央バスを使えばゆとりをもって寿都に着けると考えていたのですが、雪害で列車は遅れるし、やっと乗った小樽発寿都行きの満員の中央バスも遅れに遅れ、樽岸付近で今日1回しかない列車とすれ違ってしまいました。この日札幌に泊まり、翌日夕張鉄道、美唄鉄道など見てから、年越しの夜行列車で狩勝峠を超え、新得まで行き、この日初めて北海道拓殖鉄道の終点まで乗りました。この後も雄別鉄道や羽幌炭礦鉄道などを回りますが、上芦別炭鉱にはいかずじまいになりました。

　以上が周遊券による北海道行です。その後の北海道行は何かイベントでもない限り、飛行機になりました。ぼくの最初の北海道行き飛行機利用は当時YS11で飛んでいた（古いですねえ）オーロラという夜行便でした。確か午前3時ころに千歳空港を離陸して羽田に5時半ころに着くというフライトでしたが、その後飛行機を使うのは北海道行では当たり前になりました。道内の夜行列車はかつて全盛を極めJR化後も寝台客車を気動車に併結したり、積極的でしたが現在はご覧の通りの状態です。これに代わって都市間高速バスが発展しつつあり、長距離区間には夜行便も設定されています。これらを使って私鉄巡りをしようにも、訪問すべき鉄道がすべてなくなっています。それでもその遺構を辿るとなると、どうしてもレンタカーの厄介になっていましたが、それも近年は減ってしまいました。

2021（令和3）年12月　髙井薫平

本書に登場する北海道の私鉄

寿都鉄道
昭和47（1972）年5月11日廃止
軌間：1067mm／動力：蒸気・内燃

○ 0.0km 黒松内 くろまつない　大正9（1920）年10月24日
○ 3.9km 中ノ川 なかのかわ　大正9（1920）年10月24日
○ 9.9km 湯別 ゆべつ　大正9（1920）年10月24日
○ 13.3km 樽岸 たるきし　大正9（1920）年10月24日
○ 16.5km 寿都 すつ　大正9（1920）年10月24日

定山渓鉄道
昭和36（1961）年11月1日廃止
軌間：1067mm／動力：直流1500Ｖ・内燃

○ 0.0km 東札幌 ひがしさっぽろ　　大正15（1926）年8月21日
○ 1.2km 豊平 とよひら　大正7（1918）年10月17日
○ 4.7km 澄川 すみかわ　昭和8（1933）年11月10日
○ 5.6km 慈恵学園 じけいがくえん　昭和34（1959）年4月1日
○ 6.5km 真駒内 まこまない　大正9（1920）年4月1日
○ 8.1km 緑ヶ丘 みどりがおか　昭和36（1961）年4月15日
○ 11.0km 石切山 いしきりやま　大正7（1918）年10月17日
○ 13.4km 藤の沢 ふじのさわ　大正7（1918）年10月17日
○ 14.4km 十五島公園 じゅうごしまこうえん　昭和34（1959）年6月21日
○ 15.3km 下藤野 しもふじの　昭和23（1948）年1月1日
○ 16.6km 東簾舞 ひがしみすまい　昭和26（1951）年11月1日
○ 17.4km 簾舞 みすまい　大正7（1918）年10月17日
○ 19.5km 豊滝 とよたき　昭和23（1948）年1月11日
○ 20.7km 滝の沢 たきのさわ　大正13（1924）年1月1日
○ 21.9km 小金湯 こがねゆ　昭和11（1936）年10月20日
○ 22.8km 一の沢 いちのさわ　大正15（1926）年8月21日
○ 25.5km 錦橋 にしきばし　昭和3（1928）年6月7日
○ 26.3km 白糸の滝 しらいとのたき　昭和8（1933）年1月7日
○ 27.2km 定山渓 じょうざんけい　大正7（1918）年10月17日

旭川電気軌道 東川線
昭和48（1973）年1月1日廃止
軌間1067mm／動力：直流600Ｖ

○ 0.0km 旭川（貨）あさひがわ　昭和4（1929）念10月20日
○ 1.5km 旭川一条（貨）あさひがわいちじょう　昭和4（1929）年10月20日
○ 1.8km 旭川四条 あさひがわしじょう　昭和4（1929）年4月12日
○ 2.3km 四条廿丁目 よじょうにじゅっちょうめ　不詳
○ 2.8km 牛朱別 うししゅべつ　不詳
○ 3.5km 旭川追分 あさひがわおいわけ　昭和2（1927）年2月15日
○ 4.7km 二号線 にごうせん　不詳
○ 5.4km 千代田 ちよだ　昭和2（1927）年2月15日
○ 6.3km 四号線 よんごうせん　不詳
○ 7.0km 観音 かんおん　不詳
○ 7.7km 坂ノ上 さかのうえ　不詳
○ 8.4km 旭正 きょくせい　昭和2（1927）年2月15日
○ 9.6km 上旭正 かみきょくせい　昭和2（1927）年2月15日
○ 10.6km 上七号線 かみななごうせん　不詳
○ 11.4km 十号 じゅうごう　昭和2（1927）年2月15日
○ 12.2km 九号 きゅうごう　昭和9（1934）年1月12日
○ 13.1km 西川 にしかわ　昭和2（1927）年3月6日
○ 13.8km 西六号 にしろくごう　昭和9（1934）年1月12日
○ 14.9km 東川学校前 ひがしかわがっこうまえ　昭和10（1935）年9月25日
○ 15.5km 東川 ひがしかわ　昭和2（1927）年3月6日

旭川電気軌道 東旭川線
昭和48（1973）年1月1日廃止
軌間1067mm／動力：直流600Ｖ

○ 0.0km 旭川追分 あさひがわおいわけ　昭和4（1929）年12月30日
○ 不詳 南端通 なんたんどおり　昭和9（1934）年6月25日
○ 0.4km 龍谷学園前 りゅうこくがくえんまえ　不詳
○ 1.1km 南中通 みなみなかどおり　昭和4（1929）年12月30日
○ 1.5km 墓地前 ぼちまえ　昭和9（1934）年6月25日
○ 1.7km 西一条 にしいちじょう　昭和4（1929）年12月30日
○ 2.4km 愛宕 あたご　昭和9（1934）年6月25日
○ 2.8km 永山通 ながやまどおり　昭和4（1929）年12月30日
○ 3.2km 一丁目 いっちょうめ　昭和9（1934）年10月24日
○ 3.7km 二丁目 にちょうめ　昭和4（1929）年12月30日
○ 4.1km 徳巌寺前 とくごんじまえ　昭和5（1930）年12月26日
○ 4.4km 役場前 やくばまえ　昭和5（1930）年12月26日
○ 4.7km 東番外地 ひがしばんがいち　昭和5（1930）年12月26日
○ 5.0km 四丁目 よんちょうめ　昭和5（1930）年12月26日
○ 5.3km 豊田 とよだ　昭和5（1930）年12月26日
○ 5.6km 五丁目 ごちょうめ　昭和5（1930）年12月26日
○ 6.2km 六丁目 ろくちょうめ　昭和6（1931）年12月9日
○ 6.7km 旭山公園 あさひやまこうえん　昭和5（1930）年12月26日

夕張鉄道
昭和46（1971）年11月15日（鹿ノ谷〜夕張本町廃止）
昭和49（1974）年4月1日（旅客営業廃止と同時に北海道炭礦汽船に譲渡）
昭和50（1975）年4月1日（貨物営業廃止）
軌間1067mm／動力：蒸気・内燃

- 0.0km 野幌 のっぽろ 昭和5（1930）年11月3日
- 0.8km 北海鋼機前 ほっかいこうきまえ 昭和31（1956）年12月1日
- 2.4km 上江別 かみえべつ 昭和5（1930）年11月3日
- 6.0km 下ノ月 しものつき 昭和34（1959）年4月1日
- 8.6km 晩翠 ばんすい 昭和5（1930）年11月3日
- 12.2km 南幌 なんぽろ 昭和5（1930）年11月3日
- 15.6km 双葉 ふたば 昭和34（1959）年9月22日
- 18.1km 北長沼 きたながぬま 昭和5（1930）年11月3日
- 20.9km 中央農試前 ちゅうおうのうしまえ 昭和44（1969）年5月1日
- 23.0km 栗山 くりやま 大正15（1926）年10月14日
- 27.4km 角田 かくた 大正15（1926）年10月14日
- 32.1km 継立 つぎたて 大正15（1926）年10月14日
- 35.7km 新二岐 しんふたまた 大正15（1926）年10月14日
- 43.3km 錦沢 にしきざわ 大正15（1926）年10月14日
- 47.4km 平和 へいわ 昭和13（1938）年8月1日
- 48.2km 鉱業所前 こうぎょうしょまえ 昭和27（1952）年4月25日
- 48.8km 夕製前 ゆうせいまえ 昭和37（1962）年9月1日
- 49.1km 若菜 わかな 大正15（1926）年10月14日
- 50.1km 営林署前 えいりんしょまえ 昭和31（1956）年8月11日
- 51.1km 鹿ノ谷 しかのたに 大正15（1926）年10月14日
- 52.0km 末広 すえひろ 昭和31（1956）年8月11日
- 53.2km 夕張本町 ゆうばりほんちょう 大正15（1926）年10月14日

三菱鉱業美唄鉄道
昭和47（1972）年6月1日廃止
軌間1067mm／動力：蒸気・内燃

- 0.0km 美唄 びばい 大正3（1914）年11月5日
- 2.7km 東美唄（信）ひがしびばい 昭和25（1950）年12月15日
- 3.7km 東明 とうめい 昭和23（1948）年1月10日
- 5.7km 盤ノ沢 ばんのさわ 大正3（1914）年11月5日
- 7.5km 我路 がろ 大正3（1914）年11月5日
- 8.3km 美唄炭山 びばいたんざん 大正3（1914）年11月5日
- 10.6km 常盤台 ときわだい 大正13（1924）年12月15日

三井芦別鉄道
平成元（1989）年3月26日廃止
軌間1067mm／動力：蒸気・内燃

- 0.0km 芦別 あしべつ 昭和15（1940）年11月28日
- 0.6km 高校通り（留）こうこうどおり 昭和17（1942）年5月5日
- 3.5km 山の手町（留）やまのてちょう 昭和33（1958）年1月20日
- 4.1km 三井芦別 みついあしべつ 昭和15（1940）年11月28日
- 5.1km 入山（留）いりやま 昭和33（1958）年1月20日
- 5.8km 中の丘 なかのおか 昭和24（1949）年9月25日
- 6.8km 幸町（留）さいわいちょう 昭和33（1958）年1月20日
- 7.5km 緑泉 ろくせん 昭和20（1945）年12月15日
- 8.1km 西町アパート前（留）昭和33（1958）年1月20日
- 8.7km 芦の湯前（留）昭和33（1958）年1月20日
- 9.1km 頼城 らいじょう 昭和24（1949）年12月15日
- 9.9km 玉川（留）たまがわ 昭和34（1959）年

三菱石炭鉱業大夕張鉄道
昭和62（1987）年7月22日廃止
軌間1067mm／動力：蒸気・内燃

- 0.0km 清水沢 しみずさわ 明治44（1911）年6月1日
- 0.4km 新清水沢 しんしみずさわ 昭和7（1932）年10月20日
- 4.1km 遠幌 えんほろ 昭和15（1940）年9月1日
- 7.6km 南大夕張 みなみおおゆうばり 明治44（1911）年6月1日
- 10.2km シューパロ湖 しゅーぱろこ 昭和37（1962）年6月1日
- 10.3km 農場前 のうじょうまえ 昭和21（1946）年2月1日
- 13.6km 明石町 あかしちょう 昭和20（1945）年5月6日
- 15.0km 千年町 ちとせまち 昭和25（1950）年11月1日
- 15.9km 大夕張 おおゆうばり 昭和3（1928）年12月12日
- 17.2km 大夕張炭山 大夕張炭山 昭和4（1929）年6月1日

北海道拓殖鉄道
昭和43（1968）年7月10日廃止
軌間1067mm／動力：蒸気・内燃

- 0.0km 新得 しんとく 昭和3（1928）年12月15日
- 1.4km 南新得 みなみしんとく 昭和3（1928））年12月15日
- 5.8km 佐幌 さほろ 昭和7（1932）年11月15日
- 10.5km 屈足 くったり 昭和3（1928）年12月15日
- 14.1km 熊牛 くまうし 昭和35（1960）年
- 16.1km 新幌内 しんほろない 昭和7（1932）年11月15日
- 19.8km 中鹿追 なかしかおい 不詳
- 21.0km 鹿追 しかおい 昭和3（1928）年12月15日
- 23.8km 北笹川 きたささがわ 昭和11（1936）年11月25日
- 25.1km 自衛隊前 じえいたいまえ 昭和35（1960）年
- 28.7km 瓜幕 うりまく 昭和4（1929）年11月26日
- 33.0km 中瓜幕 なかうりまく 昭和7（1932）年11月15日
- 35.4km 東瓜幕 ひがしうりまく 昭和4（1929）年11月26日
- 44.7km 中音更 おとぷけ 昭和4（1929）年11月26日
- 54.3km 上士幌 かみしほろ 昭和6（1931）年11月15日

十勝鉄道 戸蔦線
昭和34（1959）年11月15日旅客営業廃止
軌間762mm/1067mm ／動力：蒸気・内燃
新帯広～工場前は1067mmと762mmの4線区間

- 0.0km 帯広大通 おびひろおおどおり　昭和4（1929）年2月11日
- 0.5km 新帯広 しんおびひろ　大正13（1942）年2月8日
- 1.5km 明星校前 めいせいこうまえ　昭和10（1935）年12月1日
- 不詳 四中前 よんちゅうまえ　不詳
- 3.4km 工場前（貨）こうじょうまえ　大正13（1924）年2月8日
- 4.2km 信号所 しんごうじょ　不詳
- 5.7km 農学校前 のうがっこうまえ　昭和10（1935）年12月1日
- 6.4km 十勝稲田 とかちいなだ　昭和7（1932）年8月11日
- 9.1km 川西 かわにし　大正13（1924）年9月1日
- 12.2km 豊西 とよにし　昭和2（1927）年10月1日
- 14.9km 藤 ふじ　大正13（1924）年2月8日
- 19.3km 美栄 びえい　昭和2（1927）年10月1日
- 22.1km 十勝清川 とかちきよかわ　大正13（1924）年2月8日
- 不詳 清川農場前 きよかわのうじょうまえ
- 24.6km 上清川 かみきよかわ　大正13（1924）年2月8日
- 26.8km 南太平 みなみたいへい　昭和4（1929）年2月11日
- 29.9km 戸蔦 とつた　昭和4（1929）年2月11日

- 0.0km 南太平 みなみたいへい　昭和2（1929）年2月12日
- 1.8km 太平 たいへい　大正14（1925）年6月10日

（国鉄受渡線）昭和52（1977）年3月1日廃止

- 0.0km 帯広（貨）　おびひろ　大正13（1924）年11月4日
- 0.6km 新帯広　しんおびひろ　大正13（1924）年11月4日

十勝鉄道 美生線
昭和32（1957）年8月18日廃止
軌間762mm ／動力：蒸気・内燃

- 0.0km 藤 ふじ　大正13（1924）年2月8日
- 3.5km 基松 もといまつ　大正15（1926）年5月25日
- 5.6km 常盤 ときわ　大正13（1924）年2月8日
- 9.6km 坂上 さかのうえ　大正13（1924）年2月8日
- 12.2km 美生 びせい　大正13（1924）年2月8日
- 17.0km 新嵐山 しんあらしやま　昭和2（1927）年10月1日
- 20.7km 上美生 かみびせい　大正13（1924）年2月8日

十勝鉄道 八千代線
昭和32（1957）年8月18日廃止
軌間762mm ／動力：蒸気・内燃

- 0.0km 常盤 ときわ　大正13（1924）年2月8日
- 2.9km 上帯広 かみおびひろ　大正13（1924）年2月8日
- 7.5km 広野 ひろの　大正13（1924）年2月8日
- 9.8km 上広野 かみひろの　昭和4（1929）年2月12日
- 12.1km 八千代 やちよ　大正13（1924）年2月8日

雄別鉄道
昭和45（1970）年4月16日廃止
軌間1067mm ／動力：蒸気・内燃

- 0.0km 釧路 くしろ　大正12（1923）年1月17日
- 1.2km 新釧路 しんくしろ　大正12（1923）年1月17日
- 3.5km 中園 なかぞの　昭和35（1960）年3月1日
- 5.9km 雄鉄昭和 ゆうてつしょうわ　大正15（1926）年11月26日
- 7.2km 北園 きたぞの　昭和43（1968）年7月
- 9.5km 鶴野 つるの　昭和43（1968）年1月20日
- 14.5km 北斗 ほくと　大正12（1923）年1月17日
- 18.9km 山花 やまはな　大正15（1926）年10月20日
- 25.2km 桜田 さくらだ　大正14（1925）年9月20日
- 31.3km 阿寒 あかん　大正12（1923）年1月17日
- 38.7km 古潭 こたん　大正12（1923）年6月14日
- 39.9km 新雄別 しんゆうべつ　昭和28（1953）年4月11日
- 40.6km 真澄町 ますみちょう　昭和31（1956）年9月1日
- 44.1km 雄別炭山 ゆうべつたんざん　大正12（1923）年1月17日
- 48.4km 大祥内 おしょうない　昭和13（1938）年

- 0.0km 雄鉄昭和 ゆうてつしょうわ　昭和29（1952）年9月11日
- 不詳 新富士 しんふじ　昭和29（1952）年9月11日

- 0.0km 鶴野 つるの　昭和43（1968）年1月21日
- 4.3km 新富士 しんふじ　昭和43（1968）年1月21日

根室拓殖鉄道
昭和34（1959）年9月21日廃止
軌間762mm ／動力：蒸気・内燃

- 0.0km 根室 ねむろ　昭和4（1929）年10月16日
- 5.8km 友知 ともより　昭和4（1929）年10月16日
- 不詳 共和学校（乗）きょうわがっこう　昭和7（1932）年8月
- 9.5km 沖根婦人 おきねっぷ　昭和4（1929）年10月16日
- 不詳 沖根辺（乗）おきねべ　昭和7（1932）年8月
- 不詳 引臼 ひきうす　昭和7（1932）年8月
- 13.5km 婦羅理 ふらり　昭和4（1929）年10月16日
- 15.1km 歯舞 はぼまい　昭和4（1929）年12月27日

留萠鉄道
昭和46（1971）年4月15日廃止
軌間1067mm ／動力：蒸気・内燃

- 0.0km 恵比島 えびしま　昭和5（1930）年7月1日
- 2.5km 本通 ほんどおり　昭和27（1952）年5月1日
- 4.8km 幌新 ほろしん　昭和5（1930）年7月1日
- 8.0km 袋地 ふくろち　昭和27（1952）年5月1日
- 12.0km 新雨竜 しんうりゅう　昭和5（1930）年7月1日
- 13.6km 宝沢 たからざわ　昭和27（1952）年5月1日
- 14.0km 太刀別 たちべつ　昭和5（1930）年7月1日
- 17.6km 昭和 しょうわ　昭和5（1930）年7月1日

羽幌炭礦鉄道
昭和45(1970)年12月15日廃止
軌間1067mm／動力：蒸気・内燃

- 0.0km 築別 ちくべつ 昭和16(1941)年12月14日
- 2.7km 五線 ごせん 昭和16(1941)年12月14日
- 4.1km 七線沢 ななせんざわ 昭和33(1958)年8月1日
- 6.3km 上築別 かみちくべつ 昭和16(1941)年12月14日
- 9.0km 曙光 しょこう 昭和33(1958)年1月1日
- 11.1km 曙 あけぼの 昭和16(1941)年12月14日
- 13.3km 桜ヶ丘 さくらがおか 昭和35(1960)年
- 15.7km 古賀町 こがまち 昭和33(1958)年6月10日
- 16.6km 築別炭礦 ちくべつたんこう 昭和16(1941)年12月14日

天塩炭礦鉄道
昭和42(1967)年7月31日廃止
軌間1067mm／動力：蒸気

- 0.0km 留萌 るもい 昭和16(1941)年12月18日
- 不詳 春日町 かすがちょう 昭和24(1949)年7月25日
- 不詳 桜山 さくらやま 不詳
- 不詳 本郷公園(仮) ほんごうこうえん 不詳
- 10.4km 天塩本郷 てしおほんごう 昭和16(1941)年12月18日
- 14.3km 沖内 おきない 昭和17(1942)年8月1日
- 不詳 寧楽 ねいらく 不詳
- 20.4km 天塩住吉 てしおすみよし 昭和17(1942)年8月1日
- 25.4km 達布 たっぷ 昭和16(1941)年12月18日

釧路臨港鉄道
昭和38(1963)年11月1日 旅客営業廃止
貨物営業は太平洋石炭販売輸送として春採〜知人間を引き継いだが、令和元(2019)年6月30日に廃止
軌間1067mm／動力：内燃

- 0.0km 城山 しろやま 昭和12(1937)年1月10日
- 不詳 材木町 ざいもくちょう 昭和36(1961)年5月24日
- 2.2km 東釧路 ひがしくしろ 大正14(1925)年3月16日
- 不詳 緑ヶ丘 みどりがおか 昭和36(1961)年5月24日
- 不詳 永住町 ながずみちょう 昭和28(1953)年4月16日
- 5.5km 春採 はるとり 大正14(1925)年2月11日
- 6.7km 観月圓 かんげつえん 大正15(1926)年6月1日
- 7.6km 沼尻 ぬましり 大正15(1926)年2月1日
- 8.7km 米町 こめまち 大正15(1926)年2月1日
- 9.4km 知人 しれと 大正14(1925)年2月11日
- 10.1km 真砂町 まさごちょう 大正15(1926)年2月1日
- 10.5km 臨港 りんこう 大正15(1926)年2月1日
- 11.3km 入舟町 いりふねちょう 昭和2(1927)年2月20日

士別軌道
昭和34(1959)年10月1日廃止
軌間762mm／馬力：蒸気・内燃

- 0.0km 士別 しべつ 大正9(1920)年6月1日
- 不詳 兵村 へいそん 不詳
- 不詳 九十九 つくも 不詳
- 不詳 中士別 なかしべつ 不詳
- 不詳 学前 がくまえ 不詳
- 不詳 奥野 おくの 不詳
- 不詳 鳴門 なると 不詳
- 11.9km 上士別 かみしべつ 大正9(1920)年6月1日
- 不詳 十九線 じゅうきゅうせん 不詳
- 不詳 廿二線 にじゅうにせん 不詳
- 不詳 廿七線 にじゅうななせん 不詳
- 21.4km 奥士別 おくしべつ 大正14(1925)年6月6日

寿都鉄道

鉄道データ	
区間 （距離）	黒松内〜寿都 （16.5km）
開業	大正9年（1920）年10月24日
休止	昭和43（1968）年9月12日
廃止許可	昭和47（1972）年5月1日

　寿都鉄道は3回ほど訪問したが、すでに経営に困難をきたしており、満足な収穫は得られなかった。この鉄道は色々な機関車が出入りした割には、詳しく語り伝えられていない。分かっているのは開業に際して国鉄から払い下げられた7170形式2両7170,7171号は戦後まで活躍したものの、2両同時に事故（多分正面衝突だろう）を起こして廃車、その後は7200形式や9045形式が入線、そのうち開発段階だった汽車会社のB型ディーゼル機関車を購入、その後C型まで購入している。しかし何らかの経済的事情か、お金になるB型ディーゼル機関車はほかに売却してしまった。

　ディーゼルカー導入にも積極的であった。ただ新車を買うことはせず、東武鉄道の支線で休車になっていた元成田鉄道のボギー車をカテツ交通の手でディーゼルカーに復元、公式資料では確か北海道最初のディーゼルカーということになっているが、とんでもない中古車両だった。この車を作ったカテツ交通の広告が面白いので掲げておく。この車は結構重宝に使用されたが、最後は客車代用になっていた。

　しかし、主力は使い慣れた蒸気機関車で、開業時国鉄から譲り受けた7170形式を不慮の事故で失った後は7200形式を愛用し、7200形式がへこたれた後は8100形式が担った。8100形式は20両の大所帯で輸入されたアメリカ・ボールドウィン製の機関車で大正期に北海道に集中して配置されていたので、廃車後半数以上が北海道の私鉄や炭鉱に払い下げられた。ところが寿都鉄道の8100形式は直接、国鉄から払い下げを受けたのではなく、定山渓鉄道で使っていたものを購入したものであった。しかもその車がくたびれてくると、たまたま廃線になった茅沼炭化礦業専用鉄道にいた同型の8111,8119号を譲り受けて鉄道廃止まで使用している。しかも許認可の関係からか、ナンバープレートを付け替えるという奇手を用いて、車両番号は定山渓から来た8105,8108号を踏襲していた。

　寿都鉄道の末路は惨めだったと聞く。僕が最後に訪問した昭和40（1965）年の暮れには時刻表では上り1列車しかなく、下り列車は時刻表に載っていなかった。そんなわけはないだろうと寿都の駅で下り列車が19時ごろ到着するとの話を聞き、途中の雪原で待った。

　その後しばらくたって、寿都鉄道は廃業する。聞くところによると駅に行っても列車が現れず、自然廃業だったそうだ。いま寿都の駅跡は広い広場と町役場になっていて、役場の前に「寿都」の駅名標が建てられている。駅名は「すつ」であり、隣の駅名は「たるきし」とある。駅から真っすぐ港に伸びる道はすっかりきれいになっていたが雰囲気は昔のままだ。

【黒松内で出発を待つ7205号の牽く列車】
国鉄函館本線とは跨線橋で結ばれている。
◎黒松内　昭和29（1954）年7月
撮影：竹中泰彦

【7205号の牽く混合列車】アメリカ生まれの古典蒸機に古典二軸客車が2両、その後ろに二軸貨車がつながる。
◎黒松内　昭和29（1954）年7月　撮影：竹中泰彦

【寿都駅の駅票】
鉄道がなくなった今、旧寿都駅構内跡にできた町役場に今も駅名標は新しく作り替えられて町役場の前に立っている。
◎寿都　昭和39（1964）年2月
撮影：村松功

【途中駅で入れ換え中の7205号】
◎樽岸　昭和29（1954）年7月
撮影：竹中泰彦

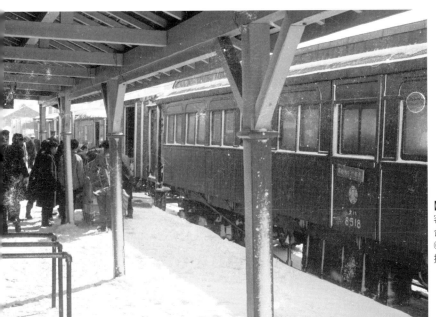

【寿都駅にて】
客車のオハ8518は、三軸ボギー台車を履いたかつての優等客車。
◎寿都　昭和37（1962）年3月
撮影：望月泉男

【7205号とDB501】側線で一休みする7205号の脇では新入りのディーゼル機関車がウォーミング中。
◎寿都　昭和29（1954）年7月　撮影：竹中泰彦

【7205号を斜め後方から見る】
テンダ側から7205号を見る。どこか西部劇にでも出てきそうな雰囲気だ。
◎寿都　昭和29（1954）年7月
撮影：竹中泰彦

【9040形（9046号）】
国鉄形式9040、ボールドウィン製の1Dテンダ機関車で、9200形式の通称「大コン」に対して「小コン」といわれた。この機関車は国鉄から昭和25（1960）年に払い下げられた初代の後、昭和28（1953）年、雄別 炭礦鉄道が所有していた9045号を購入、9046号（2代目）として就役させた機関車である。しかし「小コン」といっても寿都鉄道では大きすぎたようで、活躍の機会は少なく、この日も車庫に突っ込まれていた。　◎寿都　昭和29（1954）年7月　撮影：竹中泰彦

【7200形（7205号）】

戦後の混乱期に定山渓鉄道からやってきた明治24（1891）年アメリカ・ボールドウィン製、軸配置1Cのテンダ機関車である。7200形式は官営の幌内鉄道を引き継いだ北海道炭礦鉄道ホ形25両で、弁慶号で有名な7100形式の改良機である。両数も多く北海道炭礦鉄道の主力機関車だった。北海道炭礦鉄道は明治39（1906）年10月国有化され、7200形式となり、道内各地や施設局所属になったりしていたが、用途廃止が続いて戦後すぐ全車除籍された。寿都鉄道の7205号は、一旦定山渓鉄道入りし使用されたあと、寿都鉄道に来た7223,7224号と異なり、国鉄から直接払い下げられた機関車である。定山渓鉄道で用途廃止後寿都入りした7223,7224号のあと1年半遅れて寿都入りした。3両の7200形式の中で一番製造年は古かったが、最後まで残り昭和33（1958）年まで使用された。

【寿都駅構内】
寿都駅の構内は広く、機関庫の建屋と給水塔、給所などが並ぶ。
◎寿都
昭和29(1954)年7月
撮影：竹中泰彦

【機関庫に憩う8105号】
8105号機は7205号機に代って寿都鉄道の輸送を担った。一部のファンの中では「8100形なら寿都鉄道」と人気があった。
◎寿都
昭和33(1958)年8月
撮影：髙井薫平

【8100形（8105号）】
ディーゼル機関車に牽かれて寿都に着いたら、8105号が庫の外に出ていた。
◎寿都
昭和33(1958)年8月
撮影：髙井薫平

【8105号の牽く上り列車】
◎寿都付近　昭和39(1964)年1月　撮影：大野真一

【8100形】

僕たちにとって寿都鉄道の蒸気機関車といえば8100形式だった。寿都鉄道は動力近代化に積極的に見えたが、最後まで蒸気機関車を使い切って廃業を迎えている。その主役はボールドウィンの1Cテンダ機関車8100形式、8105号と8108号である。実は寿都鉄道の8100形式は4両あった。しかし、車号は8105と8108の二つしかない。真相は昭和32(1957)年定山渓鉄道から譲り受けた8105号と8108号はさすがに老朽化が進んだので、たまたますでに廃線になっていた茅沼炭化礦業専用鉄道にいたもう少し程度の良かった8111,8119号を譲り受け、ナンバープレートを付け替えて8105号(Ⅱ),8108号(Ⅱ)として就役させた。この点、許認可関係がどうなっていたかは謎のままだが、すでに9046号の前例もある。

【バック運転で黒松内川を渡る8105号】
◎黒松内　昭和37(1962)年8月　撮影：村松功

【ラッセルを先頭に定期列車が到着】この写真を見ると混合列車の先頭にラッセルを連結して日々の除雪は行われていたようだ。◎黒松内　昭和37(1962)年3月　撮影：望月泉男

【DC510形（512）】昭和31（1956）年に増備された汽車会社標準機で、動軸が3軸になりDC512を名乗った。
◎寿都付近　昭和39（1964）年1月　撮影：大野真一

【DB500形（501）】戦後、汽車会社が他社に先立って積極的に売り込みを図っていた機械式ディーゼル機関車の一つ。北海道の他社に先駆けDLを購入した。当時気動車の標準型エンジンになってきたDMH17を装備してジャック軸を介して駆動するタイプだが、変速機はまだ機械式だった。昭和27（1952）年製、翌年3月竣功、蒸気機関車と交代で混合列車を牽引したが、晩年は出場の機会が減っていた。◎黒松内　昭和29（1958）年9月　撮影：青木栄一

【オハ8500形（8518）】
昭和30年代、旅客輸送の寿都鉄道の主役だった元国鉄の優等客車である。堂々とした三軸ボギー、窓周りに施された工作も見事だった。
◎寿都
昭和37（1962）年7月
撮影：村松功

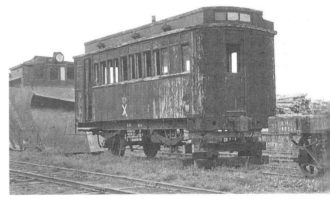

【ハ5形（5）】
元北越鉄道からの買収客車、創業時に鉄道省より譲り受けた4両の二軸客車の増備で、昭和5（1930）年に国鉄から払い下げを受けたものだが、外開き扉を廃止、客室も1室に改造、側に扉が設けられた。当鉄道の二軸客車は名義を引き継いだハ6を除いて昭和31（1956）年に廃車された。
◎樽岸　昭和29（1954）年8月　撮影：青木栄一

【ハ6形（6）】
元国鉄ハ2398を昭和15（1940）年に払い下げを受けたもの、僕の訪問時すでに用途廃止されており、車両番号の上に大きなバツ印が付けられていた。
◎寿都　昭和33（1958）年8月　撮影：髙井薫平

【寿都駅構内】
手前から荷物緩急車、ラッセル車、二軸客車が並ぶ。
◎寿都　昭和29（1954）年7月　撮影：竹中泰彦

【キハ1形（1）】
寿都鉄道の動力近代化の発想は北海道の鉄道の中で早い方だった。ディーゼル機関車の導入もその一つだが、中古品とはいえ昭和27（1952）年に気動車が走り出した。これは夕張鉄道キハ200形（こちらは新造車）と同時期である。元成田鉄道ヂ301を経て東武キサハ11 昭和7（1932）年汽車会社製。カテツ交通で更新修理してディーゼルカーになった。そのため、公式にはカテツ交通新製ということになっている。
◎黒松内
昭和30（1955）年7月
撮影：上野巌

【ワ10】
相模鉄道の気動車で、昭和29（1954）年に寿都入りの時から手荷物郵便車として就役し任務に就き、混合列車のほかユニ1と名乗ってキハ1に牽かれて走った。その後、ワ10と改められるが、名義の引継ぎのためらしく、どう見ても元ガソリンカーだ。
◎黒松内　昭和37（1962）年7月
撮影：村松功

ことば解説 カテツ交通工業

　カテツ交通工業の名前はタキ5000などのタンク車の製造会社の一つとして目にするがこの会社の実態はあまり知られていない。戦前または戦中、日本が統治していた中国大陸では北京を中心とする北部は南満州鉄道系列の華北交通、南は華南鉄道、間は華中鉄道があった。カテツ交通工業とは名前から察すると華南鉄道または華中鉄道などに従事していた人たちが戦後、本土に引き上げて起こした会社のように思われる。この会社が受注した大仕事は寿都鉄道の気動車であろう。「電気車の科学」昭和28（1953）年4月号にこの会社が出した広告を見ていただくと会社の取り扱い事業その他が少々お判りいただけるのではないだろうか。本社は東京の台東区浅草柳橋に置いていたが、車両の修理修繕、新製の作業は旧鉄道連隊後の習志野のちの京成電鉄の津田沼第二工場、現在新京成電鉄新津田沼駅付近や東武鉄道杉戸工場の敷地を借りて行っていたと思われる。

　寿都の宣伝にもなるこの広告は面白い。セルフパッピングスクルーはセルフタッピングねじSelf tapping screwを間違えたものであろう。セルフタッピングねじとはねじ山をきざみながら締め込むことができるねじのこと。

【ハ21→ハ6】
最後まで旅客輸送に活躍した半鋼製の片ボギー車。生まれは元北九州鉄道のガソリンカー「キハ5」で、東武鉄道を経て昭和32（1957）年に入線し、ハ21としたがハ6の車籍を引き継いだ。
◎寿都
昭和33（1962）年8月
撮影：髙井薫平

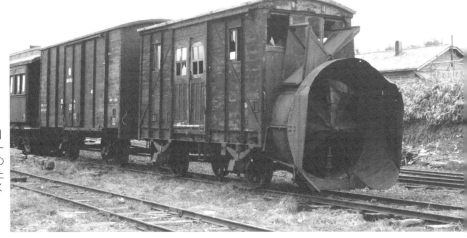

【番号もないロータリー式除雪車】
ナローゲージの十勝鉄道からロータリーヘッドを購入し、手持ちの2軸貨車と組み合わせて登場したロータリー式除雪車。車籍はなく実際に使用されたかは不明。
◎寿都　昭和37（1962）年7月
撮影：村松功

【キ1ラッセル車】
大正元（1912）年鉄道省札幌工場製の国鉄車両で、昭和26（1951）年に寿都入りしている。ラッセル車の先頭部にスタイルの設計基準は分からないが、この車両のそれはかなり尖った感じである。
◎寿都
昭和40（1965）年12月
撮影：髙井薫平

定山渓鉄道

鉄道データ		
区間 (距離)	白石〜定山渓（29.9km）昭和20（1945）年3月1日 東札幌〜定山渓（27.2km）	
開業	大正7（1918）年10月17日	
廃止	昭和44（1969）年11月1日	

定山渓鉄道に初めて乗ったのは高校の修学旅行、乗った車両は、昨日、函館から乗ってきた国鉄のオハ622だった。客車は12両編成で牽引機は8100形式の重連であったと記憶している。その後何度か訪問したが、あの少し透明感のある濃い目のグリーンの車体が印象的で、特に2等車の青帯とのコントラストが素敵だった。ちなみに当時2等車は国鉄にのみ存在し、私鉄の例は富士山麓電気鉄道で進駐軍を運ぶために1両用意したロハ901があるが、この車は青梅電気鉄道のいわゆる買収国電を改装したもので、2等車というより東京や大阪の私鉄に戦後走っていた進駐軍専用車（白帯車）と同じもののようだった。これに反して定山渓鉄道のモロとクロは札幌の奥座敷といわれる定山渓に観光客や温泉客を運ぶために計画、製造されたものであった。当時としてもあまりに高級さがにじみ出る車両となったため、行政指導で国鉄2等車並みの料金設定を指導されたと聞くが、結果的に利用者は期待したほど伸びず、モノクラスに戻して50円の着席券を発売したが青帯はそのまま残った。モロとクロが連結したきれいな編成で走った姿は写真も見たことはなく、在来の車両と連結していた。これは制御方式が同じだったからで2等車を連結した列車は意外に多く走っていたのだろう。しかし、昭和32（1957）年、北海道進出を目論む東急電鉄の傘下に入り、そのうちに変な塗分けになって2等車を表す青帯は消え、がっかりした記憶がある。

もともと鉄道の終点、定山渓温泉は道都札幌に一番近い温泉場であり、札幌に住む富裕層には定山渓鉄道が唯一の足であり、古くからコロ1という優等客車をどのくらい使われたかはわからないが保有していた歴史もあった。

定山渓鉄道の起点である東札幌は札幌市の中心部から少し離れていたので、札幌駅乗り入れという悲願を持っていて、そのために自社で3両のディーゼルカーを新製し、札幌駅乗り入れを実現させた。この気動車は性能を国鉄のキハ21に合わせていたが、国鉄区間のみ自力で走行（多くの場合国鉄列車に併結）し、定山渓鉄道内では電車が牽引した。定山渓鉄道は札幌オリンピック関連で札幌に地下鉄が真駒内まで開通した時、重複路線として廃止されるが、定山渓温泉にとっては果たして良いことだったのかと、あの辺りを通るたびにふと思うことがある。

定山渓鉄道は大正7（1918）年、蒸機運転で開業した。定山渓という温泉場を控え、昭和4（1929）年電化されるが、蒸気機関車を温存して、昭和32（1957）年ごろまで使用、僕の乗った修学旅行列車を定山渓まで引き上げたのも古いテンダ機関車の重連であった。ここでは昭和30年代に残って蒸気機関車について記すが、そのほかの機関車として1100形式、7200形式があった。その後、昭和4（1929）年10月東札幌〜定山渓間を直流1500Vで電化、電車が走り出すが、貨物輸送はしばし開業以来の蒸気機関車にゆだねられていた。

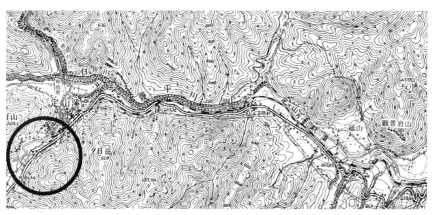

建設省地理調査所
「1/25000地形図」
（昭和28年）

【小金湯停留場】小金湯は昭和11 (1936) 年、滝ノ沢駅と一の沢停留場の間に設置。近くにある小金湯温泉という小さな温泉場への湯客のために設けられた。◎小金湯　昭和37 (1962) 年3月　撮影：望月泉男

【コロ1形 (1)】明治25 (1892) 年北海道炭礦鉄道手宮工場製の「い1」を前身とするフコロ5670の払い下げを受け、特別な用途に使用したらしい。アメリカの西部劇に出てくるような北海道の鉄道独特の客車である。埼玉県の大宮の鉄道博物館にある「開拓使号」も同じ仲間で、定山渓鉄道でも特別な用途に使われたようだ。昭和37 (1962) 年まで大事に扱われ、現在は小樽の小樽市総合博物館に保存され、平成22 (2010) 年には鉄道記念物に指定されている。
◎豊平　昭和33 (1958) 年8月　撮影：高井薫平

【モ100形（101～104）】

電化とともに登場した新潟鉄工所製の車で、客用扉が窓一つ分内側に寄っているのが特徴。この窓配置は増備車ともいえるモ201や木造省電モハ１の車体や屋根を直したモ301にも踏襲されている。制御装置はＨＬに統一されており、のちに入った元東急の車両を除くと自由な編成が組めた。のちに昭和30,31(1955,1956)年、日本車輌で２両固定編成のモ2101～４に生まれ変わった。このうちモ102の車体は旭川電気軌道に譲渡され、モハ501として復活。また、モ101の車体は弘南鉄道に譲渡されてモハ2210として復活し、さらに昭和36（1961）年日立電鉄に移っている。

【モ100形（102）】
定山渓鉄道電車の運転台はタブレット授受のため、右側に設けられている。
◎豊平付近
昭和28（1953）年９月
撮影：竹中泰彦

【モ101を先頭にした３両編成】モ101、モ801、クロ1111からなる観光列車。この頃クロ1111は２等車扱いで運転されていた。
◎藤の沢　昭和28（1953）年９月　撮影：竹中泰彦

【モ200形（201）】
昭和 8 (1933) 年に増備された
車両で、製造は日本車輌に変
わっている。スタイルはモ100
形を踏襲しているが、ドア間の
側窓の数が13個から11個に減っ
た分、窓が大きくなり、なんとな
くスマートなスタイルになって
いる。台車はボールドウィンタ
イプから日車D16に代わった。
モ201はモ301とともに機器を
譲って定山渓鉄道最後の新車モ
2301に生まれ変わった。
◎豊平　昭和28 (1953) 年 9 月
撮影：竹中泰彦

【キハ7000形を牽くモ201】
モ201の後ろに気動車を連結する
定山渓鉄道独特の風景。自社線
内はアイドル運転で電車に牽か
れ、東札幌から気動車として国鉄
線を走る。
◎小金湯〜滝ノ沢
昭和 37 (1962) 年 3 月
撮影：望月泉男

【モ300形（301）】
国鉄の木造電車モハ1の払い下
げを受け、鋼板を張り付け、扉位
置を変え、3扉を2扉にして窓
配置を変更し、さらにダブルルー
フをシングルルーフ化する大改
造を経て、昭和13 (1938) 年に登
場した。さらに昭和39 (1964) 年、
東急車輌の手でモ201とともに
モ2302に改造された。
◎定山渓
昭和33 (1958) 年 6 月
撮影：上野巌

【クハニ500形（501）】現在、近鉄南大阪線の一部である吉野鉄道の木造電車である。昭和30（1955）年、連結部よりドアー つ分を荷物室に改造、クハニ501になった。鋼体化計画にも上らず昭和44（1969）年まで使用された。
◎豊平　昭和31（1956）年8月　撮影：村松 功

【クハニ500形（クハニ501）】

定山渓鉄道は電車か当時しばらく電動車4両の陣容だったが、昭和8（1933）年、吉野鉄道（現・近鉄南大阪線の一部）から木造制御車を譲り受け、耐寒設備を追加して使用した。昭和30（1955）年に連結面寄りを手荷物室に改造、クハニ501となり、塗色は全車新塗色に変わったのちも濃い緑色塗装のままであった。

【クハニ500形（501）】
吉野鉄道時代のイメージが残るクハニ501、運転台寄りでなく連結面寄りが荷物室になっている。
◎豊平
昭和35（1960）年8月
撮影：村松功

【クハ600形
（601，2）】
元北海道鉄道（昭和18年買収）のガソリンカーが前身である。最初は運転台を持たず、サハとしてもっぱら電車に牽かれていたが、昭和30（1955）年に運転台を付けて制御車化された。東急電鉄の傘下に入った後も新塗装になって、鉄道廃止まで使用された。

【クハ600形（602）】
唯一の固定編成モハ2101，2に連結されたクハ602のアンバランスさが地方私鉄の魅力だ。
◎豊平付近
昭和38（1963）年8月
撮影：村松功

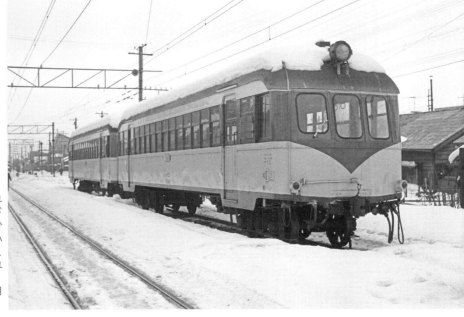

【クハ600形（602）】
正面窓がHゴムで固定された。運転席前の窓はウインドワイパーを取り付けたので少し小さい。訪問したとき、クハ601，602は連結して休んでおり、運用から外れていたのかもしれなかった。
◎豊平　昭和41（1966）年1月
撮影：髙井薫平

【モ800形（802）】
キハ7001を牽いて定山渓に到着。
◎定山渓
昭和33（1958）年6月
撮影：上野巌

【モロ1100形（1101）・クロ1110形（1111）】

定山渓温泉の人気は上がり、ついに昭和27（1952）年、私鉄では珍しい2等車を運転することになり、おそらく私鉄最初の2等車のMT編成が登場した。もっとも定山渓鉄道としては、2等車として使用する気はなかったそうで、完成した車両を見た官庁関係者の政治的判断だったといわれる。スタイルはモ800形に始まるいわゆる「日車タイプ」で乗降扉を車端に寄せ、車内には転換クロスシート、外観は伝統の深い緑色〈フェザントグリーン〉の車体の窓下に2等を表す国鉄車両と同じ青帯を巻いていた。しかし定山渓鉄道の2等車の連結は長く続かず、昭和29（1954）年からは座席料金50円を徴収する車両になったが、誇りの青帯は塗装変更の時まで残された。また、MTカップルで作られたものの、他車との混結の性能を生かして、色々な車両と連結され、2両で走ったことは聞いていない。

【モ800形（801）】
日本車輌が得意とした日車支店タイプだが、3扉になり、屋根上のベンチレーターは伝統的なおわん型を採用、台車も当時日車が積極的に使ったコイルバネ式である。
◎豊平　昭和30（1955）年8月
撮影：青木栄一

【モ1000形（1001）・クハ1010形（1011）】昭和30（1955）年の増備車でモ800形を2扉クロスシートに変更した車両。この辺りから札幌の奥座敷として定山渓温泉の人気も上がり、温泉客輸送に力を入れることになった。同時にクハ1011も生まれるが、編成を組むことは少なかったようだ。◎豊平　昭和41（1966）年1月　撮影：髙井薫平

【モロ1100形（1101）】
おそらく騒音を嫌って電動車に優等車のなかった時代の日本初の「モロ」である。台車は当時日本車輌が得意としたオールコイルばね台車を履いている。
◎豊平　昭和29（1954）年9月
撮影：竹中泰彦

【モロ1101の車内】
当時の国鉄2等車並みの車内で、転換式クロスシートの枕部分やひじ掛けには白いカバーがかけられ、窓にはカーテンが付けられていた。
◎豊平駅構内
昭和30（1955）年8月
撮影：青木栄一

【クロ1110形（1111）】
定山渓鉄道では頻繁に編成の組み換えが行われていたようで、この日も終点の定山渓で留置中を捉えることができた。
◎定山渓
昭和29（1954）年9月
撮影：竹中泰彦

【モハ1200形（1201）・クハ1210形（1211）】

懸案の変電所増強も終わり、待望の輸送力向上のため昭和34（1959）年に日本車輌で生まれた車両。当時流行だったHゴム支持のいわゆるバス窓を採用、正面窓も当時流行だった半流2枚窓のいわゆる「湘南電車タイプ」になった。制御方式など在来車にほぼ揃えられて色々な車両と編成を組んだ。定山渓鉄道が営業をやめた後、モハ1201とクハ1211は十和田観光電鉄に転ずるが、他社への転出は定山渓鉄道の電車としては稀有なケースになった。

【モハ1200形（1201）】
定山渓鉄道で単行運転は珍しいことではなかったようだ。そういえばモハ1201まで、定山渓鉄道の電車はみな非貫通式だった。この頃日本車輌が各地に供給したオールコイルばねのウイング式台車の構造がよくわかる。
◎豊平　昭和35（1960）年6月
撮影：村松功

【クハ1211＋モハ1201】
定山渓鉄道でめったに見られない同系車による編成美である。
◎東札幌
昭和30（1955）年8月
撮影：青木栄一

【錦橋駅停車中のモハ1201】
かつてこの駅からクロム鉱の鉱山である日本鉱業豊羽鉱山専用鉄道（6.2km）が分岐していた。
◎錦橋　昭和33（1958）年6月
撮影：上野巌

昭和30,31 (1955,1956) 年にモ101 〜 104の更新車として日本車輌で製造された。クハ501,601,602を除いて初めての片運転台式、定山渓鉄道として初めて幌が付いた。一方片運転台化によって生じた運転台機器はサハ600形2両の制御車化に転用された。

【クハ602を付けた3両編成】モ2100形のユニットにクハ602を連結した構成だ。
◎豊平付近　昭和40 (1965) 年8月　撮影：今井啓輔

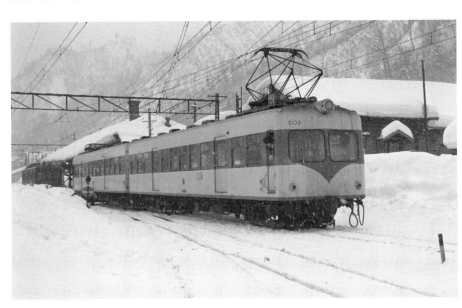

【モ2100形 (2103)】
新塗装になった姿、ツートーンカラーになったが、窓周りのオレンジ色の幅はもう少し広かった方が似合った感じだ。
◎豊平
昭和41 (1966) 年1月
撮影：髙井薫平

51

【モハ2200形 (2201〜2203)】

昭和32 (1957) 年定山渓鉄道は東急グループの傘下に入り、複線化、新線計画など定山渓鉄道の近代化が検討されるようになるが、その第一陣といえるものが東急電鉄デハ3609〜3611の転入である。元々戦災国電の流れを汲む車両で、デハ3609,10が新日國工業製の四角い車体、デハ3611は汽車会社製で少し丸みが取れた感じの車体を持っていた。ともに国鉄モハ50形風の車体新造車である。定山渓鉄道に転入する際、改造工事は東横車輌の碑文谷工場で行われ、今まで片運転台方式だったが、運転席を右側に移設、両運転台化のため、第2エンドの片隅に新しく運転台を設けた。乗務員扉は運転台側に新設されたが、片側には扉が付かず、座席は車端まで伸びていて、遠い昔の東横線で乗った、デハ3450形やデハ3500形を彷彿させるものであった。定山渓鉄道では制御方式が異なるため他車との併結は行われなかったが、後に併結対応改造を施し併結が可能になった。

【モハ2201の第2エンドから見る】
右側運連台で新設された運転台は片隅だったので、左側は車端までシートが伸びているのがよくわかる。
◎豊平　昭和35 (1960) 年8月　撮影：村松功

【モハ2200形（モハ2202）】
元東京急行のデハ3610が前身、国鉄モハ50によく似ているが、戦災復旧名義の車体新製車である。
◎豊平　昭和40 (1965) 年12月　撮影：髙井薫平

【東横車両で完成まじかのモハ2203】東京急行からデハ3609,10,11の3両が定山渓鉄道に譲渡されたが、このモハ2203になったデハ3611は東京急行で数少ない汽車会社製であった。◎東急碑文谷工場　昭和33 (1958) 年4月　撮影：髙井薫平

【モ2300形（2301, 2）】

東急傘下の定山渓鉄道近代化第二弾は、一見東急7000形オールステンレスカーを思わせるこの2両の登場である。残念なことにステンレスは使われず、高抗張力鋼板を使用し、ステンレス車に倣ってコルゲート付きであった。2扉ロングシートであるが、この電車の最大の誤算は北海道の気候の見誤りだった。涼しい土地北海道の宣伝が効きすぎて、側窓のすべてが嵌め殺し、つまり開閉できる窓がなく、強力なファンデリアも焼け石に水だったようだ。車内には緊急用のビニール袋が用意されていたというエピソードも有名である。種車の電気品をそのまま使用したので、悪評の車体以外は全く異なった車両だった。

【モ2300形（2302）】モ301の機器流用車両、台車は国鉄のイコライザタイプのTR14だった。
◎豊平　昭和40（1965）年8月　撮影：今井啓輔

【モ2300形（2301）】モ201の機器流用車両、台車は日車のDタイプを履き、モハ2202と制御方式は異なっていたが、2両が手をつないで使用されたようだ。◎豊平　昭和40（1965）年8月　撮影：今井啓輔

【4両のディーゼルカー】

定山渓鉄道の札幌駅乗り入れは長年の悲願であった。一時は国鉄線の東札幌〜苗穂間3.1kmを自前で電化して電車の運転距離を延ばしたりしたこともある。戦後は修学旅行などの国鉄からの乗り入れ客車を積極的に受け入れて10両を超える長い国鉄客車を定山渓まで自社の機関車で引き込んでいた。昭和32 (1957) 年8月、国鉄気動車に性能を合わせた独自のディーゼルカーキハ7000形を3両製造し、国鉄線ダイヤの関係で乗り入れ区間は国鉄千歳線の気動車に併結運転 (昭和35年で10往復うち3往復単独運転) され、待望の札幌乗り入れが実現した。　車両は国鉄キハ22形に準じていたが、正面2枚窓の非貫通タイプ、あとから増備したキハ7501は客用扉を国鉄キハ21形に合わせて内側に寄せ、簡易荷物収納スペースを持っていた。東札幌で定山渓線にはいると電車が待機していて、その後部に連結、そのまま定山渓まで電車に牽かれて走った。

【モハ2201に牽引されるキハ7003】◎昭和40 (1965) 年8月　撮影：今井啓輔

【国鉄千歳線の気動車と
併結して札幌駅に到着した
キハ7002】
◎札幌 (国鉄)
昭和35 (1960) 年8月
撮影：村松功

【キハ7500形（7501）】増備車であるキハ7501の窓配置は国鉄キハ21形に似せて内側によった。国鉄線に乗り入れる気動車だったが運転席は右側にあった。◎札幌　昭和41（1966）年1月　撮影：髙井薫平

【キハ7000形（7003）】モハ1201に牽引されるキハ7003、札幌から直通したキハには乗客がかなり乗っている。
◎昭和35（1960）年8月　撮影：村松功

【形式8100】

8100形式は昭和24 (1949) 年に8105,8108,8115号、昭和26 (1951) 年に8104号の4両 が払い下げられて、7200形7220,7223,7224号に代わって仕業についていた。定山渓鉄道の錦橋から分かれる豊羽鉱山の鉱石搬出も大きな仕事だった。電気機関車、ディーゼル機関車が入るまで現役であった。8100形8105,8108号は廃車後寿都鉄道に譲渡された。

【8100形 (8115号)】明治30 (1897) 年、アメリカ生まれのこの機関車は昭和34 (1959) 年まで、所有者は変わったものの第一線で使用された。◎真駒内　昭和31 (1956) 年8月　撮影：村松功

56

【8100形(8108号)】長い団体列車を重連で牽いてきた古強者の躯体からはあちこちから蒸気が漏れていた。
◎定山渓　昭和30(1955)年9月　撮影：髙井薫平

ことば解説 北海道鉄道

　明治時代に函館本線の函館駅と南小樽駅の間を建設、明治39(1906)年の鉄道国有法により翌年国有化されたのが一代目の北海道鉄道。二代目の北海道鉄道は鉱石や石炭輸送などを目的として大正7(1918)年北海道鉱業鉄道として設立され、現在の千歳線などを建設、戦時中に買収、国有化された会社で一代目とは無関係である。大正11(1922)年に沼ノ端～生鼈(いくべつ、後の旭岡)間、翌年、邊(へ)富内(とない)(後の富内(とみうち))まで開通した。この線はのちの国鉄富内線になり、日高町まで延長されたが昭和61(1986)年に廃止された。北海道鉱業鉄道は大正13(1924)年に北海道鉄道に改称、大正15(1926)年 札幌線(のちの千歳線)沼ノ端～苗穂間が開業した。昭和10(1935)年からガソリンカーを導入、札幌線でのフリークエントサービスに活躍した。北海道鉄道が建設した札幌線は現在、JR北海道千歳線となって北海道の大動脈の一部になっている。

【豊平駅構内で入れ換え中の8115号】
電気機関車が入る前、定山渓鉄道の貨物輸送の主体は19世紀生まれのアメリカ製古典機関車が担っていた。
◎豊平　昭和29(1954)年8月　撮影：竹中泰彦

【形式C12（C121）】昭和17（1942）年に登場し、昭和40（1965）年5月に廃車となった。
◎定山渓　昭和30（1955）年8月　撮影：青木栄一

【DD-4501＋ED5001の
重連仕業】
ED5001と重連で定山渓まで12
両編成の団体臨時列車を引き上
げる。
◎東札幌
昭和36（1961）年9月
撮影：大野真一

【国鉄客車の乗り入れ】
ED5001を先頭にＥＬ＋ＤＬの重
連が修学旅行生満載の国鉄客車
を牽く。
◎撮影地不詳
昭和36（1961）年9月
撮影：大野真一

【DD450形（4501）】
国鉄DD13の製造実績の少ない
日立製作所の手による、丸い屋
根のカーブと鋳鋼製台車が特
徴である。錦橋から分かれる日
本鉱業豊羽鉱山の私有機であ
るが、運転管理は定山渓鉄道で
あった。
◎豊平
昭和33（1958）年8月
撮影：大野真一

ED500 1

【ED5000形（5001,5002）】

三菱電機で生まれた国鉄の
EF58形電気機関車をBB型に
まとめた模型の世界から出て
きたような機関車である。電
空併用ブレーキを装備し、制
御方式は大型の国鉄向けに準
じた単位スイッチ制御、モー
タも200kwという我が国の
私鉄向けED型電気機関車で
は最高、かつ唯一のもので
あった。鉄道廃止後は長野電
鉄に転じて大活躍し、その後、
越後交通に転じた。

【ED5000形（5001）】
新製当初はこのようにステ
ンレス製の飾り帯を巻いて
いたが、その後塗りつぶさ
れたようだ。
◎豊平
昭和41（1966）年1月
撮影：田尻弘行

【ED5000形（5002）】
ED5000形は新製当初群青色に
クロームメッキのラインが目立
つ優雅な姿だった。
◎定山渓
昭和36（1961）年9月
撮影：大野真一

キ1形（ユキ1）
後ろ姿はまるで廃屋のよう。こ
のまま雪に突っ込んだらバラバ
ラになるかもしれない。ただし、
この写真撮影時には車籍が残っ
ていた。
◎豊平　昭和40（1965）年8月
撮影：今井啓輔

旭川電気軌道

鉄道データ	
区間 （距離）	旭川四条〜旭川追分（1.3km）
	旭川追分〜東川（12.2km）
	旭川追分〜旭山公園（3.04km）
	旭川駅構内〜旭川四条（2.3km）※貨物のみ
開業	昭和2（1927）年2月15日
廃止	昭和3（1973）年1月1日

　旭川電気軌道の起点は国鉄の旭川駅でなくて宗谷本線で一つ北見寄り、1.8kmに設けられた旭川四条仮乗降場（昭和48（1973）年9月28日に駅に昇格）で、それも僕が訪問した前年昭和32（1957）年2月の開業だった。つまり現在の道道1160号旭川朝日岳温泉線上を走ってきた旭川電軌の電車は宗谷本線の踏切に突き当たり、やむなく左に折れたところに旭川四条の駅を設けた。旭川にはかつてもう一つ、旭川市街軌道といういわば旭川市電というべき市内電車があった。旭川は北の要と位置つけられた軍都で第七師団が置かれて兵隊さんがたくさんいて、その足に供されたのだが、戦後最大の顧客を失って、すぐ廃止された。旭川電軌はこの市街軌道の路線を前提に敷設され、旭川市街部と旭川郊外部の交通をすみ分けていたようだ。これが旭川電軌の起点が市の中心から少し離れていた理由であろう。ただ国鉄線との貨車のやり取りは旭川四条と旭川を結ぶ貨物線を介して以前から行われていて、宗谷本線上に仮停車場の設置も容易であったのだろう。

　最初の訪問の時旭川からバスを使った。もしかすると旭川電軌の車庫のある旭川追分まで直行したのかもしれない。仮停車場に隣接していた旭川四条駅の記憶がまったくない。ご承知のように宗谷本線の列車は旭川を過ぎると列車本数は極端に減る。当時から旭川電軌はバスを経営しており、今も社名は同じ「旭川電気軌道」の名称を使っている。旭川電軌のバスで当時まだ珍しかった菱形横引き窓が印象に残っている。

　旭川電軌の電車は東川の方から広い道の片側に寄って敷設され、旭川追分を過ぎると道路の真ん中を走った。そして、やがて終点の旭川四条に着いた。終点には国鉄からの貨車の授受を行う小さなヤードがあった。

　旭山公園と東川行の電車はほぼ交互に旭川四条

を出てしばらく道路の真ん中を走り、旭川追分に着く。ここに車庫や変電所があって、この小さな電車線の中心である。電車はすでにパンタグラフを使用していたが、車両の一端、下り寄りにはどの車もポールを付けており、これは車庫内で使用するためと聞かされた。

　車庫の人と話していたら、もうすぐササラが帰ってくるというので東川の方に少し歩いたら遠くで雪煙が起きており、それが近づいてきた。巻き上げる雪の中から写真が撮れると期待したが200mくらい先でササラを回すのをやめてしまいそのまま僕のそばを通り過ぎた。当たり前のことだけれど、どうやら通行人がいればササラを止めるのがルールらしい。

旭川電軌で最後に乗ったのは旭山公園までの区間だけで、実は東川には行っていない。今でこそ旭山動物園で有名な旭山公園だが、この時は終点には北海道庁の客土事業の基地らしいものがあり、土運車やＤＬが並んでいたと記憶するが、撮っていない。気が付いたら辺りはすっかり暗くなっていた。

【木造四輪電動客車8号】昭和2（1927）年の開業に合わせて6，8，10号の3両が大阪の梅鉢鐵工所（のちの帝国車輌、その後東急車輌と合併）で生まれた木造単車。車両番号が偶数ばかりで、これはボギーのモハ101〜103が入るまで続いた。昭和24（1949）年に罹災したが、8号と10号は復旧した。ボギー車が揃ってからは構内入れ換えや、附随車として増結用になっていた。
◎旭川追分　昭和35（1960）年3月　撮影：田尻弘行

【車庫風景モハ20とモハ101の並び】左のモハ20は昭和5（1930）年に登場した最初の半鋼製の二軸車。4両作られたが昭和24（1949）年3月の車庫火災で3両（18，22，24号）を焼失して生き残った車両。現在は屋根上に作業台を設けて事業用になっている。モハ101は戦後製造された旭川電軌を代表する好ましい小型車だ。◎旭川追分　昭和35（1960）年3月　撮影：髙井薫平

【モハ501に牽かれる10号】
大火にあった後もほぼ原形に近い形で復旧した10号。今日はトレーラーとしてモハ501に牽引されていた。
◎旭川四条付近
昭和31 (1956) 年8月
撮影：田尻弘行

【10号】
乗客の増加で戦前から使用されてきた木造の2軸単車も整備されて第一線で活躍していたころ、後ろの20形もまだ事業用に改造されていない。
◎旭川追分
昭和29 (1954) 年8月
撮影：青木栄一

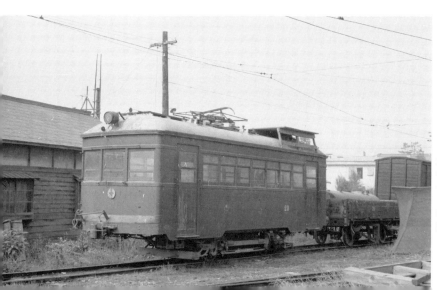

【作業用車両20号】
最後に残った半鋼製電動単車20号は作業台を載せ、車内にも資材を積んで作業車両として、最後まで車庫に待機している。
◎旭川追分　昭和40 (1965) 年9月
撮影：今井啓輔

【晩年の10号】
酷使がたたったのか車体の緩み
補修のため正面にバツ印状にア
ングル材で補強している。
◎旭川追分
昭和45（1970）年8月
撮影：高橋慎一郎

【貨物を牽引する8号】
昭和24（1949）年の火災復旧の時、ダブル
ルーフをシングルルーフに変え復旧した
車両。昭和28（1953）年に全車がパンタグ
ラフに変更されたものの、工場内の設備の
関係で一端にトロリーポールが残された。
◎旭川四条　昭和29（1954）年8月
撮影：青木栄一

【付随客車16号】
廃車になった木造電動単車16
号の名義で、工場火災で廃車と
なった単車の台枠2両分に国鉄
の木造客車の鋼体化工事で余
剰になったナハ10084の車体を
乗せた。自社で作ったというボ
ギー台車と組み合わせて昭和28
（1953）年に登場したが、許認可
の関係はわからない。
◎旭川追分付近
昭和29（1954）年8月
撮影：青木栄一

【モハ100形（101）】
砂利道の端に敷かれた軌道を行く。客用扉が
Hゴム支持の鋼製に変わっている。
◎追分付近　昭和46（1971）年9月
撮影：高橋慎一郎

【モハ100形（103）】
旭川電軌東川線の沿線は広大な
農産地帯が広がっており、機関
車を持たない旭川電軌は電車が
貨車を牽いた。旭川四条の駅に
は国鉄が仮停車場を作る前から
旭川駅の貨物ヤードとつながっ
ていて、貨車の授受を行ってい
た。
◎旭川四条
昭和40（1965）年9月
撮影：今井啓輔

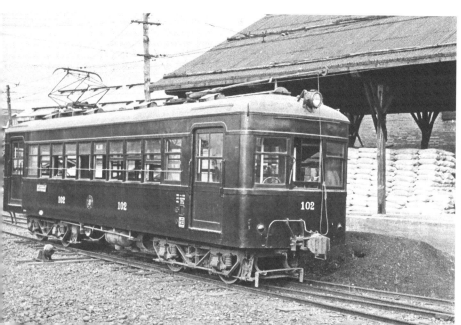

【モハ100形（102）】
車庫火災で焼失した3両の名義
を継いだ好ましい小型ボギー
車。客用扉の窓ガラスに十字
の桟が入っているのは、どこか
戦後早くの新車をイメージさせ
る。
◎旭川四条
昭和31（1956）年7月
撮影：田尻弘行

【モハ500形(501)】東川に通じる道道1160号線もすっかり舗装され、線路と道路の区分がはっきりしてきた。モハ501は元定山渓鉄道のモハ102で、モ2103に機器を譲って余剰になった車体を譲り受け、モハ1001に倣った新しい前面を作って生まれた車両。モハ1001とともに主力として活躍した。◎旭川追分〜千代田　昭和46(1961)年9月　撮影：高橋慎一郎

【無蓋車を引くモハ501】モハ501がトラを1両牽いてやってきた。
◎旭川追分〜千代田　昭和46(1971)年9月　撮影：高橋慎一郎

【モハ501＋コハ051】正面をモハ1001に似せたモハ501は、モハ1001とともに最後の時まで旭川電気軌道の主力として活躍した。◎旭川四条付近　昭和46（1971）年9月　撮影：高橋慎一郎

【コハ05形（051）】昭和42（1967）年、国鉄の倶知安機関区にいたキハ05 12の払い下げを受け、電車に牽かせるトレーラーに改造して使用した。◎旭川四条　昭和46（1971）年9月　撮影：高橋慎一郎

【モハ1001の牽く貨物列車】有蓋貨車１両牽いて東川からの貨物列車が到着する。当鉄道ではワ１形４両を連帯直通貨車として所有していた。◎上旭正　昭和46（1971）年９月　撮影：高橋慎一郎

【モハ1000（1001）】旭川四条に停車中のモハ1001。旭川四条駅はややカーブしたホームがあり、その先は国鉄宗谷本線の貨物ヤードに連絡していた。◎旭川四条　昭和40（1965）年９月　撮影：今井啓輔

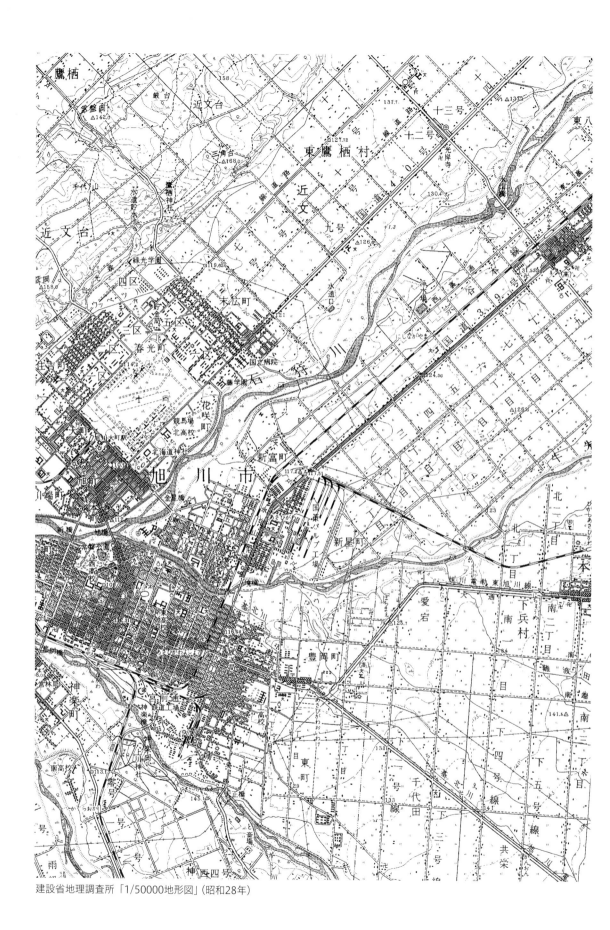

建設省地理調査所「1/50000地形図」(昭和28年)

【ササラ電車】一直線の道道1160号の道路先に雪煙が上がってだんだん近づいてくる。初めて見るササラ電車は僕を見付けて回転を止め、わきを通り過ぎた。この車には車両番号がなかった。
◎旭川追分付近　昭和35（1960）年1月　撮影：髙井薫平

【ササラ電車】脇を通り過ぎたササラ電車、またササラを回し始めた。この車は既にない旭川市街軌道の排1を譲り受けた車両。
◎旭川追分付近　昭和35（1960）年1月　撮影：田尻弘行

【ササラ】
回転する竹ブラシによる除雪電車は現在も札幌市電と函館市電で現役である。
◎旭川追分　昭和40（1965）年8月　撮影：今井啓輔

【旭川四条の構内写真】
◎旭川追分
昭和40（1965）年9月
撮影：今井啓輔

【ワ1形（102）】
昭和2（1927）年に鉄道院より
ワ53000形を譲り受けた。側面
には「旭川電気軌道株式会社」
と大書きしてあり、車号の下に
連帯直通車を表す2本の白線が
引かれている。
◎旭川追分
昭和40（1965）年9月
撮影：今井啓輔

【ロータリー】
無蓋貨車にロータリー式の除雪
装置を付けた車両、側面に「電
動排雪車」と大書してあるが、
モーターを積んでいるのか、集
電はどうするのか、果たして使
用したのかすべて不明だった。
◎旭川追分
昭和35（1960）年1月
撮影：髙井薫平

旭川市街軌道

　かつて旭川にはこの本で紹介している旭川
電気軌道の郊外に延びる路線とは別に市内電
車が走っていた。旭川は明治34（1901）年に
陸軍第7師団が置かれた後、明治39（1906）
年に上川馬車鉄道が旭川駅前と師団を結んだ
が、大正時代に廃止されている。市内電車が
開通するのは昭和に入ってからである。
　旭川市街軌道が昭和4（1929）年に四条線（四
条十七丁目〜神楽通）続いて一条線（曙〜八条
北都前）が開業した。翌年、師団線（旭川駅前
〜一線六号）が開業。師団線は戦後、近文線（ち
かぶみせん）に名称変更されている。昭和12
（1937）年でも5分間隔で運転というから多く
の乗客があった。車両は4輪単車、空気制動
は無かったという。終戦までは好調だったが
戦後は乗客が激減。昭和31（1956）年に全廃、
バスに切り替えられ社名も旭川バスに変更。
昭和43（1968）年、旭川電気軌道に吸収合併さ
れた。

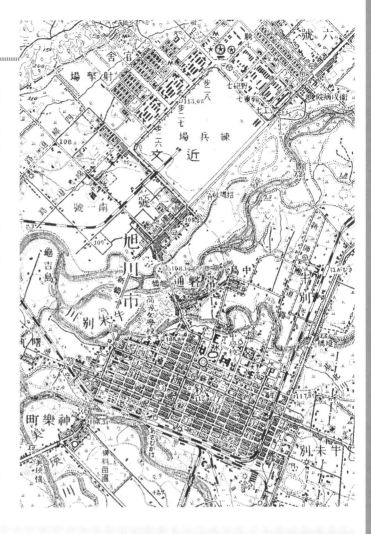

【旭橋にかかる231号】
旭川市街軌道開業時に新造された半鋼製の2
軸単車20両（1〜20）のうちの6号車、事故を
起こし31号と変更、100位の数字はその後の
更新時期を表している。
◎旭橋　昭和29（1954）年8月
撮影：青木栄一

北海道の炭鉱と鉄道
「石炭産業と北海道私鉄（炭鉱鉄道）の興亡」

釧路市立博物館学芸員　石川孝織

石炭輸送からスタートした道内の鉄道

時代は幕末から明治へ。北海道のほぼ中央、道内最大である「石狩炭田」の開発が始まる。幌内（現三笠市）で1868（明治元）年に石炭露頭が発見され、その後の米国人地質技師、ライマンの現地調査では、埋蔵量1億トンと報告している。

その石炭を安定的に、消費地である道外へ輸送しなくてはならない。幌内から室蘭港まで一気に鉄道で結ぶ案、幌内から石狩川（空知太）まで鉄道、小樽港までは舟運による案が考えられたが、前者は建設費、後者は冬期の輸送困難が欠点だった。そこで、米国人土木・鉄道技師クロフォードによる、幌内と小樽を鉄道のみで結ぶ案が採用された。

まず札幌〜手宮（小樽）が1880（明治13）年に、幌内〜札幌も1882（明治15）年に仮開業し（翌年正式開業）、全長91.2kmの鉄路が完成する。旅客営業も行ったが主力は石炭輸送であり、その輸送量は、1883（明治16）年に年間13,871トンだったのが、1889（明治22）年には同118,494トンにまで増加している。

この官営幌内鉄道は、幌内炭鉱、開発途中だった幾春別炭鉱とともに、1889（明治22）年に北海道炭礦鉄道（北炭）に払い下げられる。1893（明治26）年までに夕張、空知（現 歌志内市）、真谷地（夕張市）、万字（岩見沢市）などの各炭鉱が開坑、鉄道も1891（明治24）年に岩見沢〜歌志内、1892（明治25）年に追分〜夕張、岩見沢〜室蘭などが敷設され、小樽港と室蘭港への石炭の輸送体制が確立する。

鉄道の国有化と民営「炭鉱鉄道」の登場

北海道での石炭生産は、炭鉱と鉄道を押さえている北炭の「独占状態」となっていたが、鉄道は1906（明治39）年の鉄道国有化により買収、北海道炭礦鉄道は社名を「北海道炭礦汽船」に改める。北炭が経営する炭鉱の多くに、国鉄線が直接乗り入れていたのは、このような経緯からである。

鉄道の国有化は、この「独占」を崩すこととなった。三井・三菱・住友などの財閥資本が本格的に石狩炭田へ進出、生産量も飛躍的に増加する。1914（大正3）年、石狩炭田での石炭生産量は約192万トンであったが、5年後の1919（大正8）年には4倍超となる約450万トンとなる。

国鉄線からやや離れた場所が多かった三菱鉱業の各炭鉱では、自ら鉄道を敷設した。道内における、私鉄「炭鉱鉄道」の登場である。美唄炭鉱は1913（大正2）年開坑の飯田美唄炭鉱を前身として1915（大正4）年に三菱が買収、石狩石炭が1914（大正3）年に開業させた美唄郵便鉄道を1915年に美唄鉄道とした。夕張の山間部、大夕張炭鉱の買収では既設の馬車軌道を改め、1911（明治44）年に夕張線清水沢への専用鉄道を開業させる。1929（昭和4）年に延長、1939年には地方鉄道「三菱大夕張鉄道」となる。北炭でも、資材輸送の円滑化、また石炭輸送における小樽港への短絡路となるべく、1926（大正15）年に「夕張鉄道」を開業させている。

石狩炭田以外での動き

道内の他炭田でも近代的炭鉱開発が本格的する。

道内2番目の規模である釧路炭田は、幕末の1856年から道内初の石炭採掘が行われたが、安田財閥による硫黄鉱山（アトサヌプリ）経営に付随して開坑した春採炭山などを除けば、大正時代前半までは小規模な生産に留まっていた。

1920（大正9）年、木村組釧路炭鉱と三井鉱山別保炭鉱の合併により太平洋炭礦が成立、その石炭輸送の抜本的改善と釧路港での海陸連絡を担うべく、1925（大正14）年に「釧路臨港鉄道」が開業、1923（大正12）年には北海炭礦鉄道も釧路と雄別炭山を結ぶ鉄道を開通させるが、不況に加え関東大震災での混乱により経営困難となり三菱鉱業が買収、傘下の「雄別炭礦鉄道」となる。

拡大する炭鉱開発

昭和時代に入り、輸送の困難などからこれまで

顧みられていなかった炭田にも、本格的に開発の槌が打ち込まれるようになる。

　留萌炭田では、雨竜地区に2億トン以上の石炭が存在することが明治時代から知られていたが、御料林内であり開発は進んでいなかった。鉄道は1910（明治43）年に留萌まで達していたものの、留萌港は同年に開始された修築工事が遅滞し、積み出しができない状況であった。そこで浅野・三井・北炭・三菱・住友・大倉など、留萌炭田に鉱区を持っていた石炭会社と、宮内省（御料林の木材搬出のため）の出資により「留萌鉄道」が設立、1930（昭和5）年、炭鉱と留萌本線（恵比島駅）が開通、さらに留萌港の石炭の積出施設を整備、海陸連絡を担った。

戦時下における炭鉱と炭鉱鉄道

　1937（昭和12）年には日中戦争が勃発、日本が戦争への道を突き進んでいくなか、太平洋戦争開戦前年の1940（昭和15）年、国内炭鉱は戦前・戦後を通じて史上最高となる年6千万トンを生産する。

既存炭鉱の生産力増強とともに、新鉱の開発も促進、炭鉱鉄道も新たに開業する。

　石油不足を補うため、石炭から人造石油を製造する計画が国策として進められ、留萌には深川とともに工場立地が計画される。これにあわせ留萌炭田では北炭により天塩炭砿の開発が着手、その石炭を留萌へ輸送するため「天塩鉄道」（のちに天塩炭砿鉄道）が1941（昭和16）年に開業している。

　苫前炭田では1940（昭和15）年、太陽産業により築別炭砿の開坑に着手、翌年には合併により「羽幌炭砿鉄道」が発足し、12月には開業する。寄せ集めの中古橋桁でつくられた「築別川第三橋梁」はその突貫工事の象徴でもある。

　石狩炭田でも、新たに芦別炭鉱が1938（昭和13）年に開発着手、1941（昭和16）年に生産を開始する。ここは鉱区を三井鉱山が所有していたが、長らく開発されずにいた。1940（昭和15）年に専用鉄道が完成、戦後、1949（昭和24）年に「三井芦別鉄道」となる。

夕張線、夕張駅を発車する混合列車。同線は大正初期に複線化されたが、不況による生産量、夕張鉄道の開通による輸送量の減少で1932（昭和7）年、単線に戻る。線路に沿う空地はその撤去跡と思われる。右側に並行するのは、夕張鉄道新夕張駅（後の夕張本町）に接続していた夕張炭鉱専用鉄道。坑内充てん用火山灰の輸送等に使用された。◎所蔵：白土貞夫

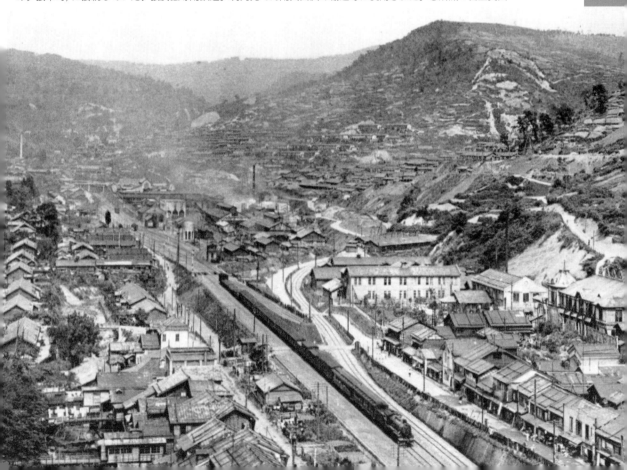

戦後復興 「黒ダイヤ」の時代

1945（昭和20）年8月終戦。戦後復興の重要物資として、石炭は「黒いダイヤ」などとも呼ばれ、荒廃していた炭鉱も生産体制が整い、1949（昭和24）年には道内生産量は1,000万トン台を回復する。炭鉱地域の人口も増加し、例えば夕張市では1950（昭和25）年の国勢調査で人口は99,530を数え、翌年には10万人を突破する。

しかし、朝鮮戦争休戦後の不況、さらに高度経済成長期には安価に輸入石油が大量に利用されるようになり、石炭は生産過剰となる。筑豊炭田など開発時期が古く、生産条件が悪くなってきた九州の炭鉱では、小規模炭鉱を中心に閉山が相次ぐ。しかし、「まだ若い」北海道の炭鉱はコスト面でも有利で、1961（昭和36）年、道内生産量が2,000万トンを突破する。

夕張市の人口が最大の116,908となったのは、1960（昭和35）年のことである。夕張鉄道の利用者も前年の1959（昭和34）年は200万人を突破、このころが炭都夕張の全盛期であった。

一方で、高度成長での人件費高騰・労働力不足は炭鉱経営の課題となり、生産性の向上が求められ、炭鉱鉄道でもディーゼル機関車を、旅客輸送においてはディーゼルカーをこぞって導入、客貨分離しサービス向上を図った。また多くの炭鉱鉄道がバス事業へ積極的に参入し、通勤輸送などをバスに転換する動きも多く見られた。

釧路臨港鉄道（のちの太平洋石炭販売輸送）では、1958（昭和33）年からディーゼル機関車を導入、1963（昭和38）年には旅客営業を廃止し貨物営業に専念、さらに1966（昭和41）年に導入した「シャットルトレーン方式」など、合理的輸送方法を次々に実用化し、国鉄よりも数歩先を行く存在であった。

石炭産業の斜陽化で

構造不況に陥った石炭産業の合理化を促進させるため、国は1963（昭和38）年から石炭政策を実施する。非効率炭鉱を閉山させ、高効率炭鉱へ生産を集中させる「スクラップ・アンド・ビルド」を推し進めていく。

第1〜3次石炭政策（1963〜68年度）では、「国内炭5,000万トン程度確保」という数値目標は存在していたが、炭鉱災害の続発、労働者の不足から閉山のスピードは加速する。道内でもこの時期、中小規模の炭鉱が閉山し、鉄道も運命を共にする。

1967（昭和42）年閉山・廃止の天塩炭砿鉄道のほか、石狩炭田の北炭美流渡・三井奈井江・三菱芦別・油谷（石狩炭田）、明治庶路（釧路炭田）、藤田炭鉱宗谷（天北炭田）といった、蒸機が活躍した専用鉄道・専用線を有する炭鉱も、この時期に閉山する。

衝撃的だった 「第4次石炭政策」

1969（昭和44）年度からの第4次石炭政策は、「与えられる助成によって事業の維持再建が困難となる場合は、勇断をもって進退を決すべき」と、これまでより踏み込んだ内容となった。会社そのものも清算することで、国が未払い賃金の75%を補償するなど有利な条件が得られる「企業ぐるみ閉山」という制度が設けられた。これは経営力の弱い炭鉱の「なだらかな閉山」を狙った政策であったが、結果として大手炭鉱も含めた「なだれ閉山」とも呼ばれる状況をつくった。

道内関係では、1969（昭和44）年4月に明治鉱業（道内では釧路炭田の本岐炭鉱と留萌炭田の昭和炭鉱）、1970（昭和45）年2月に雄別炭砿（雄別・尺別・上茶路）、また同年12月に「中小炭鉱の雄」とも称された羽幌炭砿鉄道がこの企業ぐるみ閉山（会社清算）を選択、主な役割を失った留萌鉄道・雄別鉄道・羽幌炭砿鉄道も廃止となった（本岐炭鉱は閉山前にトラック輸送へ転換済み）。

この企業ぐるみ閉山以外でも、三菱美唄炭鉱が1972（昭和47）年に閉山、美唄鉄道も5月に廃止となるなど、1969（昭和44）年度に66あった道内の炭鉱は5年後の1974（昭和49）年度には24に、生産量も2,116万トンから1,236万トンへ急減した。

続く炭鉱鉄道の廃止

いっぽうで、北炭や三菱鉱業は、条件が悪くなった炭鉱を閉山させ、高能率を目指した大規模炭鉱を新たに開発していく。

三菱鉱業は1969（昭和44）年に石炭部門を分離、翌1970（昭和45）年に南大夕張炭鉱を開坑する一方、1973（昭和48）年に大夕張炭鉱を閉山、三菱大夕張鉄道は同年、南大夕張〜大夕張を短縮するとともにディーゼル機関車を導入する。

北炭は夕張での石炭生産を、市の南側となる清水沢地区に新たに開坑する夕張新炭鉱に集中すべく、市の北側にあった炭鉱（夕張一鉱、二鉱、平和）を全て閉山させる。これらの石炭は国鉄夕張線とともに、夕張鉄道が輸送を担っていたが、荷主を

失うこととなった。また1960年代後半から道外への石炭輸送は、石狩炭田南部は苫小牧港、北部は留萌港からがその中心となり、小樽港経由は減少し、同港への短絡路という役割は低下していた。旅客輸送も、札幌市中心部に直接乗り入れるバスがその中心となっていた。夕張鉄道は1975（昭和50）年に全線廃止となる。

円高不況がダメ押し

1985（昭和60）年のプラザ合意による急速な円高は、国内の鉱業（金属・石炭）を壊滅的な状況に追い詰めた。1987（昭和62）年には三井砂川、北炭真谷地が閉山する。

また鉄道からトラック（バス）輸送への転換が相次いだが、これは閉山のカウントダウンでもあった。三菱南大夕張炭鉱は1987（昭和62）年の鉄道廃止後1989（平成元）年に、三井芦別炭鉱も1989（平成元）年の鉄道廃止後1992（平成4）年に閉山となる。なお道内JRでの石炭輸送も、1989（平成元）年に全廃となっている。道内での石炭生産量は、1990（平成2）年度には500万トンを割り込む。

炭鉱鉄道の終焉へ

炭鉱からの鉄道による石炭は、全国的にみても1992（平成4）年の大牟田〜金田（三井三池炭鉱から三井鉱山セメントの工場へ）の廃止により、太平洋石炭販売輸送臨港線（旧 釧路臨港鉄道）のみとなった。

高効率を誇った太平洋炭砿は年間200万トンを安定的に生産してきたが、国の石炭政策が終わった2002（平成14）年に、規模を3分の1に縮小した新会社「釧路コールマイン」の経営に移行した。釧路港への輸送は当初年間70万トン、のちに50万トンの石炭を生産、その多くは引き続き太平洋石炭販売輸送臨港線が担ったが、生産量の漸減、また生産した石炭は、隣接する新設の火力発電所など全量を道内で消費することとなり、港への輸送の必要が無くなった。ついに2019（平成31）年3月30日で石炭輸送は終了、6月30日をもって廃止となった。炭鉱からではないが、扇町（鶴見線）〜三ヶ尻（秩父鉄道）の海外炭輸送も2020（令和2）年2月に終了している。

日本の近代化を共に支えた、炭鉱と鉄道。明治時代から続いたその関係が、国内ではここに幕を下ろしたのであった。

戦後（1945〜2002年）における道内石炭生産量と、「炭鉱鉄道」営業キロ

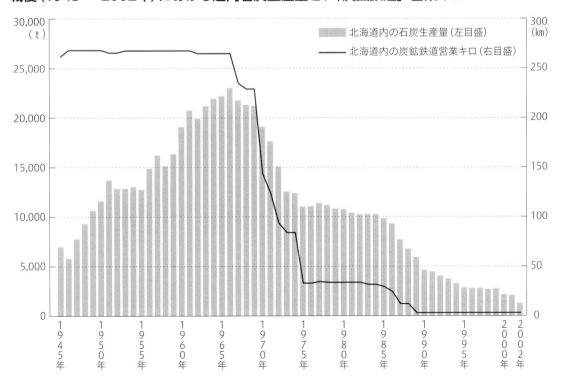

※「炭鉱鉄道」：炭鉱会社、あるいはその関係会社が経営した道内の地方鉄道（私鉄）、専用鉄道

夕張鉄道

鉄道データ	
区間 （距離）	野幌〜夕張本町（53.2km）
開業	大正15（1926）年10月14日 栗山〜夕張本町　30.28km
	昭和5（1930）年11月3日 野幌〜栗山　23.01km
廃止	昭和46（1971）年11月15日 夕張本町〜鹿の谷　2.1km
	昭和50（1975）年4月1日 鹿の谷〜野幌　51.1km

かつて夕張鉄道は北海道の私鉄の雄であると言われた。もちろん札幌と定山渓温泉を結ぶ定山渓鉄道があるが、石炭というかつて北海道の代表的産業に基盤を置いて隆盛を極めたこの鉄道は北海道を代表した地方鉄道の雄であった。夕張鉄道は北海道炭礦汽船の流れをくむ三井系の企業だが、多くの炭鉱鉄道が導入した8100形式や9200形式のような、かつて国鉄で使われた中古の輸入機関車にはほとんど目もくれず新車を投入した。とくに11形という1Dのテンダ機関車は夕張鉄道独自の設計で、よく9600形式の足回りに8620形式の上回りを載せたと称されるが、異論もあるだろう。さらに客車も半鋼製、シングルルーフの自社発注車を作った。同様の形態が美唄鉄道にもみられるが、全長17〜18mの好ましい客車で、一部の車両はのちに転換式クロスシートに交換して、気動車のトレーラーに改造され、DTD編成で使用された。

気動車は国鉄キハ42500形によく似たキハ200形（201, 202）を登場させた後、キハ250形（251）という液体式の気動車を作った。この車両は北海道における最初の液体式気動車で、これを国鉄で借り上げて様々な試験を行い、のちの国鉄の北海道向け気動車の開発の一助となり、北海道における新しい気動車導入の先駆けとなった。

昭和30年代の夕張市の人口は10万人を超え、昭和35（1960）年度は116908人、25156所帯を数えていた。これは現在の10倍以上の人たちが生活していたことになる。炭鉱に働く人のほか、札幌に向かう人も増えてきたので、国鉄では札幌・夕張間に準急列車を設定したころで、夕張鉄道でも夕張から野幌まで急行列車を設定、野幌の一つ手前にバスと接続する野幌バス停留所前駅（北海鋼機前改称）を設けて、札幌市内に直行するバスに接続するルートを開設したりした。客貨分離も終わり、国によるエネルギー戦略の変更まで、夕張の町とともに栄えた。

ただ当時北海道に蒸気機関車を撮りに行く同好の士にとってはあまり人気がなかった。それは北海道の炭鉱鉄道イコール古典ロコという図式から少し外れていたためで、夕張のヤマに向かう愛好者は夕張線の清水沢、沼ノ沢で下車して三菱大夕張鉄道や北海道炭礦汽船真谷地に訪れるのだった。

国のエネルギー政策の転換で夕張鉄道は他の炭鉱鉄道同様の苦難の時期を迎える。その間合理化にも努めて昭和44（1969）年には国鉄DD13クラスのディーゼル機関車（DD1001, 1002）2両を導入、合理化を図るが沿線の中小炭鉱の閉山が始まっており、石炭輸送の流れも栗山から室蘭方面に移った。旅客輸送も昭和49（1974）年4月から野幌・栗山間で休止になり、モータリゼーションの発展もあってもはや旅客鉄道存続の意味はないと判断、昭和49（1974）年4月に北海道炭礦汽船の直営となって夕張鉄道の名は消えた。しかし、当時の私鉄の中で夕張鉄道の気動車はみなハイクラスだったので、そのほとんどが岡山県の倉敷市交通局（現水島臨港鉄道）、茨城県の関東鉄道などに譲渡された。すっかり気動車列車の一員だった客車の何両かがディーゼルカーと一緒に譲渡されている。かつて活躍した蒸気機関車のその後は知るところによると21形は、栗山市に21号が、長沼町に25号が保存されている。夕張市には立派な石炭博物館があり、11形の14号が保存されている。ただ夕張鉄道だけを取り扱ったりするものではなく、市民ベースの保存会まである大夕張鉄道とは趣が異なっている。

【キハ201を先頭に雪の中、夕張に向かうDDTD編成】
キハ253,4（301,2）は中間に客車を挟んで使用されることが多かったが、この編成では先頭にキハ201を増結していた。
◎錦沢付近　昭和40（1965）年12月　撮影：髙井薫平

【後部補機26号をつけて錦沢のスイッチバックに入る】◎錦沢　昭和37（1962）年8月　撮影：中西進一郎

【鹿ノ谷構内】
この日は前夜から雪が降り、朝から駅員総出で雪かきをしていた。入れ換えの11号がセキの列と取り組んでいる。
◎鹿ノ谷　昭和40（1965）年12月
撮影：髙井薫平

【1形（1号）】
開業に合わせて1，2号が、ドイツのコッペル社で生まれた。軸配置1C1のタンク機関車で類機に雄別鉄道の101,2,3号がある。本線で石炭列車を牽くというより、夕張地区の入れ替え作業が主な任務だった。
◎鹿の谷　昭和37（1962）年8月
撮影：村松功

【6形6号】
アメリカ製のB6（元国鉄2613号）で追分機関庫にいたものを大正15（1926）年に払い下げを受け、開業時から戦列に加えられた。夕張鉄道でも入れ換え用として昭和39（1964）年まで使用された。
◎鹿ノ谷　昭和37（1962）年8月
撮影：村松功

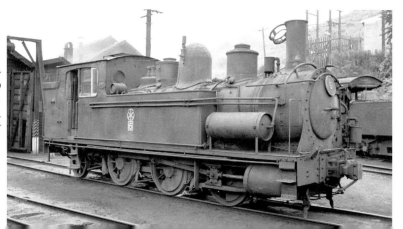

【11形テンダ機関車（11〜14）】

夕張鉄道の意気込みが感じられるテンダ機関車である。当時生産されていた国鉄9600形式を範として一回り小さなテンダ機関車にまとめられた。軸配置１Dの加熱式、クランクピンの位相が一般的な右先行でなく9600形式の設計ミスといわれる左先行をそのまま継承した。また珍しい２軸テンダ台車も初期の9600形式の18両に採用されたものを受け継いだのかもしれない。動輪直径は1118mmと9600形より小ぶりで、当時北海道に多く見られた大コン（9200形式）のそれに近いものになっていた。現在12号と14号が保存されている。

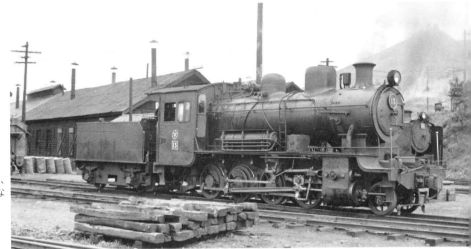

【11形13号】
夕張鉄道オリジナルの機関車、ほかに類似機関車は見当たらない。
◎鹿の谷
昭和33（1958）年８月
撮影：青木栄一

【11形12号】
11形のテンダは２軸車だったのが珍しかった。２軸テンダはよほど古い機関車に少し見かける程度だった。
◎鹿ノ谷
昭和40（1965）年８月
撮影：林嶢

【11形11号】
先輪の前に小さな排障器が付いている。
◎鹿の谷
昭和37（1962）年８月
撮影：村松功

【11形（14号）】この位置からスノウプロウを上下させるシリンダがよくわかる。
◎鹿ノ谷　昭和37（1962）年8月　撮影：村松功

【出庫準備】給水中の22号機。後ろで給炭中なのは10形である。出庫前のあわただしさが伝わってくる。
◎鹿の谷　昭和37（1962）年8月　撮影：村松功

【21形（21〜28号）】
出炭量が増え、11形では力不足を感ずることから国鉄9600形式と同じ仕様として昭和16（1941）年3月に21号機が川崎車輌で生まれた。21形はその後、昭和31（1956）年から昭和39（1964）年まで増備を続け、夕張鉄道の主力機になった。ただし残り7両は新車ではなく国鉄から払い下げたもので、その出自はまちまちだった。

【21形（23号）】
元国鉄9614号機。9600形では初期のグループでキャブの形がほかと異なる。
◎鹿ノ谷
昭和37（1962）年8月
撮影：村松功

【21形（25号）】
元国鉄49694号機。9600形では後期の車両、昭和50（1975）年の鉄道廃止まで使用された。
◎鹿ノ谷
昭和37（1962）年8月
撮影：村松功

【21形（28号）】
国鉄9600による輸送力増強対策の最後の車両で、当時はやりだった「門鉄デフ」で登場したものの、他車に波及しなかった。
◎鹿の谷機関区
昭和40（1965）年8月
撮影：今井啓輔

【入れ換え中の23号】もと国鉄9614で9600形初期のグループである。◎鹿の谷　昭和33（1958）年8月　撮影：髙井薫平

【21形22号】元国鉄の9682である、昭和46（1971）年に系列の北海道炭礦汽船真谷地鉱業所専用鉄道に移った。
◎昭和35（1960）年3月　撮影：髙井薫平

ことば解説　北海道炭礦汽船

　明治22（1889）年に、北海道最初の鉄道である小樽〜幌内の鉄道および幌内炭鉱を政府から譲り受け、北海道炭礦鉄道会社として設立された。明治39（1906）年、鉄道国有法により鉄道は国有化され、北海道炭礦汽船に改称。北海道で多くの炭鉱を経営し三井財閥に属した。戦後の財閥解体後も三井グループで、夕張鉄道，天塩炭礦鉄道、真谷地専用線などが北炭の一員であった。エネルギー転換政策で炭鉱が次々と閉山、平成17（2005）年に会社更生法手続きが終わり，現在では石炭輸入の商社として営業を行っている。

【栗山発車】野幌行きの客車を牽いて9600形が出発する。9600形蒸気機関車はこの頃まだ旅客輸送の一端を担っていた。
◎栗山　昭和33（1958）年8月　撮影：髙井薫平

【DD1000形（DD1002）】
昭和44（1969）年に入線した国
鉄ＤＤ13形に対応するディーゼ
ル機関車。期待を担っての登場
だったが、登場わずか5年で鉄
道は廃止される。
◎鹿の谷
昭和46（1971）年4月
撮影：齋藤晃

【ＤＤ1001の牽く石炭列車】10形や9600形の20形に代わって本線で石炭列車を牽く。

【夕張の町に入るキハ252＋253】夕張鉄道が自信をもって投入したキハ252はサービス向上を図って、転換式クロスシートを採用、側窓はシートピッチに合わせた狭い窓が並んだ。その後、気動車列車充実のため、のちに増備されたキハ300形にそろえて、片運転台化（小運転台は残した）した。◎鹿ノ谷付近　昭和40（1965）年12月　撮影：髙井薫平

【鹿の谷構内】夕張地区から札幌へのアクセスとして脚光を浴びたころ、夕張鉄道は片運転台方式の気動車とキサハ改造を行った客車でDTD編成2編成を整備して対応した。◎鹿の谷　昭和40（1965）年8月　撮影：今井啓輔

【キハ201を先頭にした4両編成の気動車列車】当時の夕張鉄道にはＤＴＤ編成にキハ200形を増結した輸送力対応編成が2編成用意されていた。写真はその2編成の行き違いである。◎南幌　昭和40（1965）年12月　撮影：髙井薫平

【キハ200形（201）】
夕張鉄道オリジナルの国鉄キハ07形類似の車だが、昭和27（1952）年登場の時から正面は6枚窓でなく中央2つが広窓の4枚窓だった。その後中央扉を埋めて2扉化し、車内も転換式クロスシートに改善した。ただ機械式のままで、写真のように編成に入るときはキハ201には運転士がもう一人乗車した。
◎栗山
昭和40（1965）年12月
撮影：髙井薫平

【キハ250形（251）】昭和28（1953）年12月、北海道における最初の液体式ディーゼルカーとして登場した。営業に入る前、国鉄の千歳線で試運転を繰り返し、その後の国鉄気動車導入の先駆けとなった。出場時は固定クロスシートだったが、のちに転換式クロスシートに変更、このため窓とシートピッチが合わなかったので、キハ252以降の増備車は窓幅を転換クロスシートに合わせた狭い窓が並んだ。
◎鹿ノ谷　昭和45（1970）年8月　撮影：髙橋慎一郎

【気動車列車】
乗客の増加と国鉄夕張線への対抗処置として、夕張から札幌を窺う体制を意識し、従来の客車の気動車列車への組み込みが図られた。
◎鹿ノ谷　昭和37（1962）年8月　撮影：村松功

【キハ302とキハ201】
新旧の気動車が顔を揃える。キハ201は昭和27（1952）年に国鉄キハ42500形を模して製造、新製当時機械式だったがのちにトルコンに置き換えたが、後続の新造車と総括制御はできない。キハ302の方は大手私鉄の例はあるものの、片運転台式の気動車は珍しい（簡易運転台付）。
◎鹿の谷　昭和40（1965）年4月　撮影：荻原二郎

【キハ254形（254）】
キハ250形は（251）と片運転台に改造されたキハ252形（252,253）があるが、このキハ254は両運転台式のまま残り、キハ201,202,251とともに乗客の減ったあとの野幌〜栗山間で鉄道廃止まで使用された。
◎鹿ノ谷　昭和45（1970）年8月
撮影：高橋慎一郎

【ナハニフ100形（100）】
元2，3等合造車だったが、引き通し線を設けて気動車列車の間に連結されることが多かった。
◎鹿ノ谷
昭和35（1960）年3月
撮影：髙井薫平

【ナハニフ150形（152）】
狭い窓がずらりと並ぶ夕張鉄道独自の半鋼製客車、気動車列車の一員として、車内には転換式クロスシートが並ぶ。
◎鹿ノ谷
昭和40（1965）年8月
撮影：今井啓輔

【ナハニフ150形（151）】
端面を見ると気動車列車組み込みのため追加されたジャンパ連結器（15芯2個）がよくわかる。また国鉄の客車と異なり、デッキの貫通路側に保温のための両開き扉が設けられている。
◎鹿ノ谷
昭和40（1965）年12月
撮影：髙井薫平

【ナハ50形（53）】
もと国鉄ナハ23879を払い下げ
受けた車両。デッキの扉追加な
どの小改造を受けたのち、混合
列車に使用されたが貨客分離で
失職し廃車された。
◎鹿ノ谷
昭和40（1965）年4月
撮影：荻原二郎

【ハ20形（22）】
元神中鉄道の客車を昭和13
（1938）年に譲り受けたもの、一
般用というより、炭鉱関係者の
輸送用に使用された。窓下の3
等を表す3本の縦線も忘れられ
てから久しい。
◎鹿ノ谷機関区
昭和29（1954）年8月
撮影：青木栄一

【キ1形（1）雪掻車】
国鉄から大正15（1926）年に譲
り受けた木製雪掻車（鉄道省苗
穂工場製）を昭和25（1950）年、
車体後端部を撤去する大改造を
行い、同時に車体を鋼製化した。
国鉄、JRの除雪用ディーゼル機
関車は自走するので問題ない
が、この車両は機関車の推進が
頼りで、スノープラウから連結
器が付きだしている。廃車後は
北海道炭礦汽船真谷地専用鉄道
に移籍している。
◎鹿ノ谷
昭和40（1965）年4月
撮影：荻原二郎

三菱大夕張鉄道

鉄道データ	
区間（距離）	清水沢〜大夕張炭山（16.8km）
開業（専用鉄道）	明治44（1911）年6月：清水沢〜二股（のちの南大夕張）7.6km 昭和4（1929）年6月：南大夕張〜通洞（のちの大夕張炭山）9.6km
開業（地方鉄道に変更）	（地方鉄道に変更）：昭和14（1939）年4月20日：清水沢〜大夕張炭山　16.8km
廃止	昭和48（1973）年12月16日：南大夕張〜大夕張炭山　9.6km 昭和62（1987）年7月22日：清水沢〜南大夕張　7.6km

国鉄夕張線の清水沢から南大夕張を経て大夕張炭山に至る古い炭鉱鉄道であった。明治44（1911）年清水沢から二股（のちの南夕張）まで開業、出炭を開始し、昭和2（1927）年大夕張炭山まで全線が開通する。炭鉱の開発は中小入り乱れていたが、三菱財閥が石炭事業に本格参入した時期で、大正7（1918）年独立した三菱鉱業が誕生した。三菱系の炭鉱は他に雄別鉱、尺別鉱、美唄鉱、茶志内鉱などがある。北海道の炭鉱開発は国から払い下げを受けた北海道炭礦汽船会社（北炭）を軸に展開する。北炭の資本は三井系財閥によっており、空知地区、夕張地区を中心に炭鉱を経営していくが、三井財閥と双璧であった三菱財閥の鉱山への進出はやや遅れをとっていた。しかし、大夕張地区で産出される石炭の質は高く、製鉄業界に歓迎されたので、これを運ぶため作られた大夕張鉄道は一気に脚光を浴びることになる。

大夕張鉄道の客車は2軸客車を含めきれいに整備され、なぜか白帯を窓下に巻いていた。機関車は9600形式が主体だったが自社発注機であるNo.4号はC56のそれに似たテンダをつけていた。そして何より魅力的だったのはあの大コン、ボールドウィン製の9200形式が2両第一線で活躍していたことであった。9200形式はその後三菱系の運炭鉄道で路線ごとに機関車を統一する計画の一環で芦別鉱業所専用鉄道に移り、当時の古典機関車ファンを歓喜させた。

動力近代化は国鉄DD13形をモデルにしたDL-55形を昭和48（1973）年に導入したが、客貨分離は行われず、DL-55形は混合列車を牽引した。すでに大夕張炭鉱は操業をやめていたが、南大夕張に新しい採炭場を整備した結果、南大夕張以遠の路線も使われなくなり、合理化を図った。しかし、国の石炭政策の転換により、鉄道廃止に向け進んでいく。

人々が去った鉄道沿線のあちこちにかつてをし

のぶ遺構がある。特に元南大夕張駅跡には客車3両とともにラッセル車も見ることができるとのことだが、まだ訪問していない。現地では「大夕張鉄道保存会」が作られ、現在は旧大夕張鉄道にとどまらない夕張地区全体の鉄道遺産の保存に活動している。

【9237号の牽く石炭列車】
もうすぐ列車が着くよという駅員さんの話を聞いて、遠幌方向に少し歩く。線路は国鉄夕張線を外れ左方向に大きくカーブし、川沿いに線路は通っている。やがて、遠くで汽笛が聞こえ、列車が近づいてきた。覚悟していた9600形式ではなく、やってきたのは9237号であった。フロントビームの上に乗務員が立っているのも意外だった。
◎清水沢〜遠幌　昭和33（1958）年8月
撮影：髙井薫平

【9200形（9201）】均整の取れた9200形式の雄姿、鉄道趣味者は当時親しみを込めて「大コン」と呼んだ。
◎大夕張炭山　昭和37（1962）年8月　撮影：村松功

【9200形（9237）】日露戦争のころ、国鉄が47両を輸入し、大コンの愛称で全国的に活躍した9200形式は、そのうち25両が北海道で使用され、早くも昭和の初めに5両が民間に払い下げられて、3つの炭鉱鉄道で活躍した内の1両である。
◎清水沢　昭和33（1958）年8月　撮影：髙井薫平

【NO. 4号が2軸客車を
連れてやってきた】
◎大夕張炭山
昭和37（1962）年8月
撮影：村松功

【NO. 4号を真横から見る】
大夕張鉄道には7両の9600
形式が在籍したが、このうち
NO. 3，4号は日立製作所製の
自社発注機であった。9600形
式は大正15（1926）年まで合計
770両製作されたが、大夕張鉄
道のNO. 3号（1937年）NO. 4
号（1940年）と国鉄機の生産が
終わってしばらくたってから造
られている。この2両はテンダ
がC56のように、後ろに傾斜し
たものになっている。
◎清水沢
昭和33（1958）年8月
撮影：髙井薫平

ことば解説 北海道周遊券

　昭和30（1955）年周遊券販売開始の翌年、季節
限定で北海道周遊券が発売された。これは北海道
内の国鉄が急行自由席まで乗り放題というもので
のちに九州、四国、東北、南近畿なども発売、発売
期間も通年となった。前年の周遊券が普通周遊券
と呼ばれたのに対し、後者は均一周遊券（のちにワ
イド周遊券）と命名された。出発地は東京、大阪な
ど限定だったが後に増加している。等級別や学割

の設定もあった。均一周遊券の北海道周遊券は航
路だけ2等（のちの1等）という料金設定があり、追
加で十和田湖への観光もできた。当時、北海道や九
州では急行や普通の夜行列車が走っていたのでこ
れらを利用し宿泊費を節約した鉄道ファンも多かっ
た。JR民営化後、平成10（1998）年周遊きっぷに
変わったが、周遊きっぷ等の売上げは減少、平成25
（2013）年3月で発売が終了した。

【NO. 8号の牽く石炭列車】
NO. 8号は美唄鉄道から移ってきた機関
車だが、同じ三菱系の美唄鉄道との間で
機関車の入れ替えが盛んだった。前身は
国鉄9616号である。
◎遠幌　昭和47（1972）年
撮影：松下実（奥山道紀所蔵）

【9600形（NO. 2）】
元美唄鉄道の5号で、昭和44年10月にやってきた。国鉄歴はなく美唄鉄道が昭和15（1940）年に川崎車輛で製造した自社発注機であった。
◎大夕張炭山
昭和48（1973）年9月
撮影：林嶢

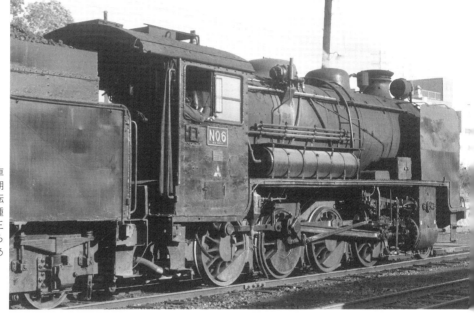

【NO. 6の牽く旅客列車】
大夕張鉄道には最後まで気動車の導入はなく、蒸気機関車（末期にはDL）の牽く混合列車が運転されていた。この機関車は車種統一化で9200形式に代わり三菱鉱業芦別鉱業所専用鉄道からやってきた元国鉄49695号である。
◎清水沢
昭和48（1973）年9月
撮影：林嶢

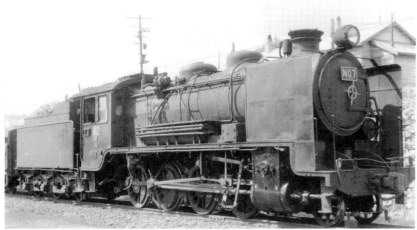

【9600形（NO. 7）】
三菱鉱業芦別鉱業所専用専用鉄道からやってきた元国鉄9613号、キャブの形の異なる9600形式の先行製造機だが、のちに付けられたデフレクターがややミスマッチだ。
◎南大夕張
昭和46（1971）年
撮影：小林光志（奥山道紀所蔵）

【C11形C1101】大夕張鉄道唯一のタンク機関車である。同じ三菱鉱業グループの雄別炭鉱尺別専用線から転じたものだが、本線に出ることは少なかったようだ。◎大夕張炭山　昭和35（1960）年3月　撮影：髙井薫平

【NO.6の牽く旅客列車】気動車を持たない大夕張鉄道では客車列車が走り、もっぱら9600形が鋼体化した客車を牽いていた。
◎撮影：林嶢

**【ディーゼル機関車に主役が
変わった南大夕張構内】**
昭和48(1973)年すでに路線を
短縮していたが、動力近代化の
ため国鉄DD13相当のディーゼ
ル機関車を3両投入して、9600
形式を一掃した。並行するバス
路線もあったが、相変わらず客
車を機関車が牽引するスタイル
は変わらなかった。
◎南大夕張
昭和60(1985)年
撮影：奥山道紀

【DL-55(No.1)】
国鉄DD13形の同系機だが製造
はグループの三菱重工業であ
る。形式はDL-55でその後ろに
ＳＬ時代に馴染んだNo.1～
3が付番された。
◎清水沢
昭和55(1980)年8月
撮影：寺田裕一

雪降りしきる中、石炭を満載し
たセキを牽いて清水沢に下る
DL-55No.2号。
◎清水沢～遠幌
昭和56(1981)年2月
撮影：寺田裕一

【ハ2他】
もともとは狭い窓の並ぶ国鉄払い下げの典型的マッチ箱客車。昭和26（1951）年の鋼体化の際、狭い窓を2つずつまとめて大きな窓を5つ並ぶ改造を行った。二軸客車としてユニークな存在だった。当時は窓下に白線があった。
◎清水沢　昭和33（1958）年8月　撮影：髙井薫平

【No. 5号の牽く混合列車】
客車1両の後ろにセキの列が続く。
◎シューパロ湖畔　昭和45（1970）年　撮影：奥山道紀

【ナハ（フ）10形（4）】
国鉄から払い下げられた木造客車を改造したもので客車には珍しく車体中ほどに出入り口を設けて、この扉から連結部よりは特別室になっていた。炭鉱の関係者の視察の時利用されたようだ。
◎清水沢　昭和40（1965）年7月　撮影：今井啓輔

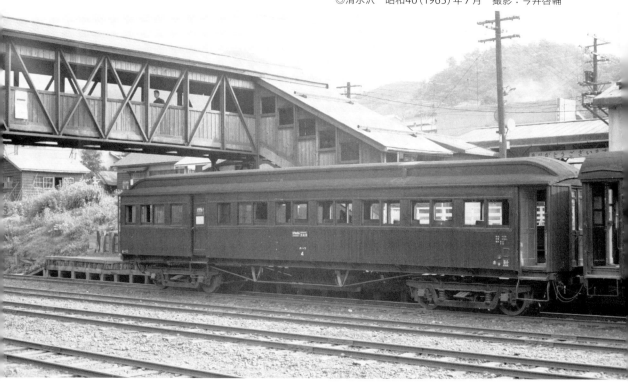

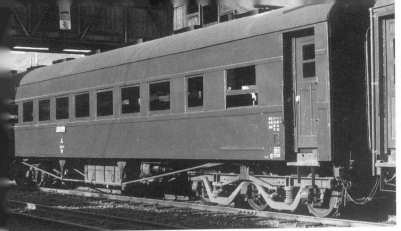

【スハニ6形（6）】
20メートル、3軸ボギーの堂々たる客車。昭和42（1967）年に美唄鉄道からやって来た。
◎清水沢　昭和48（1973）年9月
撮影：林嶢

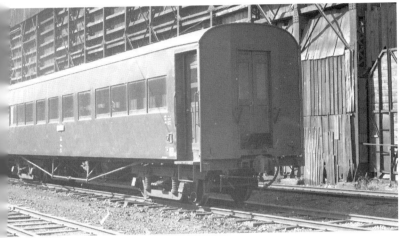

【ナハ1形（5）】
不規則に配置された広窓、ノーシルノーヘッダーで浅めの屋根、そして床下にはトラス棒が存在を主張するまことに纏まりのない17m級の車両。
◎清水沢
昭和48（1973）年9月
撮影：林嶢

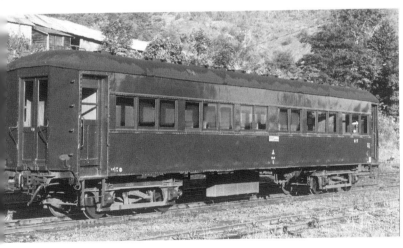

【ナハ（フ）1形（1）】
オハ1を少し短くした鋼体化改造の17m級客車、貫通路には観音開きの扉が付いているのが特徴。現在、元南大夕張駅跡に保存されている。
◎大夕張炭山
昭和48（1973）年9月
撮影：林嶢

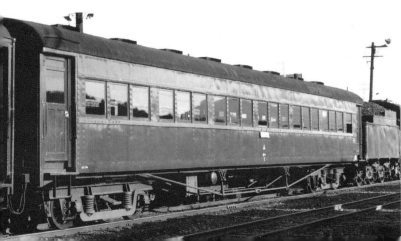

【オハ1形（1）】
客室の窓が3つずつ並ぶ国鉄の鋼体化客車オハ60によく似た鋼体化客車。床下にトラス棒が残されている。現在、元南大夕張駅跡に保存されている。
◎清水沢
昭和48（1973）年9月
撮影：林嶢

三菱鉱業美唄鉄道線

鉄道データ	
区間 （距離）	美唄〜常盤台（10.6km）
開業	大正3（1914）年11月5日 美唄〜美唄炭山
	大正13（1924）年12月15日 美唄炭山〜常盤台（北一の沢）
廃止	昭和47（1972）年6月1日 美唄〜常盤台　10.6km

　美唄鉄道は大正8（1919）年に営業を開始した三菱系の古い炭鉱鉄道である。しかし、美唄炭鉱は様々な事情を抱えていて、石炭に集中できない期間も長く、戦後になって出炭量が増えたのもつかの間、国の石炭政策の変更で昭和47（1972）年4月、美唄炭鉱は閉山になり、鉄道も運命を共にする。鉄道自体は自社発注の4110形式に相当する機関車など話題の多かった鉄道だがその経営は波乱万丈だったようだ。

　美唄鉄道は開業時には国鉄の古典機関車が使用されていたが、出炭が順調になると自社発注の大型機関車を導入する。それが自社発注の4110形式といわれる2，3，4号である。この有名な私鉄版4110形式は国鉄から払い下げられた4110形式によく似ているが細部が違っていた。ほかに9600形式が何両かいて4110形式とともに運炭列車を牽いていた。9600形式も2，3，4号の連番である5号機は自社発注機で、あとは国鉄の払い下げだった。勾配用に設計された4110形式はどちらが定位だったか忘れたけれど、美唄鉄道の4110形式はいつも煙突を前にして運転されていた。確か長いトンネルがあるわけではなく、正しい使い方といえた。国鉄と連絡する美唄の構内と終点の常盤台には転車台を備えていた。客車も木造車より、自社発注の半鋼製の客車が印象的であった。それは国鉄のオハ31を丸屋根に変えた車両とか、どこかOゲージの模型を見るようで楽しかった。

　気動車の導入は他の炭鉱鉄道に比べてかなり遅れた。結果的に昭和40（1965）年に国鉄キハ05形

を3両譲り受け、総括制御式に改造して使用を開始するが、昭和45（1970）年に気動車による営業を廃止し、その使用期間は4年と短い。投入した気動車も他の北海道の炭鉱鉄道と違って新造車ではなかった。北海道の炭鉱鉄道が終焉の危機を迎えたとき、この3両の引き取り手はなかったようで、蒸気機関車とも廃車された。2号機関車はかつての東明駅跡に、きれいに整備された姿で保存されている。たぶん我が国に残る私鉄の5軸の動輪機関車で公開されている唯一のものだろう（国鉄では4110形式の後継機として昭和23（1948）年製造されたE10形式5両があり、E10　2が青梅鉄道公園に保存されている）。

　国の石炭政策に翻弄されたこともあって、北海道の炭鉱鉄道の多くはその末期にディーゼル機関車を導入して数年使用したところが多かったが、美唄鉄道ではディーゼル機関車の投入はなかった。これは道北の天塩炭礦鉄道とともに特記するべきだろう。

【美唄機関区遠景】国鉄函館本線美唄駅のホームから美唄鉄道の機関庫を遠望できた。いつもEタンク機関車や、1桁のナンバープレートを付けたキューロクに出会えた。
◎国鉄美唄駅ホーム　昭和40（1965）年8月　撮影：今井啓輔

夕張周辺の炭礦鉄道（昭和40年頃）

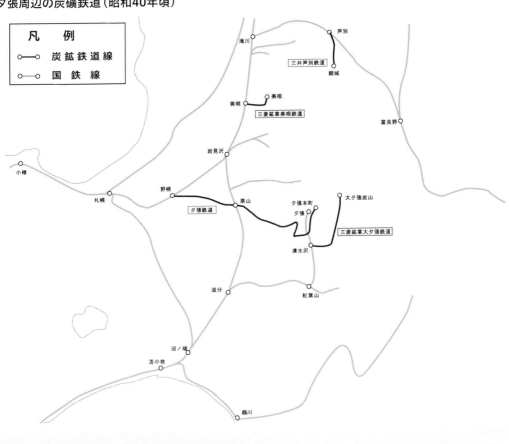

凡　例
炭鉱鉄道線
国　鉄　線

滝川
芦別
頼城
三井芦別鉄道
美唄
美唄
三菱鉱業美唄鉄道
富良野
岩見沢
小樽
野幌
栗山
夕張本町
大夕張炭山
札幌
夕張鉄道
夕張
三菱鉱業大夕張鉄道
清水沢
追分
紅葉山
沼ノ端
苫小牧
鵡川

【重連出発】自社発注の４号と２号が重連で常盤台を目指す。◎美唄　昭和45（1970）年７月　撮影：高橋誠一郎

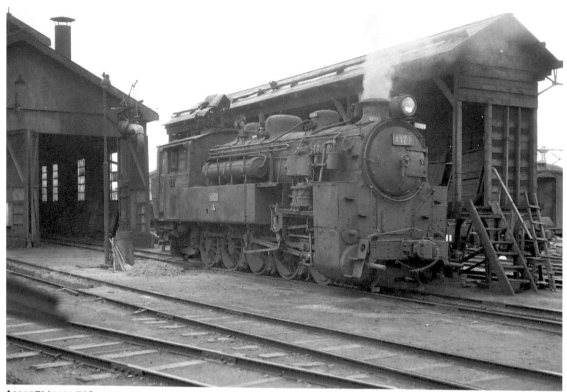

【4110形（4122号）】4137号機とともに昭和23（1948）年7月に国鉄4110形式として初めて美唄にやってきた。廃車後は江別市で非公開だが保存されている。◎美唄　昭和33（1958）年8月　撮影：髙井薫平

【4110形（4137号）】勾配用機関車としてドイツから輸入した4100形をモデルに38両が国産化され、板谷峠や肥薩線で使用された機関車で、戦時中に一部が民間に払い下げられたうちの1両。
◎美唄　昭和42（1967）年11月　撮影：髙井薫平

【4142号と3号】4142号機は4144号機とともに昭和24（1949）年6月に入線した。昭和41年まで働いた後、北海道炭礦汽船真谷地鉱業所専用鉄道に移り5056号機となった。◎美唄　昭和35（1960）年3月　撮影：上野巌

【4142号の出発】空のセキの列を牽いて常盤台に向けて出発する4142号機。◎美唄　昭和35（1960）年3月　撮影：上野巌

【美唄機関庫の4号と4122号】自社発注と元国鉄の超ド級が並ぶ。見ると煙室下部シリンダ周りに違いがみられる。
◎美唄　昭和42（1967）年11月　撮影：髙井薫平

【美唄機関区】美唄には機関庫を出たところに給炭・給水設備があった。給水中の4122号機。
◎美唄　昭和42（1967）年11月　撮影：髙井薫平

【9600形（5号）】
美唄鉄道では国鉄9600形式が
3両在籍したが、5号機は同一
設計で自社が発注した唯一の車
両。昭和44年の廃車後、三菱大
夕張鉄道に移り2号機となった。
◎美唄　昭和30（1955）年8月
撮影：青木栄一

【9600形（6号）】
元国鉄の69603号機で昭和17
（1942）年12月に美唄入りした。
国鉄9600形式は8620形式と同
様な付番方式で、100番まで達
すると先頭番号の前に数字を追
加した。69603号機は604両目
の製作にあたる。
◎美唄　昭和42（1967）年9月
撮影：林嶢

【9600形（7号）】
元国鉄9616号機で最初に作ら
れた9600形式の18両のうちの
1両。キャブの形状が量産機と
少し違い、テンダーも形状が異
なり高さが低い。
◎美唄　昭和33（1958）年8月
撮影：髙井薫平

【オハフ4形(8)】
国鉄オハフ61そっくりの鋼体化
大型客車。
◎美唄　昭和43(1968)年11月
撮影：髙井薫平

【スハニ1形(6)】
窓2つ分短くなった17m級の鋼
体化客車。
◎美唄　昭和40(1965)年8月
撮影：今井啓輔

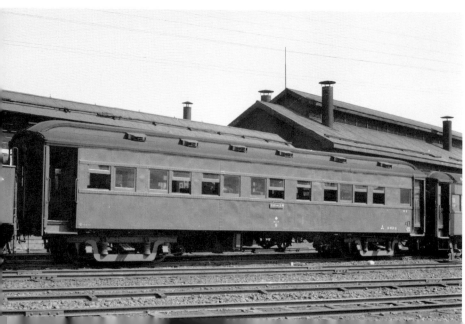

【オハフ2形(9)】
国鉄オロハ30形の側面が似てい
るが、こちらはシングルルーフ
の自社発注車両。不揃いな窓の
配置は特別席の設置も配慮され
ていたようだ。
◎美唄　昭和40(1965)年8月
撮影：今井啓輔

【ナハ1形（5）】三真工業により昭和25（1950）年に戦災客車の台枠を流用し、車体を新製して生まれた車両。窓配置は国鉄オハ31形だが、屋根はもちろんシングルルーフ、窓の高さが微妙に違った車両になった。
◎美唄　昭和40（1965）年8月　撮影：今井啓輔

【セキ1形（6）】
国鉄セキ1形を美唄鉄道は昭和32（1957）年と昭和34（1959）年に8両（セキ1〜8）を譲り受けた。三井芦別専用鉄道から転入したセキ9〜13とは側板のリブの形状が異なっていた。

【キ101】
国鉄苗穂工場製の鋼製ラッセル車、キ101とは国鉄形式キ100に倣ったのだろう。スノウプロウの形が延鋤型という珍しいものだそうだ。
◎美唄　昭和42（1967）年11月
撮影：髙井薫平

【常盤台】巨大な石炭積み出し設備の前に停車するキハ100。◎常盤台　昭和45（1970）年8月　撮影：高橋慎一郎

【キハ100形（102）】
美唄鉄道は運転経費の節減のため、これまでの蒸気機関車牽引の混合列車や旅客列車に変わってディーゼルカーを導入した。しかし、他社のように新車は造らず国鉄のキハ05形3両の払い下げを受け、総括制御方式に改良して投入したが、その活躍は長くなかった。
◎美唄
昭和43（1968）年11月
撮影：髙井薫平

【キハ101がやってくる】ひっそりした山間を走る。すでに国鉄函館本線が電化されていたので、美唄鉄道の気動車にも「架線注意」のプレートが取り付けられていた。◎東明〜盤の沢　昭和45（1970）年７月　撮影：髙橋慎一郎

【山間を走る】キハ100形は３両投入され、２両使用、１両予備で運用された。
◎東明〜盤の沢　昭和45（1970）年７月　撮影：髙橋慎一郎

三井芦別鉄道

鉄道データ	
区間 （距離）	芦別～頼城〈玉川停留所〉（9.9km）
開業	昭和20（1945）年12月15日（専用鉄道） 昭和24（1949）年1月20日 （地方鉄道に変更）
廃止	平成元（1989）年3月26日

蒸気機関車を求めて北海道に渡る鉄道ファンにとって、芦別から出る三井芦別鉄道の人気は今一つであった。比較的新しい開業で、同じ三井系でも北海道炭礦汽船と時代が異なっている。開業時には5500形式（5542号）がいたり、同じ三井系の奈井江鉱山専用鉄道（以後、奈井江専用線と呼称）に移った8850形式（8865号）もいたそうだが、目まぐるしい機関車の入れ替えのさなかで姿を消し、僕が訪問した時の機関車は自社発注のC58と国鉄から来た9600形式であった。その前には国鉄C11の同型機を3両もそろえた時期もあるが、これも奈井江専用線に転じている。総延長10kmに満たない路線にとってC58はやや過剰な投資であったようだが、そのころ国鉄向けのC58も作っていたはずで2両ぐらいは何とかなったのかもしれない。ただし、三井芦別鉄道のC58には給水温め器が付いていない。これは同様に、国鉄C58同型の機関車を導入した天塩炭礦鉄道でもあてはまり、何か共通の理由があったのかもしれない。戦時中の開通であり、現在では理解できないような鉄道建設の事情もあったようだ。同じようなケースには天塩炭礦鉄道の他に羽幌炭礦鉄道、日曹炭鉱天塩礦業所専用鉄道が当てはまるのではないかと思う。終点には機関車の向きを変える転車台があったが、国鉄線との接続駅である芦別には転車台はなかった。ぼくの1回目の北海道では訪問リストから外れていた。そしてこの鉄道の訪問はその2年半あと、新型気動車を導入して完全な客貨分離が行われた後であった。面白いのはどんな由来で北海道までやってきたか、国電のモハ31形の戦災復旧車が3台、客車として使用されており、形式をモハ3600といわれた時期もあったという。最初は客車としてC58に牽かれていたが気動車が投入されると、引き通し線を設けて気動車のトレーラーに変身、新造の気動車に挟まれて走っていた。三井芦別鉱山は北海道の炭鉱として新しく、

設備も整っていて、沿線人口も多く、わずか10km足らずの区間に13もの駅、停留場を設け、駅間距離もすこぶる短い。客貨分離も完全に行われて、旅客列車の運転本数も1時間に1～2本の列車が走り、北海道の私鉄の中では頻繁に運転されている路線であった。確か運賃も全線均一だった。通学用にはモハ31形改造の客車を挟んだDTD編成やDDTD編成も走った。

その後DLが導入されて、蒸気機関車は予備として残った1両を除いて淘汰された。しかし、動力近代化の時代は長く続かず、昭和47（1972）年には旅客営業が廃止となり、平成元（1989）年3月には三井芦別鉄道は廃止される。当時を偲ぶものとしては、炭山川橋梁の上にセキ1両牽いたDD501が今も保存されているはずだ。

三井芦別鉄道は趣味的にはあまり人気はなかったけれど、お隣の上芦別からは森林鉄道があり、また上芦別の三菱鉱業芦別鉱業所専用鉄道には同じ三菱鉱業グループの大夕張鉄道線から9200形式が2両転籍し、わずか2年ほどの期間、上芦別の大コンとして人気を集め「けむりプロ」の手で季刊誌{SL 2号}の表紙を飾った。

【キハ100形（102）】振りしきる雪の中、新しいディーゼルカーが2両連結でやってきた。
◎芦別〜高校通り停留場　昭和41（1966）年1月　撮影：髙井薫平

【雪の頼成で待機中のC58-1】雪が激しく給炭を終えたテンダの上にも雪が積もり始めていた。
◎頼城　昭和41（1966）年1月　撮影：髙井薫平

【9600形（9600- 2 号）】C11を奈井江専用線に出し、C58が2両では輸送力が不足するので国鉄から9600形式の払い下げを受け、車両番号を三井芦別鉄道風に変えて使用した。9600- 1（国鉄39694）、9600- 2（国鉄59616）である。
◎頼城　昭和41（1966）年1月　撮影：髙井薫平

【C58形（C58- 1 号）】国鉄のC58に倣って投入した私鉄版のC58である。同じような経緯で作られたものに天塩炭礦鉄道の1，2号がある。ともに国鉄のC58に比べて製造コストを切り詰めた「倹約形のC58」であるが、外観上の違いは給水温め器がないくらいか。◎頼城　昭和29（1954）年8月　撮影：竹中泰彦

【C58−1号】
石炭ホッパーにセキを押し込んで休息をとる。国鉄では中型機関車であるC58形機関車もここではやや貫禄がありすぎるように見えた。
◎三井芦別
昭和39（1964）年2月
撮影：村松功

【5500形（1号）】
開業に合わせて、はるばる三井鉱山三池専用線からやってきた元国鉄5542号、三池炭鉱では唯一のテンダ機関車だった。
◎芦別機関区
昭和30（1955）年8月
撮影：青木栄一

【5500形（1号）】
炭鉱開設時から芦別にいた。石炭輸送用というより木造客車を連ねた炭鉱従業員輸送が主な任務だった。
◎芦別機関区
昭和30（1955）年8月
撮影：青木栄一

【雪の中キハ100がやって来る】国鉄からの乗客を迎えにキハ100形が重連でやって来た。
◎芦別付近　昭和41（1966）年1月　撮影：高井薫平

【キハ100形（103他）】
増加した旅客輸送に対応して昭和33（1958）年に新潟鐵工所で生まれた。同時期に誕生した夕張鉄道キハ251を参考にしているが、細部では異なる。3両製造し、客車改造のトレーラーを組み込み使用された。
◎三井芦別
昭和40（1965）年8月
撮影：今井啓輔

【雪の中をキハ100形が行く】キハ100形は炭鉱従事者の増加に対処して貨客分離を行うため、新潟鉄工所で生まれた。三井芦別鉄道の旅客営業廃止後に関東鉄道に移った。◎芦別付近　昭和41 (1966) 1月　撮影：髙井薫平

【頼城駅に到着したＣ58-2牽引の列車】気動車が入るまで、旅客はバック運転のＣ58の牽く混合列車だった。
◎頼城　昭和29 (1954) 年8月　撮影：竹中泰彦

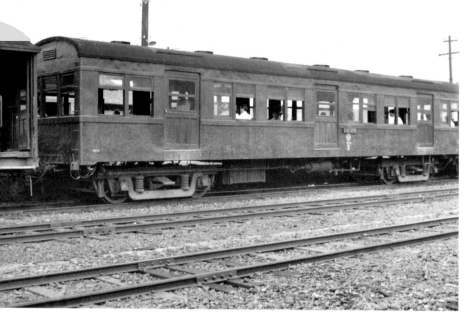

【サハ1形（3）】
導入の経緯は明らかでないが、空襲で焼失した国電モハ31形3両を購入して客車として使い始めた。形式はモハ3600で、車番はサハ1〜3であった。木造客車とともにC58に牽引された。3つある扉の真ん中の扉は締切り扱いだった。
◎芦別　昭和29（1954）年8月
撮影：青木栄一

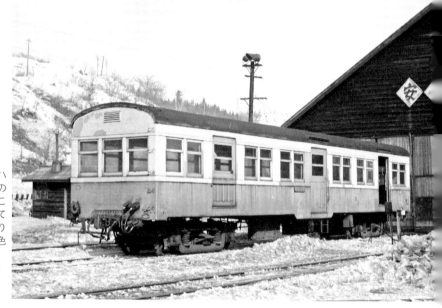

【ナハニ1形（2）】
キハ100形が導入されてモハ3600（サハ1〜3）は気動車の中間トレーラーに改造されることになり、引き通し線を設けてナハニ1〜3になった。締切り扱いだった中扉を復活し、塗色もキハ100形にそろえられた。
◎頼城　昭和41（1966）年1月
撮影：髙井薫平

【ホハ10形（10）】
飯山鉄道から来た木造客車フホハ2を鋼体化して、引き通し線を設け気動車列車の一員に加えられた車両で、ナハニ1とともにキハ100形編成に組み込まれて使用された。
◎頼城　昭和41（1966）年1月
撮影：髙井薫平

【ＤＤ501の牽く石炭列車】石炭輸送の主役がディーゼルに変わった。撮影場所は下の写真と同じところだがずいぶん変わってしまった。◎頼成　昭和52（1977）年8月　撮影：田中義人

【雪の頼城】この日、雪まみれの頼城に着いた。雪の中にトレーラのナハニ1形が2両、少し離れてホハ1形がかすんで見えた。◎頼城　昭和41（1966）年1月　撮影：髙井薫平

【50DL-T 1形（DD501）】
動力近代化のため三井芦別鉄道でも国鉄DD13クラスのディーゼル機関車を導入した。やはり他社同様国鉄のDLメーカーではなく1，2号機は富士重工業製である。また廃業の2年前に3号機を新潟鐵工所から購入、2年少し使って千葉の京葉臨海鉄道KD501として譲渡している。
◎昭和45（1970）年8月
撮影：高橋慎一郎

北海道拓殖鉄道

鉄道データ

区間 (距離)	新得～上士幌 (54.3km)	
開業	昭和3 (1928) 年12月15日 新得～鹿追 20.8km	
	昭和4 (1929) 年11月26日 鹿追～中音更 23.7km	
	昭和6 (1931) 年11月15日 中音更～上士幌 9.5km	
廃止	昭和24 (1949) 年9月1日 東瓜幕～上士幌 18.9km	
	昭和42 (1967) 年10月1日 瓜幕～東瓜幕 6.7km (1965.12.20休止)	
	昭和43 (1968) 年8月10日 新得～瓜幕 28.7km	

同行の後輩は狩勝の落合信号所で降りて行ったようで、眠り眼(まなこ)のまま新得で降りる。乗り換えた北海道拓殖鉄道のガソリンカーでお隣の南新得まで、乗ったのは日本車輌製の小さな2軸ガソリンカーだった。南新得の駅は北欧風の洒落た本屋、広い構内には客車が2両、それに自社発注の8620形式やラッセルがいた。すぐあとから自社発注の8620形式の牽く貨物列車が追いかけてきて、北欧風の駅舎とのコントラストに感心した。あの時、庫(くら)をよく覗いていたら8722号機がいたはずだが、その頃そんな知識はなかった。この日はなんとも調子が上がらずまるで夢遊病者のようだった。西武鉄道の上水線にいたキハ111,112は庫の中にいた。帰路は確か瓜幕で折り返してくるキハ1を待たないで線路沿いの道を歩いて新得に戻った。新得で釧路行きの列車に乗ったのだが、帯広で乗り過ごした。

2度目の北海道拓殖鉄道訪問も夜行列車で到着し、昭和41 (1966) 年元旦を新得で迎えた。ホームで待っていたのは国鉄キハ22によく似た濃いピンク色のディーゼルカーだった。10年前、南新得で見た木造客車の台枠を利用して札幌の泰和車輌工業で作ったという道産子だった。北海道拓殖鉄道はその名の通り、奥十勝一帯の農業、林業開発を目的に建設されたものだが、昭和40 (1965) 年にはすでに上士幌まで50km以上あった路線は短縮を続けていて、この時の終点は東瓜幕、とにかく終点まで乗った。実は南新得から先は初めての乗車だった。

始発列車だが線路上に雪はなく、運転手さんに聞くとラッセルが先行しているとのことであった。確かに終点の東瓜幕には除雪ディーゼル機関車が停車していた。新潟鐵工所の苦心作だが、取り外しのできる除雪装置は調子が悪いのか、雪が少ないためなのか取り外されていた。あたりは一面の雪の原で駅舎以外何もなかったように記憶している。キラキラ舞うスノーダストがきれいだった。

途中の南新得駅には8620形式が雪をかぶっており、1両だけ残ったボギー客車も雪の中だった。西武鉄道から来た元佐久鉄道のキハ110形は庫の中にしまわれて見えず、この時も消化不良のまま釧路行の列車に乗ったのだが、すでに十勝鉄道は廃止になった後、帯広で途中下車することもなかった。

北海道拓殖鉄道は北海道の私鉄には珍しく、沿線に炭鉱を持たない鉄道である。十勝地方の西北部に広がる原生林と、その開発を目標に地元の有力者が中心になり、札幌の商工業者の出資で作られた会社である。だからしばらくは本社が札幌にあった。また開業に備えて用意された機関車2両、客車2両、貨車9両はすべて汽車會社製造の新品であった。路線長の割に車両数が少ないが、そのうちにガソリンカーを入れている。

路線は新得を起点に足寄まで80kmを超える計画であったが、まず大正15 (1926) 年に新得～鹿追(21km)が開業している。その後少しずつ路線を延ばし、東瓜幕まで開業した。この地域は開拓地として魅力的な土地だったようで、河西鉄道が下清水から762mmの路線を延ばし拓殖鉄道と立体交差するなど地方鉄道として特異な進化を示すが現在すべてがなくなってしまった。

【8620形（8622）】開業に合わせて投入したのは国鉄の8620形式と同じ機関車であった。ナンバープレートには【8621,8622】の数字が鋳込まれていた。国鉄の機関車と同じものだから、国鉄と同じ番号を付けたのだろう。8620形は合計687両が国鉄向けに製造された旅客用機関車だが、国鉄以外に台湾や樺太にも行っている。しかし国内の私鉄向けに作られたのはこの北海道拓殖鉄道の2両が唯一の例であった。写真のしゃれた建物はこの鉄道の本社を兼ねていた。開業時は、本社は札幌にあったが、その後地元優先で移転した。このしゃれた駅舎はその後解体されてしまい、バス会社になった現在は本社の建物は町の方に移った。◎南新得　昭和33（1958）年8月　撮影：髙井薫平

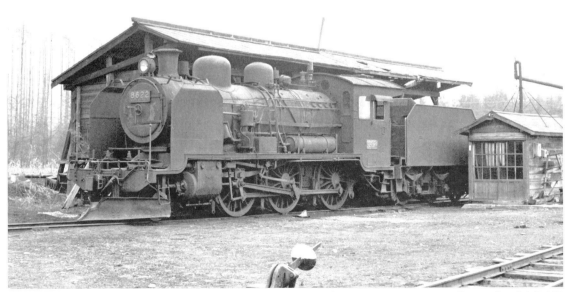

【8620形（8622）】国鉄8620形式の後期型とほぼ同一設計で作られた。デフレクターは戦後になって付けられた。今も旧鹿追駅跡にできた公園に8622号機が保存されている。◎南新得　昭和40（1965）年5月　撮影：村松功

【フル装備のDR202CL】
ロータリヘッド付ディーゼル機関車落成時の形式写真。
◎新潟鐵工所
昭和35（1960）年2月
所蔵：大野真一

【DR202CL除雪装置付き
ディーゼル機関車】
昭和35（1960）年に除雪の効率化と、貨物輸送の動力近代化のため投入した機関車で、軸配置は2Cで従輪側に除雪用のロータリヘッドが付く。降雪期以外はヘッドを外して一般のディーゼル機関車として使用するが、僕の出かけた元旦の日も除雪作業に先発していたが、後から追いかけてみるとロータリヘッドは取り付けられていなかった。この冬は雪が少なかったのかもしれない。
◎瓜幕　昭和41（1966）年1月
撮影：髙井薫平

【キ1形（1）】
国鉄キ9を譲り受けたもの、この木造雪掻車のキ1の仲間は北海道の私鉄で多くが第2の職を得た。
◎南新得
昭和40（1965）年5月
撮影：村松功

**【8620形に代わって
貨物列車を牽くDD4501】**
北海道拓殖鉄道が走る沿線
は北海道有数の農業地帯だ。
自動車輸送にとって代わら
れるまで、拓殖鉄道本来の
目的にかなう華やかなひと
時であった。
◎南新得付近
昭和40（1965）7月
撮影：今井啓輔

【DD450形（4501）】
8620形式の代わりに貨物列車
用として投入した元定山渓鉄道
（所有は豊羽鉱山）のディーゼル
機関車で、国鉄DD13に準ずる
機関車であった。
◎南新得　昭和40（1965）7月
撮影：今井啓輔

【ナハ500形（501）】
開業の時から使用された木造
客車を昭和25（1950）年にホハ
501の台枠・台車を使用して鋼
製車体を新製した車両で、全長
は短いが国鉄オハ60形に似た車
両に仕上がっていた。
◎南新得
昭和39（1964）年3月
撮影：村松功

【キハ111形（111）】
キハ111,112はキハ301の入線に合わせて新塗装になった。手荷物は客室に積み込むらしい。運転台窓にはデフロスタが設けられすっかり北の国の車両になった。
◎新得　昭和40（1965）7月
撮影：今井啓輔

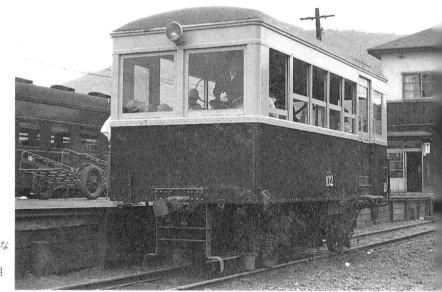

【キハ101形（102）】
国鉄から乗り換えると、小さなガソリンカーがまっていた。
◎新得　昭和33（1958）年8月
撮影：髙井薫平

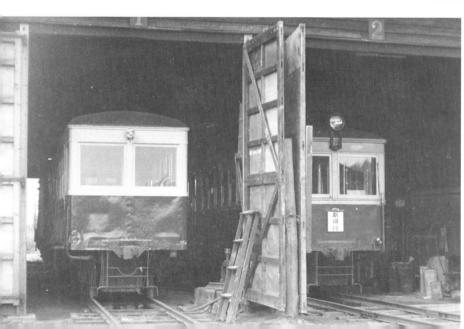

【キハ102とキハ111】
南新得の庫を覗いたら西武鉄道から来たキハ111が整備中で、その奥に8722号がいたはずだが見落とした。
◎南新得
昭和33（1955）年8月
撮影：髙井薫平

【キハ111形（111）】国鉄線と並行する区間を行くキハ111、客室の大きな荷物が載っているのが見える。
◎新得～南新得　昭和40（1965）年5月　撮影：村松功

【キハ301形（301）】札幌の泰和車輌工業でホハ502の台枠を使い、国鉄キハ22形に似せた車体に仕上げた車両である。キハ22形に比べ一まわり小ぶりで、台車も古い菱形タイプである。鉄道廃止後は何処にも再起できず短命に終わった。
◎瓜幕　昭和41（1966）年1月　撮影：髙井薫平

十勝鉄道

鉄道データ	
区間（距離）	新帯広〜戸蔦・八千代（47km）
昭和15（1940）年までに廃止になった区間	
	南太平〜太平（1.7km）、常盤〜上美生（15.9km）
営業開始	大正13（1924）年2月
営業終了	昭和34（1959）年11月（1067mmの工場専用線は昭和52（1977）年3月廃止）

　十勝鉄道の乗り場である帯広大通は帯広で降りてしばらく池田方面に歩き、大踏切を渡ったところにあった。十勝鉄道は十勝平野に広がった砂糖大根、ビート畑の収穫のために作られた農業鉄道という認識が僕にはあった。交通公社の時刻表の地図からは分からないが、ぼくは広大な畑の区域に沿って作られたように直線で走り、直角に曲がると線路はさらにビート畑の遠くに伸びている印象を受けていた。十勝鉄道の線路は国鉄広尾線とは離れて敷かれており、その線形を見ると実に農業鉄道的に見えた。ぼくのただ1回の乗車の時は、既に路線短縮は始まっていたが、とにかく終点まで行こうと意気込んでいた。しかし、この朝、北海道拓殖鉄道に色目を使い、その結果、帯広を寝過ごしてしまうという失敗を犯した報いで、大いに悩むことになった。狩勝で別れた後輩との再会列車は決めていたので、先のことを考えると途中の工場前で下車せざるをえない羽目になった。悔やんでも悔やみきれない寝過ごしだった。不幸中の幸いは工場前に多くの客車が留置されていたこと。ビート工場に国鉄貨車を引き込むための1067mm軌間の専用線が762mmの十勝鉄道と4線ポイントで別れる場面には遭遇することができた。しかし再訪を考えたものの躊躇しているうちに1067mmの工場引き込み線以外は廃止された。

　十勝鉄道では工場までの1067mm軌間で使用される機関車と762mm軌間で使用される機関車で車番が一部重なっていたけれど実害はなかったようだ。ぼくの行った時は時間がなくて工場内の機関庫には足を延ばさなかったが、青木栄一さんがその4年ほど前訪問されていて、その時の写真をお目にかける。また十勝清水から北海道拓殖鉄道と絡み合うように北に延びていた河西鉄道も762mm

の軽便鉄道で、昭和21（1946）年1月十勝鉄道と合併しているが、昭和26（1951）年7月に廃止している。

　僕にとっての十勝鉄道のイメージは十勝平野の広いビート畑を走るわが国唯一の農業鉄道で、762mmの軽便鉄道であった。同じ砂糖の原料であるビート＝甜菜を栽培し、収穫、搬出する手段として僕は台湾の製糖工場の軽便鉄道とオーバーラップさせていた。戦前に一部路線は整理されており、常盤で分かれて上美生にいたる美生線は廃止されたが、まだ八千代線、戸蔦線が営業していた。最盛期在籍した貨車の数は244両に達したといわれる。

　すべてがなくなった後、かつて軌道が走っていた跡らしいところを車でたどってみたが何もない。終点の八千代と戸蔦などを訪れたい衝動にもかられたが、何もないと確信して行くのはやめた。さらに、20年以上前たどり着いた工場前の駅の場所もわからず、工場そのものもどこかに移転したのか見つからなかった。ただ帯広の市内の路線跡と思しきあたりに蒸気機関車4号と客車が保存されているだけだ。

　十勝鉄道は日本甜菜糖株式会社の子会社で帯広市南部の町村が有する広大なビート畑に90kmに及ぶといわれる762mm軌間の大農業鉄道網を延ばしていたが、道路が整備されてくると自動車輸送に切り替えられていき、路線の短縮を重ねて昭和34（1959）年11月廃止された。新帯広と日本甜菜糖帯広精糖所（駅名では工場前）の間は、国鉄の貨車が入るため1067mm軌間のレールとダブルゲージになっていて、軽便鉄道廃止後も昭和52（1977）年2月まで存続したが、工場の移転廃止によりこの専用鉄道も廃止された。

◎撮影：荻原二郎

【ＤＣ１の牽く旅客列車】
夏休みも終わりに近く戸蔦行き
列車はボギー客車、古い単車の
客車など取り混ぜた10両近い編
成だった。
◎帯広大通
昭和29（1954）年8月
撮影：青木栄一

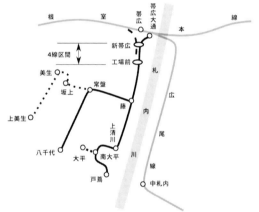

凡　例
○──● 十勝鉄道　762 mm
○--● 十勝鉄道　1067 mm
○──○ 国　鉄　線

※昭和30年現在　帯広以南に限って描画

下記区間は既に廃止済み
南大平～大平：昭和4（1929）年
常盤～上美生：昭和15（1940）年

根　　室　　本　　線
帯広　帯広大通
新帯広
工場前
4線区間
美生
坂上　常盤
上美生　藤
上清川
八千代　南大平
大平
戸蔦
中札内
札　広　内　尾　線

【帯広大通駅構内】
小さなホームに2軸客車が停
車しているのが見える。
◎帯広大通駅構内
昭和34（1959）年8月
撮影：荻原二郎

【4号の牽く列車】
様々なスタイルの客車11両を牽
いた朝の上り列車が帯広にやっ
てきた。
◎帯広大通～四中前
昭和29（1954）年8月
撮影：青木栄一

【4号機関車】
大正7（1918）年に日本車輛で3両が生まれたCタンク機関車。前身の北海道精糖からの引き継ぎ車両である。現在もコハ23とともに帯広市内の「とてっぽ通り」に保存されている。
◎帯広大通
昭和29（1954）年8月
撮影：青木栄一

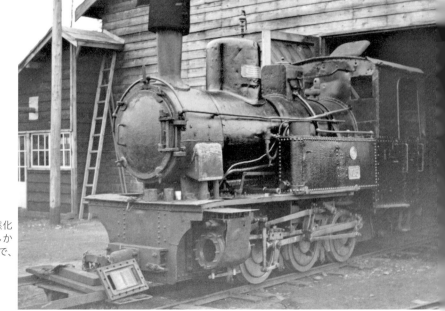

【5号機関車】
上の4号機の兄弟だが、内燃化後も最後まで残っていた。しかし鉄道廃止後は行方知らずで、現存しない。
◎十勝機関区
昭和29（1954）年8月
撮影：青木栄一

【コハ3とコハ7】
コハ3は開業以来使用されてきた小さな木造客車。コハ7は昭和3（1928）年に貨車を改造して生まれた車両である。
◎工場前
昭和29年（1954）年8月
撮影：青木栄一

【コホハ41（43）】
はるばる九州の南筑軌道から譲り受けたボギー客車でもともとは914mm軌間の車両だった。その後泰和車輌工業で鋼体化して写真のような姿になった。鉄道廃止後、コハフ44が道北の歌登町営軌道に移った。
◎工場前
昭和29（1954）年8月
撮影：青木栄一

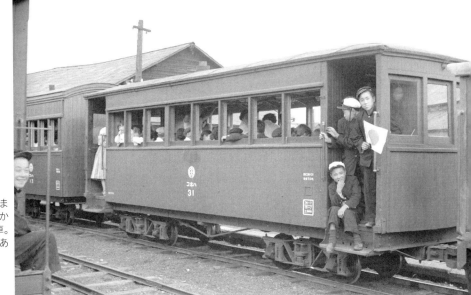

【コホハ31（31）】
山形県で昭和10（1935）年まで20年間存在した谷地軌道からやって来た木造ボギー客車。オープンデッキ式だが妻板があり、窓も付いている。
◎帯広大通
昭和29（1954）年8月
撮影：青木栄一

【コホハ21（22）】
中国鉄道稲荷山線の改軌によって余剰になった車両を譲り受けたもので、兄弟が福島県の沼尻鉄道にもいた。
◎帯広大通
昭和29（1954）年8月
撮影：青木栄一

【ボギー客車を1両牽くキハ2と戸蔦行き列車の行き違い】旧盆のさなか町に向かう人を乗せたキハ2の列車と、ディーゼル機関車が牽く長い列車には郡部に戻る人たちで満員だった。◎工場前　昭和29（1954）年4月　撮影：青木栄一

【DC2の牽く混合列車】先頭の機関車DC1に続くボギー無蓋車、近代化更新を終えたコホハ41ボギー客車、2段窓の単車、2軸の緩急車が続く。◎工場前：昭和33（1958）年8月　撮影：高井薫平

【4線分岐】
国鉄帯広駅のヤードに近い新
帯広から工場前の少し手前ま
で、工場に国鉄貨車を引き込む
1067mmと軽便の762mm軌間が4
本のレールが敷かれ、工場前の
入り口付近で分岐していた。
◎工場前
昭和33（1958）年8月
撮影：髙井薫平

【2号機関車】
国鉄帯広と工場前を結ぶ1067
mm軌間の区間で使用されたドイ
ツ、コッペル製の30トン機関車、
ＤＬ投入まで主力機として活躍
した。ちなみに1号機関車は由
緒のわからない通称「ランケン
ハイマー」と呼ばれた小型機関
車だが、この頃日本甜菜糖磯分
内工場に移っていた。
◎工場機関区
昭和29（1954）年8月
撮影：青木栄一

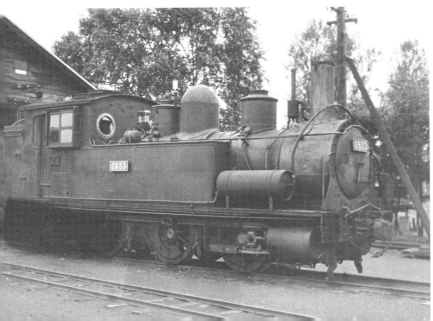

【2653号機関車】
1067mm軌間用の機関車。国鉄
の払い下げ機関車で通称アメＢ
と呼ばれたアメリカ・ボールド
ウィン製の2500形式2653号で
ある。日本甜菜糖美幌工場専用
側線に移り昭和35（1960）年ま
で使用された。
◎工場機関区
昭和29（1954）年8月
撮影：青木栄一

雄別鉄道

鉄道データ	
区間 （距離）	釧路〜雄別炭山（44.1km）
	鳥取信号所〜新富士（2.7km）
	鶴野〜新富士（4.3km）
	新富士〜雄別埠頭（2.6km）
開業	昭和2（1927）年1月　釧路〜雄別炭山
	昭和21（1946）年2月 新富士〜釧路埠頭 ※釧路埠頭倉庫により譲受
	昭和26（1951）年7月　同区間 雄別炭礦鉄道へ譲渡
	昭和26（1951）年4月 鳥取信号所〜新富士
	昭和43（1968）年1月 鶴野〜新富士
廃止	昭和43（1968）年1月 鳥取信号所〜新富士 ※鶴野〜新富士開業と引き換えの廃止
	昭和45（1970）年4月16日 釧路〜雄別炭山
	同日　新富士〜釧路埠頭（雄別埠頭を改称）を釧路開発埠頭へ譲渡

　雄別炭礦鉄道は慶應義塾大学鉄道研究会創立時のメンバーの一人、大谷正春さんがおられた関係で、何度か訪問する機会を得ている。鉄研の諸先輩や仲間たちも夏というと出かけていく。そのうち、冬の雪景色もよいということになるが、その多くは狩勝や常紋等々国鉄全線で走っていた蒸気機関車撮影に重点が移っていく。北海道は筑豊それに常磐と並ぶわが国の主要な炭鉱地帯であり、それぞれ石炭輸送を担う炭鉱鉄道が発達していた。特に北海道の鉄道は空知炭田から石炭輸送を担う鉄道が始まりである。北海道、筑豊、常磐の三大炭鉱地帯の鉄道にはそれぞれ特徴があり、規模が大きかった北海道の炭鉱鉄道にはテンダ機関車が多く使われ、路線の短く、タンク機関車が多かった筑豊や常磐の炭鉱とは違っていた。

　現在の雄別炭山の跡は、すっかり野に帰っていて、わずかにかつて改札口に近かった側のホームが確認できる。かつては駅を出るとまっすぐな道が通っていてそこに雄別炭鉱の倶楽部があった。その途中に、確か右側にしゃれた食堂があり、そこで食べたカレーライスの味が今も残る。本格的な味は当時店の棚に並んでいた缶詰のためかとも

思ったが、すべてが野に帰った今となっては懐かしい遠い記憶である。雄別線の沿線には当時1万人を超す人が住んでおり、雄別炭山から少し下った古潭駅から炭山にかけては炭住（炭鉱従事者用住宅）が並び、駅も新設されて蒸気機関車の牽く炭鉱への通勤列車が走っていた。通勤列車の客車は釧路まで行く一般の列車と違う車両が使用されていた。

　雄別炭礦鉄道は昭和34（1959）年9月に雄別鉄道と名を改め、雄別炭鉱の子会社として本格的な地方鉄道になった。この鉄道のエースは8721号で、その後北海道拓殖鉄道から同僚の8722号を譲り受けて同型の仲間が2両になっていた。新造車としては国鉄C56と同設計の「1001号」というのもいて珍しかった。北海道の炭鉱鉄道には国鉄制式設計と同設計の機関車が多くみられたが、C56をモデルにした機関車はこの1001号だけだった。そういえばぼくは見ていないが、昭和44（1969）年、この1001号を真っ白に塗装して走らせたことがあった。確か電気冷蔵庫の宣伝、コマーシャル映画の撮影だったと聞くが、その後もしばらくは白い機関車のまま石炭列車を牽引して釧路原野を走った。

　雄別炭鉱は三菱系の炭鉱でほかにも茂尻、尺別地区でも炭鉱経営を行った。雄別鉄道を炭鉱から分離独立させ、経営努力は進められるが、国の石炭政策の変更のあおりで廃業する。ただ雄別鉄道の保守部門を分離独立して起業した釧路製作所は簡易軌道の車両新造を行い、北海道各地の車両保守業務がなくなったのちも、鉄鋼や橋梁メーカーとして今も健在で、かつて雄別鉄道の線路わきにあった社屋も健在、事務所の前には雄別鉄道で活躍した8722号が据え付けられ、釧路市の名所の一つになっている。

　雄別炭山から釧路に向かう路線は途中、鳥取信号所で新富士への貨物線に別れる。雄別炭山を出てきた混合列車は重連で、ここで釧路行の客車列車と新富士行の石炭列車とに別れる。新富士行の石炭列車は国鉄線の新富士駅構内を渡って、雄別埠頭に至る。そこでは9224号と9233号などが待機していて、雄別埠頭の積み出し線にセキを引き上げていく。

　雄別鉄道では沿線の旅客需要の増加に合わせて、昭和32（1957）年に新たに気動車を導入し、最

終的には6両を数えた。気動車列車は客車を改造したトレーラーを牽引した。あのころ北海道の炭鉱鉄道は気動車導入が盛んで、夕張鉄道を先陣に炭鉱鉄道のほとんどが導入している。面白いのは夕張鉄道や三井芦別鉄道が既存の客車に引き通し線を設けて、編成に組み込んだのに対し、雄別鉄道ではあくまでも客車として気動車に牽引される形をとっていた。

しかし、国の石炭政策が縮小に決まってからの雄別沿線の人口減少は激しく、ほぼ半減し、やがて限りなくゼロに近づいていった。また当時は世間の景気が良かったので、山を去る人は多く、昭和45（1970）年4月に雄別鉄道は廃止される。

【貨物支線を行く9046号】
エンドビームの上に操車掛を乗せたまま新富士に向かう。
◎鳥取信号所～新富士
昭和29（1954）年8月
撮影：竹中泰彦

【阿寒駅の風景】
貨車に積んできた荷物を地元の人たちが自分で降ろしているらしい。駅長さんも忙しそう。側線には9046号が待機中。
◎阿寒　昭和30（1955）年8月
撮影：竹中泰彦

釧路湿原から流れてきた釧路川
の河口付近にに釧路の町ができ
た。海上西側から東にレンズを向
け撮影している。左下は釧路漁
港、右は雄別炭鉱の石炭を積み出
す石炭ふ頭。市街地の中央は明
治34 (1901) 年の開業から大正6
(1917) 年までの行き止まり式の
旧釧路駅があったところ。当時は
国鉄釧路工場、釧路川寄りには貨
物駅の浜釧路駅もあった。旧駅の
左側は根室方向に線路が延ばさ
れた時に移動した現在の駅の位
置である。釧路川河口左岸の冷
蔵倉庫などが並ぶ一角には釧路
臨港鉄道の入船町の駅が見える。
◎昭和34 (1959) 年6月
撮影：朝日新聞社

【穏禰平における列車行き違い】1001号と9046号の重連が牽く混合列車、途中で列車は二つに分かれて1001号は客車を牽いて
釧路に向かう。◎穏禰平　昭和29（1954）年7月　撮影：竹中泰彦

【8700形式（8721,8722号）】

国鉄が明治44（1911）年、将来の幹線用蒸気機関車のモデルとするために米英独それぞれに発注した大型蒸気機関車8700（イギリス）、8800（ドイツ）、8850（ドイツ）、8900（アメリカ）のうちの1形式である。当時すでに相当の国産技術が向上していたので、テンダは国産品で、8700形と8850形はほぼ半数が国産である。当時の鉄道院は欧米で実績のある加熱式機関車を輸入する考えだったが、8700形式は飽和式で輸入され、のちに加熱式に変更されている。何分大型機関車のため、私鉄に残ったのは8700形式が2両、8850形式が2両であった。そして、北海道拓殖鉄道を経て雄別入りしていた8722号は現在もよい状態で保存され、ほかの3両は鉄道廃止とともに姿を消している。

【8700形式（8721号）】
デフレクターのない原型に近い姿、煙室付近が美しいカーブで構成されている。
◎雄別炭山
昭和29（1954）年8月
撮影：竹中泰彦

【8700形式（8721号）】
背の低いデフレクターが取り付けられた。上の写真の1年後の姿である。
◎雄別炭山　昭和30（1955）年8月
撮影：竹中泰彦

【8700形式（8722号）】
昭和28（1953）年に北海道拓殖鉄道からやってきた。最初からデフレクターが付いていた。鉄道廃止後に釧路製作所で保存され、釧路市の名所の一つになっている。
◎新富士
昭和37（1962）年8月
撮影：村松功

【1001号と9046号の重連が牽く】
1001号は国鉄C56とほぼ同一設計である。古典機に交じって釧路〜雄別炭山で混合列車を牽いていた。前述したようにある時期、家電メーカーの電気冷蔵庫のコマーシャルに担ぎ出されて、全体を真っ白に塗られて根釧原野をしばらく走った。
◎穂彌平　昭和29（1954）年8月
撮影：竹中泰彦

【しばしの休息をとる
8721号と102号】
8721号機はこれから石炭列車を牽いて釧路に下る。
◎雄別炭山
昭和30（1955）年8月
撮影：竹中泰彦

【9040形（9046号）】
9040形は国鉄に実在したアメリカ・ボールドウィン製の1Dテンダ機関車である。大コン（大型コンソリデーション、コンソリデーションはこの機関車の軸配置1Dのこと）の愛称で人気のあった同じボールドウィン製9200形式に比べ一回り小さく「小コン」と呼ばれた。ただ雄別鉄道のこの9046号は国鉄に在籍したことはなく、南米のニカラグア国鉄の2号機を引き取ったという機関車であった。たまたま当時雄別鉄道には9045号という本来の9040形式がいたので、スタイルが似ているということで、同じ形式に繰り入れたものであった。
◎古潭　昭和29（1954）年8月
撮影：竹中泰彦

【100形（104号）】
雄別鉄道では本線系はテンダ機関車を使用し、雄別炭山付近の入換え、鉱員の通勤輸送などの小運転にはドイツ・コッペル社製のタンク機関車をそろえていた。100形103, 4 , 6 号が在籍し、40トン型の 1 Ｃ 1 タンク機関車。同型機が各地にみられるドイツ・コッペル社の標準形機関車であった。103,104号は他の事業所に移ったが、106号は鉄道廃止まで雄別炭山に残った。103号から始まるのはかつて10形（11,12号）というコッペルの15トン型のＣタンク機関車がいたからである。
◎雄別炭山
昭和29（1954）年 8 月
撮影：竹中泰彦

【200形（205号）】
100形と同じくドイツ・コッペル社の標準型で同系機は国内の地方私鉄で広く活躍した。スタイルは丸みを帯びたカーブで構成された100形と異なり、直線的スタイルである。用途は雄別炭山地区の小運転であった。
◎雄別炭山
昭和29（1954）年 8 月
撮影：竹中泰彦

【入れ換え中の205号】
昭和の初めからもっぱら雄別炭山付近の入れ替えや小運転に用いられたドイツ・コッペル製機関車。メインロッドが第 3 動輪につながるのはコッペル製機関車の特徴だ。
◎雄別炭山
昭和35（1960）年 3 月
撮影：髙井薫平

【C118とC1256の
重連の牽く混合列車】
◎阿寒
昭和30(1955)年9月
撮影：竹中泰彦

【C11形機関車】
C11形 は C111,C113,C
118,C1165,C11127の 5
両が在籍した。C111は江
若鉄道から、C118は松尾
鉱業からやってきた。それ
以外は、国鉄からの払い下
げ。C11 1はその後東武
鉄道に引き取られ、令和3
(2021)年冬の運行開始に
向けて復元工事が真最中。
◎雄別炭山
昭和29(1954)年8月
撮影：竹中泰彦

【C12形（C1256）】
国鉄形式のC12はC1256,C12001
の2両が在籍したが、C1256は
国鉄から、相模鉄道、茨城交通と
転々としたのち、雄別鉄道にやっ
てきてC11に交じって働いていた。
C12001は高知鉄道（後の土佐電
電気鉄道の安芸線）の自社発注機
だが電化で失職して雄別炭鉱系列
の尺別鉄道にやってきた機関車で
あって、雄別線での活躍はなかっ
たようだ。
◎雄別炭山
昭和29(1954)年8月
撮影：竹中泰彦

【ナハ11形（18）】
国鉄から譲り受けた雑型木造客車を小改造して使用したのち、傍系の釧路製作所で当時の国鉄木造客車の鋼体化工事に似せて車体を作り変えた。ただ半鋼製にはならず木造丸屋根の独特のスタイルが登場した。
◎雄別炭山
昭和35（1960）年3月
撮影：髙井薫平

【コハ1形（1）】
最初の働き口は遠く山口県の長州鉄道、開放デッキのある客車だった。台車も電車用のような変わったものをつけている。雄別では2度の改造でデッキはなくなり、車内に直接入れるようにしたのはナハ18と同じだ。
◎雄別炭山　昭和37（1962）年8月　撮影：村松功

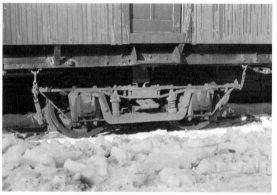

【コハ1の台車】
電車のアメリカ・ボールドウィン台車のような客車には似つかわしくない棒枠組の軽量台車。
◎雄別炭山　昭和37（1962）年8月　撮影：村松功

【ナハ11形（19）】
国鉄の古い木造客車で第一線を退いて救援車になっていたものの払い下げを受け、客車に復元。さらに昭和34（1959）年に、ダブルルーフをシングルルーフに、出入り台もデッキ方式から引き戸で直接出入りできるよう大改造した通勤専用客車。
◎雄別炭山
昭和41（1966）年1月
撮影：髙井薫平

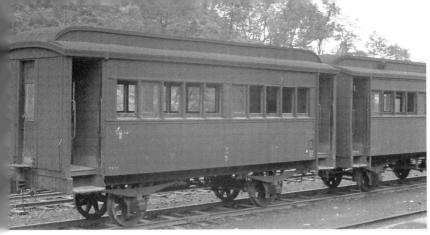

【フハ5形（5）】
明治生まれの古い客車である。西成鉄道の買収で鉄道院の一員となった。廃車後に北海道に流れ、雄別に来たのは昭和の初めで、この写真の撮影後間もなく系列の尺別鉱業所専用鉄道に移った。
◎雄別炭山
昭和30（1955）年8月
撮影：竹中泰彦

【フハ5形（7）】
フハ5とよく似た2軸客車だが生い立ちは全く異なる。こちらは生粋の道産子らしいが外観がよく似ているのは、払い下げ後の扱いだったのだろう。こちらの方は屋根にトルベート（水雷）型通風器がのっている。
◎雄別炭山
昭和30（1954）年8月
撮影：竹中泰彦

【ハ6形（6）】
不思議な車両である。同じ「ハ」を名乗りながら窓下に青帯を巻いていたのは、もともとロ6として二等車扱いだった名残らしい。モノクラスになってからも特別扱いは続いたらしく、この写真を撮った時も「貸切」というサボをつけていた。
◎雄別炭山
昭和29（1954）年8月
撮影：竹中泰彦

【ナハ11形（16）】
国鉄から払い下げを受けた木造郵便手荷物車だったが、札幌運輸工業の手でこれを昭和30（1955）年一般の旅客車に改造した車両。改造時点が早く、他車のように2度目の大改造を受けることなく廃車になった。
◎上雄別
昭和30（1955）年8月
撮影：竹中泰彦

【ナハ12形（13）】
元・北海道鉄道のガソリンカー
で客車化にあたり半流型の連結
面に、無理やり貫通路を設けた。
気動車導入の時一部は気動車の
トレーラになったがこの車両は
対象にならなかった。
◎雄別炭山
昭和29（1954）年7月
撮影：竹中泰彦

【ナハ11形（14）】
ルーツは国鉄東北本線である日本鉄道の客車である。戦後に
雄別入りしている。全長16mに満たない小型車で、札幌運輸
工業で国鉄オハ61形を短くしたようなスタイルに生まれ変
わった。台車も変わったものをつけていた。
◎雄別炭山　昭和30（1955）年8月　撮影：竹中泰彦

【ナハ14の台車】
日本鉄道が採用した英国リード社製のイコライザ台車。台車
枠は押型鋼板を使用している。
◎雄別炭山　昭和30（1955）年8月　撮影：竹中泰彦

【ナハ15形（ナハ15）】
堂々たる3軸ボギー客車、国鉄
払い下げの大型ボギー車だった
が、運輸工業の手で国鉄オハ61
に準じた鋼体化改造を実施した
車両。
◎雄別炭山
昭和29（1954）年7月
撮影：竹中泰彦

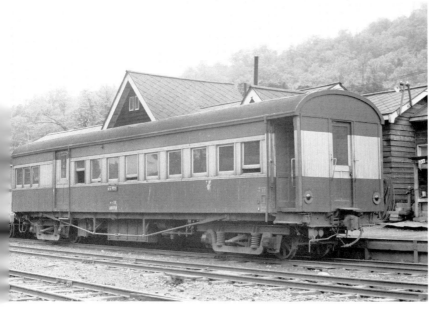

【ナハ11形（11）】
昭和32（1957）年に待望の気動車が3両入ったが、気動車だけでは輸送力が不足するので、これまで蒸気列車の一員だった客車から3両を選抜して、気動車のトレーラーにした。連絡用の引き通し線を増設したものの、制御回路まで設けなかったのでトレーラーとしていつも気動車に牽引される形をとった。
◎雄別炭山
昭和37（1962）年8月
撮影：村松功

【ナハ12形（12）】
元北海道鉄道（2代目）のガソリンカーだったが、昭和25（1950）年に払い下げを受けて客車として使用、キハ49200Ｙ形導入とともに、気動車のトレーラーに選抜された。流線型の妻面に無理して設けた貫通路はそれ以前に改造されていた。
◎雄別炭山
昭和37（1962）年8月
撮影：村松功

【ナハ11形（17）】
国鉄から払い下げを受けた木造合造車を昭和34（1959）年に釧路製作所の手で木造のまま、車体を作り変えた車両。大き目の窓がぽつぽつと並んだ木造切妻という独特の雄別スタイルが確立した。
◎雄別炭山
昭和42（1967）年2月
撮影：荻原俊夫

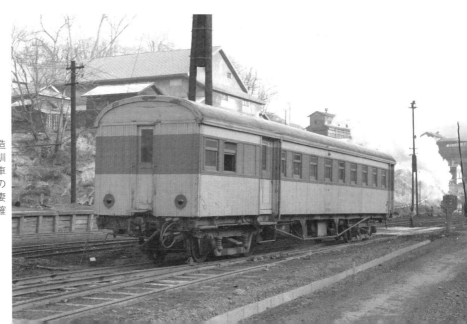

【キハ49200Ｙ形】釧路〜雄別炭山間の人の流れが増え、蒸気機関車牽引の混合列車や、旅客列車では効率も悪いので、昭和32（1957）年に国鉄キハ21形相当の気動車を３両登場させた。当時国鉄では気動車の形式称号の変更が行われた時期にあたり、49200という形式は実は国鉄キハ21に該当するものであり、雄別鉄道では末尾に雄別の頭文字Ｙをつけて区別した。しかし、国鉄で計画した49200形は称号規定改正後となりキハ21形となって登場した。キハ21形との違いはトイレがないことと、台車が菱形枠のTR29系になっていることである。◎釧路/雄別炭山　昭和33（1958）年８月　撮影：髙井薫平

【DDDT編成】キハ100形が増備されてキハ49200Ｙの負担が軽くなった。2M2Ｔ編成から3M1Ｔ編成も走るようになった。
◎古潭　昭和35（1960）年３月　撮影：髙井薫平

【キハ100形（104,105）】
キハ49200Y形登場の2年後に
増備された車両は当時作られて
いたキハ20系気動車に倣って、
キハ49200Y形ではHゴム支持
のバス窓だった窓が、寒地向け
一段窓となり、台車も国鉄キハ
22形と同タイプになった。
◎昭和37（1962）年8月
撮影：村松功

【キハ100形（106）他】キハ100の最終増備のキハ106は片運転台式になり、運転台の後ろは車掌室兼荷物室になっている。この
新造車が竣功した時はすでに鉄道廃止の計画が進んでいた時期で、昭和44（1969）年7月竣功、昭和45年4月16日鉄道廃業と
いうあわただしさだった。◎新釧路川　昭和45（1970）年　撮影　所蔵：釧路市立博物館

【回送中のキハ106】
雄別鉄道廃止の月、関東鉄道に
売却される気動車6両の第1陣
を帯広駅でとらえた。これから
関東鉄道の土浦まで1000ｋｍ
余りの長旅の途中である。
◎帯広
昭和45（1970）年8月2日
撮影：荻原俊夫

釧路臨港鉄道

鉄道データ

区間 (距離)	城山〜入舟町（11.4km）
開業	大正14（1925）年２月11日　春採〜知人 大正14（1925）年３月16日　東釧路（別保）〜春採 大正15（1926）年２月１日　知人〜臨港　旅客営業を開始 昭和２（1927）年２月20日　臨港〜入舟町 昭和12（1937）年１月10日　城山〜東釧路
廃止	昭和38（1963）年11月１日　旅客営業（入船町〜城山）を廃止 昭和41（1966）年12月１日　臨港〜入舟町 昭和54（1979）年４月30日　太平洋石炭販売輸送に吸収合併される。 昭和60（1985）年６月１日　城山〜東釧路 昭和61（1986.）年11月１日　東釧路〜春採、知人〜臨港 令和２（2020）年３月31日　春採〜知人　全線廃止

　釧路臨港鉄道は、様々な理由で北海道では最後に残った炭鉱鉄道であるが、ある時期旅客営業を行っていた。路線長もずっと長く、久寿里橋のたもとの城山から国鉄の東釧路で根室本線に接続。ここは釧路臨港鉄道の車両基地があった。東釧路からは石炭の積み込み設備のある春採を経由して最後まで残った区間を通過、呼人の積み出し設備の横を抜けて、また幣舞橋近くの入舟町まで町を循環するような路線であった。終点同士は500mくらいと極めて近い環状線のような鉄道であったが、昭和38（1963）年に旅客営業は廃止される。なにぶん乗客用の車両は気動車１両とガソリンカーを改造した２軸のトレーラーだけという陣容で、気動車を使えない時にはどうするか謎であったが、その後釧路市立博物館の石川学芸員に地元で覚えておられる方を探していただいた。

　何しろずいぶん昔の話なのだが、当時運行にかかわった方のお話しでは、気動車は故障しない車で、ちょっとした不具合は運行の合間の時間で直してしまったようだ。さらにその後、石川さんから当時臨港鉄道に勤務され、旅客輸送の最終列車に乗務された今村さんにお話を聞いてくださった。それによると気動車が使えない時は気動車改造の２軸客車を蒸気機関車が牽引したそうである。その場合は、煤煙が窓から飛び込むので乗客の評判は悪かったという。僕が訪問したときは大雨の被害で運休しており、虎の子キハ1001をはじめ多くの車両は構内の一番高い場所に避難させていたのを覚えている。

　運炭専用鉄道になった後のことは第2巻に譲るが、新しい試みを実験的に行い、令和２（2020）年３月まで鉄道として存続した。

【キハ1000形（1001）】
元北海道鉄道（２代目）のキハ553（国鉄キハ40363）の払い下げを受け客車として使用したが、昭和28（1953）年にエンジンをDMF13、変速機をトルクコンバーター（TC-2）に交換し、ディーゼルカーとして復活した。ただ釧路臨港鉄道には他に気動車はなく、戦前導入したガソリンカーもトレーラーになっていたので、まさしく孤立無援の活躍であった。旅客営業が終了したのち、青森県の南部鉄道に転じ、南部鉄道が昭和44（1969）年４月に営業を廃止するまで使用された。北海道鉄道は合計８両の気動車が存在し、国鉄買収を経て各地の地方私鉄に散ったが、気動車として復活したのはこの車両が唯一であった。
◎春採　昭和37（1962）年６月
撮影：中西進一郎

【D100形（101）】
昭和33（1958）年、試作的に投入した日本車輌製の国鉄ＤＤ13クラスのディーゼル機関車だが、ロッド式であるのが変わっている。貨物輸送専用になったのちも釧路臨港鉄道はディーゼル機関車の投入に積極的で、Ｄ201〜D601まで作られた。L字型のD50の軸配置B以外は、皆B‐Bタイプであった。最後のD601はアメリカＧＥ社のライセンスにより日本車輌が製作した電気式である。
◎春採　昭和42（1967）年11月
撮影：髙井薫平

【　コ　ハ100形（101）】 昭 和20（1945）年に函館本線複線化のため買収された渡島海岸鉄道のガソリンカーキハ101を譲り受けたもので、キハ101として使用されたが、昭和27（1952）年にエンジンを降ろし、客車となった。
◎春採　昭和31（1956）年8月
撮影：青木栄一

【コハ1形（1）2代目】
大正15（1926）年から始めた旅客営業をさらに進めるため、日本車輌製のレールカーを購入し、客貨分離を行った。戦前、戦後を通しキハ1として使用された後、キハ1001の登場の前年、キハ101とともに客車となった。北海道拓殖鉄道のキハ101,2と同タイプであった。
◎春採　昭和33（1958）年8月
撮影：髙井薫平

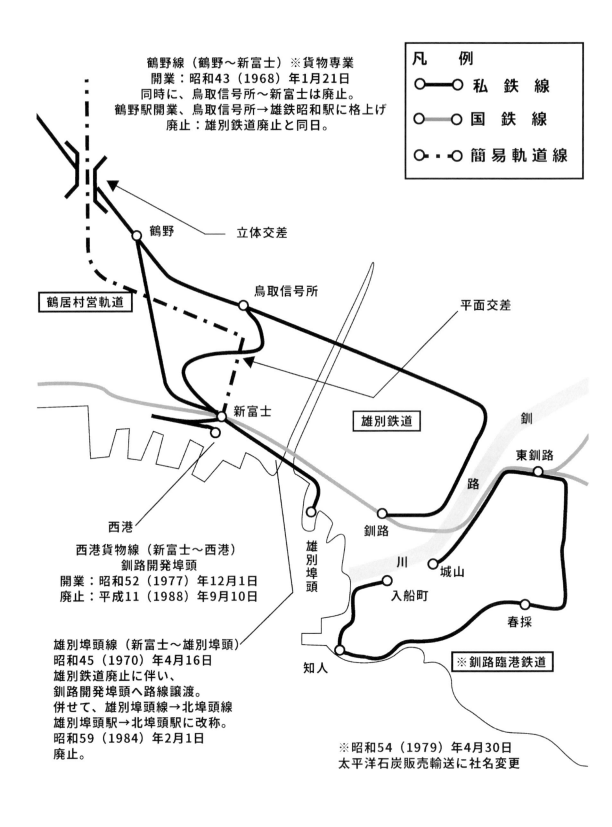

鶴野線（鶴野～新富士）※貨物専業
開業：昭和43（1968）年1月21日
同時に、鳥取信号所～新富士は廃止。
鶴野駅開業、鳥取信号所→雄鉄昭和駅に格上げ
廃止：雄別鉄道廃止と同日。

凡　例

○─○　私　鉄　線
○─○　国　鉄　線
○‐‐○　簡易軌道線

鶴野

立体交差

鳥取信号所

平面交差

鶴居村営軌道

新富士

雄別鉄道

釧

路

東釧路

西港

西港貨物線（新富士～西港）
釧路開発埠頭
開業：昭和52（1977）年12月1日
廃止：平成11（1988）年9月10日

雄別埠頭

釧路

川

城山

入船町

雄別埠頭線（新富士～雄別埠頭）
昭和45（1970）年4月16日
雄別鉄道廃止に伴い、
釧路開発埠頭へ路線譲渡。
併せて、雄別埠頭線→北埠頭線
雄別埠頭駅→北埠頭駅に改称。
昭和59（1984）年2月1日
廃止。

春採

知人

※釧路臨港鉄道

※昭和54（1979）年4月30日
太平洋石炭販売輸送に社名変更

根室拓殖鉄道

鉄道データ	
区間 （距離）	根室〜歯舞（15.1km）
開業	昭和4（1929）年10月16日 根室〜婦羅理　13.5km 昭和4（1929）年12月27日 婦羅理〜歯舞　1.6km
廃止	昭和34（1959）年9月21日

当時も不便なところで1度行っただけである。すでに廃止の噂も流れており、最初の北海道撮影旅行での計画では当初、2日間を当てていたが同行の後輩の説得にてこずり、仕方なく彼の希望を入れて美幌から摩周、阿寒湖を抜けて釧路から最終列車で根室駅に向かうことになった。根室には夜遅くつき駅前旅館に泊まった。

翌朝、霧雨の中「軌道」の出る根室拓殖鉄道の根室駅に向かう。ここは現在も根室交通のバスの車庫があるがとても遠かった気がする。軌道の駅のそばの掘割を国鉄の根室臨港貨物線が通っており、軌道の線路はそれを貧弱な鉄橋で渡っていたような記憶がある。駅に着いたら間もなく「銀龍」がその鉄橋を渡って到着した。後ろには無蓋貨車（トロッコ）を牽引していた。貨車のホロで囲った荷台からお客がぞろぞろと降りてきた。

乗ったのはこの鉄道で一番鉄道車両らしい日本車輌製の単端式気動車、「ちどり」だった。この日は旧のお盆で歯舞の村に行く人もたくさん乗っていた。うしろに連結されたトロッコを敬遠して、満員の単端に乗り込んだら、「学生さんここに座れよ」と運転手さんに云われて運転席に並んで座った。車内は物凄く混雑していた。確か1日3往復の運転であった。花咲半島は霧が立ち込めており、婦羅里を出てしばらく走ったら突然停車した。見ると大きな乳牛が2頭線路のそばで草を食んでいた。このあたり軌道は牧場の中を横切っていた。歯舞に着いた。ちょっとした集落があり、30〜40年くらい後になって、車でこのそばを通った時、昔の駅舎が診療所に変わっているのに気が付いたが、確かではない。当時のフィルムを見ると数カットしか撮っていない。そのうち2枚は近くの海岸で撮った2枚の人物写真、同行者と交代で撮ったものらしい。だから転車台で方向転向するシーンも、トロッコに連結する瞬間の写真もな

い。海岸で遊んでいて慌てて駅に戻ったら、単端はホームにトロッコをつないで根室の方に向き直って据え付けられていた。

根室に戻ったら今度は田井自動車製の「かもめ」がやはり、満員のお客を載せてトロッコ貨車を牽いて出て行った。

これで軌道の全車両を見たことになるが、どの車にも車号など何の表記もなく、模型の世界で有名になった「銀龍」「ちどり」「かもめ」の表記はかつて車体に書いてあったというが、僕の見たときにはどこにも書いてなかった。その後、根室に移住してこの軌道の全貌を明らかにした加田芳英さんの調査で、昭和24年10月1日10時に根室駅「かもめ、銀龍の命名式」を行ったことが明らかになっている。また、島賞受賞の沢内・星共著「北海道の私鉄車両」にはキハ1〜3と分類されているのでこれに倣うことにした。

なお、根室拓殖鉄道は根室拓殖軌道として開業したが、昭和20（1945）年4月1日付けで地方鉄道に変更しているが、当時は蒸気機関車2両を所有している。ただ機関車の出入りは激しく色々な珍品が在籍したようだ。また昭和6（1931）年に日本車輌製の単端式ガソリンカーを投入するが、これが最後まで残った「ちどり」である。戦時中の燃料事情を考えると蒸気機関車が主体だったのだろう。また客車も雨宮製作所製のボギー車を2両保有していたが、戦後気動車「かもめ」の導入で他に売却している。貨車も開業時5両の4t積み無蓋ボギー車を購入しているが、このボギー貨車4両を使って2軸貨車ト11〜18を製作、この車の生き残りが僕の訪問した時見た幌を付けたトロッコらしい。自動車メーカーに車両を発注したり、ボギー車を単車に改造したり、車両番号のない車両を走らせたり、世の地方鉄道の常識をはるかに超えた鉄道であったことは間違いない。

陸軍陸地測量部「1/50000地形図」（大正10年）

【キハ1「ちどり」】

日本車輌が昭和の初めに開発し、各地の弱小私鉄に提供したいわゆる「タンタン式」ガソリンカー。当時の
バスによく似た車体に2軸または片ボギーの足回りを組み合わせ、エンジンの多くはフォード製が多かった。
当然運転台は片方にしかなく、これが単端式の由来である。根室拓殖鉄道の「ちどり」はおそらく全国の軽
便鉄道の中でも長寿だったタンタンの一つである。「ちどり」という名称は車体の表記には見つからず、ほか
の2両「銀龍」「かもめ」も同様である。「ちどり」は蒸気機関車だけ使っていた昭和6 (1931) 年に投入され
たが、戦後エンジンを日産のものに変えラジエーターグリルも日産のものに交換している。

【婦羅理駅】
途中、婦羅理でおじさんとおばさんが
下車した。この駅は一時終点だったこ
ともあり、側線があった。
◎婦羅理　昭和33 (1958) 年8月
撮影：髙井薫平

【歯舞到着】
歯舞の駅はいかにも北海道らしい造り
だった。ただ、海に行ってみようとい
うことで駅を離れてしまい、惜しい時
間を費やしたのが悔やまれる。
◎歯舞　昭和33 (1958) 年8月
撮影：髙井薫平

【根室に戻った「ちどり」】
◎根室　昭和33 (1958) 年8月
撮影：髙井薫平

根室半島付け根の写真。根室市街を北側から撮影している。左上が太平洋側、二つの島はユルリ島とモユルリ島。先に見える半島は落石岬。根室港は北側を向いていて、海上の弁天島が防波堤代わりになっている。根室からは東方向に国鉄貨物支線の根室港線が出ていた。この線は根室〜根室港(ねむろみなと)まで2.6kmで昭和9(1934)年開業、昭和40(1965)年廃止された。また根室拓殖鉄道の根室駅は国鉄の根室駅とは別で左に小さく写っている。根室拓殖鉄道は撮影の10日後に運転が休止、9月に廃止されている。
◎昭和34(1959)年6月
撮影：朝日新聞社

【「かもめ」が帰ってきた】
歯舞からの1番列車、後ろにつないだ幌付きトロッコにもお客が乗っていた。
◎根室　昭和33（1958）年8月
撮影：髙井薫平

【下車風景】
ホームはとても短い木製、ホームのない後ろのトロッコから降りるのは大変だ。
◎根室
昭和33（1958）年8月
撮影：髙井薫平

【キハ2「ちどり」】
出入り口は中央に1か所、外吊り式の引き戸が付いている。なんとなく当時のバスを彷彿とさせる。この写真撮影時、前照灯は上下に1つずつだが、その後下に1個増設されている。
◎根室　昭和29（1954）年8月
撮影：青木栄一

【キハ2「かもめ」】

戦後蒸気機関車に変えて動力近代化をめざして、札幌の田井自動車工業という特装自動車メーカーに2両の気動車を発注したうちの1両。メーカー形式はTB1、センター扉のキャブオーバーバスに似た形になった。車体の下半分は軍の放出品と思われるジュラルミン板を使用、扉は外吊り式である。

【キハ3「銀龍」】

根室拓殖鉄道が消えて半世紀経つのにこの車両の人気は一部の模型ファンの間で絶大である。命名式まで行われた「銀龍」の愛称はこの車両の特異な形態からだろう。もともとは「かもめ」と同じ、田井自動車工業製（形式TB2）のトラックのような貨物気動車だった。製造当時、ボンネットはなく「かもめ」と同じキャブオーバータイプだったが、実際に走らせるとバランスが悪かったためエンジンを前方に移設した。その後、これを客車に改造することになり、荷台を取り外して地元で作った独立した客室を乗せたのである。この姿が最終的スタイルになった。それでもバランスが悪いのか後端にバランスウエイトを取り付けていた。

【「銀龍」出発準備完了】
今日の最後の仕業は「銀龍」の担当らしい。やはり幌を張ったトロッコを牽いている。汽車の時間があるので、出発を見届けるのをあきらめ国鉄駅に向かった。
◎根室
昭和33（1958）年8月
撮影：髙井薫平

【昭和29年夏の「銀龍」】
この写真撮影時、前照灯は屋根上に1個だった。
◎根室
昭和29（1954）年8月
撮影：青木栄一

【納沙布岬への路】荒涼たる花咲半島を行く和製グース「銀龍」、線路の両側に立つ白樺の杭は鉄道敷の目安らしい。
◎友知付近　昭和34（1959）年4月　撮影：星山一男（所蔵：青木栄一）

士別軌道

鉄道データ	
区間 （距離）	士別～奥士別（21.4km）
開業	大正14（1925）年6月6日 士別～奥士別（この前に馬車軌道があった）
廃止	昭和34（1959）年10月1日

　宗谷本線の士別駅から北に向かっていた軽便鉄道で、主な目的は奥地で産出される木材輸送であった。士別軌道の終点、奥士別から先は森林鉄道につながっており、森林鉄道からの運材台車に乗せた木材を士別まで運び出すのが目的であった。客車も有していたが、昭和30（1955）年に完全に乗客はバスに移行し、さらに頼みの綱の森林鉄道も資源枯渇で廃止しされたことから、昭和34（1959）年10月に、鉄道は廃止されている。初の北海道行計画の時、この士別軌道に行くことに当時大いに悩んだ。通用18日の北海道周遊券は残り少なく、帰路花巻で行われる鉄研合宿にも3日分

を残さなければならず、どうしても稚内まで行きたいので、札幌21:05発の列車に乗る。そうすると士別は真夜中の通過だった。又この年だったか鉄道友の会「レイルファン」に青木栄一さんが訪問記を書いておられ、それによれば鉄道の旅客運転はやめてバスに切り替わっていた。時刻表にはしばらく士別軌道の欄が残っていて、はじめのうちはバス併用だったが、そのうちに併用の文字は消えた。

　廃止後に残された車両は、雨宮のBタンク、加藤のDLと木造の2軸客車が少しだけだったので、訪問は最初から省いてしまった。今になれば残念至極だが、今振り返ると同じようなケースが随所に発見され、悔しい思いに駆られている。余談だが士別軌道の名称は今も健在である。それは軌道に代わる代替路線バスや、福祉バス、さらに貸し切りバス事業で頑張っている。旭川電軌バスとともに、消えた鉄道の名前が北海道にはまだ健在である。

【機関庫の風景】この写真を撮った時点ですでに鉄道の営業はやめていたらしい。左が本江機械製作所（立山重工業へ改称）で昭和18年に製造された5号、右は雨宮製作所製の6号である。
◎士別軌道機関区　昭和29（1954）年8月　撮影：青木栄一

【6号】
士別軌道は雨宮製作所製の5トン機関車1〜4号、4両で開業するが、戦後、昭和23（1948）年に廃車してしまう。その少し前、宮城県の栗原鉄道から同じような形態の雨宮製作所製を2両譲り受け最後まで使用した。
◎士別軌道機関区
昭和29（1954）年8月
撮影：青木栄一

【5号】
戦時中に本江機械製作所から入った8トン機関車。森林鉄道の機関車のような火の粉防止装置を装備した大きな煙突が特徴で、また揚水装置も完備していた。
◎士別軌道機関区
昭和29（1954）年8月
撮影：青木栄一

【2号ディーゼル機関車】
昭和29（1954）年生まれの協三工業製の5トンディーゼル機関車で、工事現場や森林鉄道によく見られた。
◎士別軌道機関区　昭和29（1954）年8月　撮影：青木栄一

【3号ディーゼル機関車】
この種の機関車を得意とする酒井工作所（のちの酒井重工業）製の5トン機関車、もともと奥士別森林鉄道に属する機関車だった。
◎士別軌道機関区　昭和29（1954）年8月　撮影：青木栄一

留萌鉄道

鉄道データ		
区間 (距離)	恵比島～昭和（17.6km）	
開業	昭和5（1930）年10月1日（全線） 昭和35（1960）年11月1日 国鉄から留萌鉄道へ運行管理を移譲	
廃止	昭和46（1971）年4月15日 （昭和44（1969）年5月1日休止）	

今は無人駅になってしまった留萌本線の恵比島駅から、ちょっと変わった私鉄が山の方に向けて走っていた。終点は昭和といい、明治鉱業の昭和炭鉱があり、ここの石炭を搬出する目的で昭和5（1930）年に作られたのが留萌鉄道炭鉱線である。鉄道名になった留萌の町は30キロも離れた海沿いの町である。留萌の港にはのちに国有化される留萌鉄道海岸線の南岸線と北岸線という2つの積み出し線があり、恵比島から留萌までの区間は国鉄留萌本線を利用する。そして留萌鉄道は自社の機関車を所有せず、機関車は国鉄の9600形がそのまま昭和まで乗り入れており、恵比島にはそのために国鉄機関車の駐泊所も設けられていた。留萌鉄道線内で旅客列車になるときは恵比島で9600形の牽く昭和行きの列車に国鉄から譲り受けた古典的な木造のボギー客車を連結して混合列車になった。線路の両端が自社の線路で、途中の部分は国鉄の留萌本線に委ねるという変則的な鉄道であった。そのうちに客車改造の気動車により貨客分離、さらに気動車を増やし、昭和35（1960）年10月、国鉄による運行管理が終了するのに合わせてディーゼル機関車を新造して線内の貨物輸送を自前で行うことになった。それでも北海道を訪れる全国の鉄道ファンが恵比島で下車したのは、終点の昭和にある明治鉱業昭和炭鉱で入れ換えに使用されていたクラウスの10形15,17号に会うためであった。

炭鉱が盛況だったこともあり、乗客の数が増え始めると本格的に貨客分離を図ることになり、前述のように昭和27（1952）年に、手持ちの古典木造客車を気動車として活用してケハ501が生まれた。プロトタイプを国鉄キハ41000としたが、種車の木造客車の台枠を活用したもので、製造は道内の泰和車輌工業で、道産子になった。最初のケハ501はキハ40000を思わせる小型車であったが、

あとから出来たケハ502の方は逆にキハ41000をはるかにしのぐ全長19mの大型車になった。さらにその後は国が主導した石炭景気に乗って新造車を続々と誕生させた。製造も本州の名の知れた車両メーカーが担当し、2軸駆動やカーブで前照灯が首を振って進行方向を照らすといったユニークな車両が誕生、さらに国鉄列車と連結して函館本線滝川まで直通する列車まで登場した。

現在、沿線人口も減少し、すべてが原野に戻った感じだが、恵比島の駅が映画のロケに使われたりして、今も健在、かつて1夜の宿とした駅前旅館はカフェとして残り、さらに昭和鉱にいたクラウスのうち15号が恵比島から数キロ離れたかつての幌新駅付近に誕生した立派な温泉施設、ほろしん温泉に保存されている。ここでは屋根付きの機関庫に収まり、お天気の良い昼間は専属のアントに押されて、表に出てくるという幸せ者になっている。

留萌鉄道には3度ほど乗っている。最初の時は国鉄9600形の牽く混合列車が走っていた。当時乗換駅の恵比島は留萌鉄道を分岐する需要な駅で駅員も常駐していた。3回目の訪問の時、恵比島の駅前に旅館があったことを思い出したが、電話番号もわからず、当時国鉄に勤務していた友人に鉄道電話で宿の予約を入れたことがあった。それから30年以上経って、恵比島の駅はすっかり変わっていた。駅舎は平成11（1999）年に放映された連続テレビ小説「すずらん」の舞台になり、無人化で使われなくなった旧駅舎を想像上の駅名の「明日萌」として今も保存、その横にヨ3500を改造した本来の恵比島駅が小さな駅舎とともに健在である。その外装は旧駅舎に合わせて古典的であった。かつてやっと泊めてもらった宿は現在も健在で、しゃれたカッフェと地域案内所になっている。カフェで耳よりの話を聞いた。昭和炭鉱の15号が沼田から戻り、ここから車で15分くらいの温泉施設に保存されているとのことで行くことにした。

恵比島から分離して山に入っていくとそこに明治鉱業の昭和炭鉱があり、そこにはかつて東京横浜電鉄の建設に使用されたクラウスの形式10（15,17号）がいた。もっともこの機関車は留萌鉄道所属の機関車ではなく、石炭ホッパーと出発線の間を走り回り入換えに従事していた。組成されたセキ列車は国鉄から入ってきた9600形に牽か

れて、留萌本線を経由してそのまま留萌港に運ば
れていた。
　当時の炭鉱振興の波に乗って５両の新鋭ディー
ゼルカーとディーゼル機関車も作って、石炭輸送

も自前の機関車で行うようになる。しかし繁栄は
長く続かず、北海道のほかの炭鉱鉄道と同じよう
に昭和44（1969）年に終焉を迎える。

【10形機関車】

明治22（1889）年ドイツ・クラウス製の古典機関車。九州地区に多く見られたが、関東でも川越鉄道が採用
するなど、明治の名機関車の一つ。この15,17号は国鉄（鉄道省）を退役後に東京横浜電鉄（現在の東急東横線）
の建設にかかわり、東横線の建設終了後、昭和炭鉱にやってきた。明治鉱業の所有であるが、ファンはみな留
萌の10形と呼ぶ。炭鉱閉山後、15号は石狩沼田市を経て、前述のほろしん温泉に、17号は那珂川清流鉄道保
存会に保存されている。

【入換え中の17号】◎昭和炭鉱　昭和35（1960）年３月　撮影：髙井薫平

【10形（15号）】
◎昭和炭鉱　昭和37（1962）年８月　撮影：村松功

【10形（17号）】
◎昭和炭鉱　昭和29（1954）年８月　撮影：青木栄一

かつてはニシン漁で栄えた留萌。明治43（1910）年に留萌本線が到達するや港湾整備が始まった。駅や港野地区はかつて湿地で、旧市街地は左上の海岸段丘に広がっている。内港の両側には石炭積み出しのための高架桟橋と石炭ローダーが設置されていた。これにつながる臨港線は留萌鉄道が海岸線として建設した。写真右下には留萌駅の長い跨線橋が見える。右側が羽幌線、左側が留萌本線のホーム。留萌本線の先に延び左に曲がって増毛に通じる線路は、平成28（2016）年に廃止された。
◎昭和34（1959）年7月
撮影：朝日新聞社

【DL101CL形（101）】
新潟鐵工所が北海道の企業と
共同開発したわが国初のロータ
リー式ディーゼル機関車。この
車両の技術がのちの国鉄DD14
などに引き継がれたという。
◎恵比島
昭和37（1962）年4月
撮影：星良助

【DD200形（202）】
DMH17Sを2基装備した新潟
鐵工所製の凸型ディーゼル機関
車。昭和35（1960）年に1号機
が生まれ、DD200形としては3
両が在籍したが、DD201は昭和
39（1964）年に火災で廃車とな
り翌年代替機としてDD203が
登場している。
◎昭和炭鉱
昭和40（1965）年8月
撮影：今井啓輔

【昭和炭鉱におけるDD202】
昭和35（1960）年から自前の
ディーゼル機関車が完成し、国
鉄機関車を使った石炭輸送に終
止符を打った。
◎昭和炭鉱
昭和42（1967）年3月
撮影：荻原俊夫

【ホハフ2850形（2854）】
国鉄ホハフ2850形で国鉄形式
番号のまま使用されていた。
◎太刀別
昭和40（1965）年5月
撮影：荻原二郎

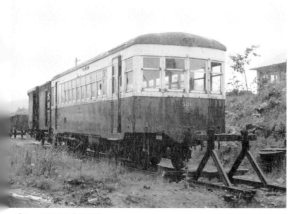

【ケハ500形（501）】
自前の旅客列車を走らせるため、札幌の泰和車輛工業で中古
の台枠を活用して国鉄キハ40000形に似せた車体を作った。
エンジンは旧陸軍の戦車用と言われている。台車も特異な軸
ばね式だった。新鋭気動車が入って休車になるのも早かった。
◎恵比島　昭和40（1965）年8月　撮影：今井啓輔

【ホハニ200形（201）】
元国鉄ホハ2200形だが、荷物室を設け、大改造の上ホハニ
201を名乗ることになった。
◎恵比島　昭和29（1954）年8月　撮影：青木栄一

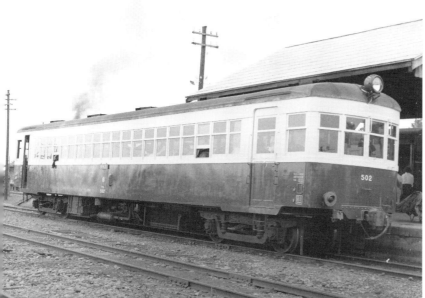

【ケハ500形（502）】
ケハ501に遅れること半年、同じ
メーカーの作品だが、今度は車
長19mに及ぶ大型車になった。
国鉄ナハ10056の台枠活用で
エンジンは開発されたばかりの
DMH17を使用、台車は客車時代
のイコライザータイプである。
◎恵比島　昭和29（1954）年8月
撮影：青木栄一

【留萠本線の接続を待つ
キハ1001】
◎恵比島
昭和35（1960）年3月
撮影：髙井薫平

【キハ1000形（1001,2）】北海道の炭鉱鉄道が競って登場させた新型ディーゼルカーの一つだが、カーブに合わせて首を振る前頭部窓下に配した前照灯や勾配に対応した2軸駆動など新しい試みが見られる。基本的には国鉄キハ17系などに準ずるが、エンジンのメーカーを二社に分けるなど、試験的な要素も見られる。
◎恵比島　昭和35（1960）年3月　撮影：田尻弘行

【キハ1000形（1001）】
なかなか賑やかなスタイル、正面おへそ部分の大きな前照灯がこの車の最大の特徴、前照灯左右には汽笛が付いている。ただおへそライトは増備車であるキハ1103には採用されなかった。
◎恵比島
昭和38（1963）年3月
撮影：村松功

【キハ1100形（1103）】増備車であるキハ1103は、側面を国鉄キハ21形に準じ、正面は2枚窓で現れた。国鉄留萌本線に乗り入れて、深川まで直行する列車は昭和31（1956）年5月から実施、5年間続いた。
◎恵比島　昭和41（1966）年1月　撮影：髙井薫平

【キハ2000形（2004,5）】留萌鉄道最後の新車は国鉄キハ22形とよく似た車両だが、窓は二重ではないし、便所もない。前照灯の左右につけた汽笛は先輩3両に準じていた。目まぐるしく変わった国の石炭政策のあおりで、登場後3年で北海道を離れる。
◎昭和　昭和42（1967）年3月　撮影：荻原俊夫

天塩炭礦鉄道

鉄道データ	
区間 （距離）	留萠～達布（25.4km）
開業	昭和16（1941）年12月18日　留萠～達布
廃止	昭和42（1967）年8月1日　留萠～達布

　留萠本線の主要駅だった留萠の駅には広いヤードがあり、ヤードを跨いだ長い跨線橋の先に確か国鉄羽幌線と天塩炭礦鉄道のホームがあった。天塩炭礦鉄道の歴史は新しく、いわゆる戦時下の石炭増産政策で敷設された鉄道である。資料によれば留萠に建設が予定されていた北海道人造石油の第二工場に天塩炭鉱の石炭を運ぶ目的があったという。昭和16（1941）年の開業で、出炭する石炭の品質はよくなかったという。このことは同じ時期に開業した羽幌炭鉱でも同じであったようだ。北海道炭礦汽船の手で昭和16（1941）年に開業した天塩炭礦鉄道は、開業から昭和42（1967）年廃止されるまで25年間の短い期間であったが、終始蒸気機関車だけを使い続けた。しかも国鉄の払い下げでなく、開業に合わせてC58形を2両新製した。番号は1,2号で真四角なナンバープレートに1桁の数字が印象的であった。客車は国鉄から二軸客車が3両払い下げられた。その後北海道炭礦汽船系列のよしみで、夕張鉄道から元蒸気動車のボギー客車および貨車を譲受した。

　天塩炭礦鉄道はぼくが1駅も乗車体験のない北海道の私鉄だった。羽幌線を待つ間に天塩炭礦鉄道の列車が到着するというので、駅のはずれで待つ。やってきたのは9号のナンバープレートを付けた元筑波鉄道の汽車会社のプレーリーだった。ホームで出発を待つ1号機ことC58型テンダ機関車よりずっとこの鉄道に似合うように思えた。

　鉄道を廃止した時、代替輸送としてバス事業に乗り出し、天塩鉄道バスが動き出すが、もともとの人口減はいかんともしがたく、地元有力バス会社「沿岸バス」の存在もあって、現在は地域バスと貸し切りバスに限定されている。

【C58形（2号）】機関庫から顔を出した2号機、給水温め器がないのがよくわかる。
◎留萠　昭和40（1965）年8月　撮影：今井啓輔

【9600形（3号）】3号は元国鉄9617号である。3号は2代目だが、天塩炭礦鉄道唯一のもと国鉄機関車。留萠本線と羽幌線・天塩鉄道のホームの間にヤードを持つ留萠駅の長い跨線橋が見える。◎留萠　昭和40（1965）年5月　撮影：荻原二郎

【9号の牽く混合列車】国鉄タイプが主力の天塩炭礦鉄道の異端児、元筑波鉄道の汽車會社製のプレーリー。一般の地方鉄道ではよく見かける機関車だが、当鉄道で唯一のタンク機関車だ。左の線路は国鉄羽幌線、ともに現存しない。
◎留萠付近　昭和33（1958）年8月　撮影：髙井薫平

【2号牽引の混合列車】
セキ5両他の後ろにボギー客車
3両を連結した達布行きが出発
する。
◎留萠　昭和38 (1963) 年3月
撮影：J.WALLY HIGGINS

【1号出発】
C58の特徴でもある給水温め器
がなく、煙室に付いたナンバー
プレートは一文字という、すっ
かり雰囲気の変わってしまった
私鉄版C58が出発する。
◎留萠　昭和40 (1965) 年5月
撮影：荻原二郎

【2号と給水塔】
機関車を挟んで左側が給水塔、
右側はやや小ぶりな給炭設備で
ある。
◎留萠　昭和40 (1965) 年8月
撮影：今井啓輔

【9600形（3号）】
1917年生まれの古強者だが、天塩では最新鋭だった。国鉄49695号の先代3号機の番号を引き継いだ。
◎達布　昭和40（1965）年8月
撮影：荻原二郎

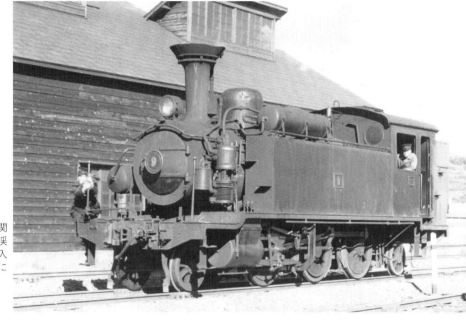

【社形（9号）】
天塩炭礦鉄道唯一のタンク機関車。筑波鉄道、夕張鉄道、定山渓鉄道で使用され、開業時に借り入れ後、正式に昭和17（1942）年に譲渡を受けた。
◎留萠　昭和33（1958）年8月
撮影：髙井薫平

【セサ500形（504）】自社線専用の石炭車、元夕張鉄道の私有貨車を戦時中に借受け、昭和34（1959）年に正式に車籍を得た。23トン積のセキとしては小柄な車両である。
◎留萠　昭和40（1965）年8月　撮影：今井啓輔

【キ1形ラッセル車（1）】開業に合わせて国鉄キ1形のトップナンバーの払い下げを受けた。車体は大改造されている。銘板には手宮工場とあるが舶来ものらしい。
◎留萠　昭和40（1965）年8月　撮影：今井啓輔

【達布駅】
天塩炭礦鉄道の終点、達布駅。
ここからバスの便があり、また
森林鉄道の起点でもあった。
◎達布　昭和40（1965）年5月
撮影：荻原二郎

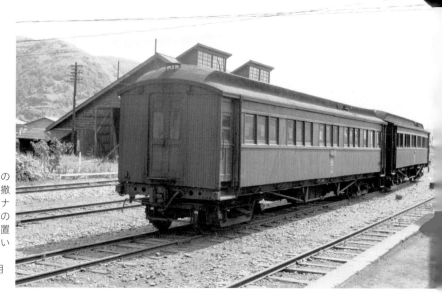

【ナハフ100形（103）】
国鉄ナハフ14100形木造客車の
払い下げ車。入線時に便所を撤
去し、その後車掌室を設置しナ
ハフと称号を変更した。屋根の
改修は行われているが、窓配置
等の変更はされず、原形に近い
状態である。
◎留萠　昭和40（1965）年8月
撮影：今井啓輔

【ナハ100形（101）】
車籍上は戦時中に鉄道省より夕
張鉄道が払下げを受けた蒸気動
車キハニ1だが、写真の車体は
ホハ12000形のものと振り替え
られ、台車も長軸のTR11を履い
ている。
◎留萠　昭和40（1965）年8月
撮影：今井啓輔

【ハ3形（3）】
鉄道省に買収された新宮鉄道ハ15の払い下げで、開業時に鉄道院から払い下げを受けた台枠に自社工場で車体を新製したもの。天塩鉄道入線時に螺旋連環連結器から自動連結器に変更するため台枠強化が図られている。
◎留萌　昭和40（1965）年8月
撮影：今井啓輔

【ハ1形（1）】
新宮鉄道買収車ロ2で元南海鉄道の喫茶室車ロ22を新宮鉄道が譲り受けたものと考えられ、新宮鉄道時代に車体更新を受けている。写真の車体中央に煙突が見えるが、冬季はストーブを設置するため、定員は夏季25名が冬季23名となる。
◎留萌　昭和40（1965）年8月
撮影：今井啓輔

【ハ2形（2）】
ハ1と同様に新宮鉄道買収車ロ1で元南海鉄道の喫茶室付特等車ロ21を出自とする。天塩鉄道入線後も改造が行われ、側板が鋼板張化されている。
◎留萌　昭和40（1965）年8月
撮影：今井啓輔

羽幌炭礦鉄道

鉄道データ	
区間 （距離）	築別〜築別炭礦（16.6km）
開業	昭和16（1941）年12月14日 築別〜築別炭礦 昭和37（1962）年12月25日 国鉄名羽線　曙〜三毛別　借受
廃止	昭和45（1970）年10月31日 国鉄名羽線　曙〜三毛別　返却 昭和45（1970）年12月15日 築別〜築別炭礦

かつて留萠と幌延を結んでいた羽幌線（昭和62（1987）年廃止）の築別から炭鉱のある築別炭礦に至る路線で、比較的歴史は浅い。今も沿線に多くの遺構が残っているが、なかでも築別川をはじめいくつかの橋梁の橋桁はあちこちからかき集めた大小橋梁の寄せ集めで構築されている。これはこの鉄道が国の方針で建設が急がれたもので、あちこちの不要不急鉄道から調達したものであった。昭和16（1941）年開業当時の羽幌炭礦鉄道の機関車は新車をそろえた天塩炭礦鉄道と異なり、道内からかき集めた輸入蒸気機関車でスタートした。中にはすでに廃車となり北海道大学構内で研究標本になっていた機関車まで修理して動員させた。そのくらい当時の情勢はひっ迫していた。主役は9040形や8100形だったが、僕が訪問した昭和35（1960）年にはすべて8620形に変わっていた。国鉄の8620形が私鉄に払い下げられた唯一のケースである。ディーゼル機関車もDD13クラスを1両導入したが炭鉱の廃鉱と重なり、わずか5か月足らずで鉄道は廃止され第2の職場（日本製鋼所室蘭製作所）に転じた。

炭鉱が盛況だったころ、客貨分離にも積極的で、客車として使用していた元国鉄のキハ42000形を釧路製作所で動力化してキハ1001を名乗り、荻原二郎さんの写真を見ると国鉄のレールバスと連結して、羽幌まで国鉄線に乗り入れていた。また社内にアイデアマンがいたのか、昭和34（1959）年にはレールバスを登場させる。センタードアの車で鮮やかなマルーンに白帯をまき、乗車していた若い女性車掌がまぶしかった。

その後国鉄キハ22形と同設計の気動車が投入され、一部は羽幌線のキハ22形に連結されてこの地域の中心地羽幌まで直通した。

終着駅の庫の中に何年か前に出会ったレールバスが救援車に改造されて健在であった。産出される羽幌炭の評判は良かったという。しかし昭和45（1970）年、ほかの炭鉱鉄道同様に廃鉱になり、それに伴い鉄道もお役御免になって、ピカピカのキハ22形3両は茨城交通に転じた。

あれから40年たった現地を訪問した。途中橋脚や橋梁は残っているが、終点の駅の所在はわからなかったが、積み込み用の設備は堂々と残っていた。しかし、人々はみなどこかに行ってしまい、国鉄の羽幌線もとうの昔に姿を消している。

【主の入れ替わった
築別炭礦の機関庫】
古い輸入機関車ばかりだった機関庫に国鉄から8620形がやってきた。
◎築別炭礦
昭和35（1960）年3月
撮影：高井薫平

【キハ22形】国鉄と同設計の車両。濃いエンジ色に白帯の入ったデザインは好ましかった。
◎築別付近　昭和40（1965）年8月　撮影：今井啓輔

【8114号の牽く混合列車】長いセキの後ろに元国鉄のガソリンカーだったホハフ5が連結されている。
◎羽幌　昭和30（1955）年8月　撮影：青木栄一

【8110の牽く穏号列車】セキを主体にした運炭列車、羽幌炭は人気が高かったので、最盛期の羽幌炭鉱鉄道では出炭量が多かった。◎築別付近　昭和30（1955）年8月　撮影：青木栄一

【築別炭礦機関庫の8110号】
まだ周囲には何もなくすっきりしている。
◎羽幌炭鉱
昭和30（1955）年8月
撮影：青木栄一

【8100形（8114号）】
北海道のあちこちに払い下げられた8100形は明治（30）1897年アメリカ・ボールドウィン製で両数も多いことがあって、北海道の私鉄で戦後も活躍した。
◎羽幌炭鉱
昭和30（1955）年8月
撮影：青木栄一

【9042号テンダ機関車】
明治25（1892）年生まれの古いアメリカ製の1Dテンダ機関車。
◎羽幌炭鉱
昭和30（1955）年8月
撮影：青木栄一

【8620形（58629号）】
入線にあたって密閉キャブ
に改造されている。築別に
はほかに三岐鉄道から来た
C111がいた。
◎築別炭礦
昭和38（1963）年8月
撮影：高橋慎一郎

【密閉キャブ】
羽幌入りにあたって、キャブは
大改造されて出入り台に扉が付
いた。
◎築別炭礦
昭和38（1963）年8月
撮影：高橋慎一郎

昭和34（1959）年製の古いアメ
リカ製機関車に変わって国鉄
の払い下げを受けた8653号と
58929号はさっそく石炭列車で
活躍した。国鉄8620形式で民
間に譲渡された2両であった。
◎築別炭山機関庫
昭和38（1963）年8月
撮影：高橋慎一郎

【ホハフ5形（5）】
昭和27（1952）年に、国鉄キハ
42015の払い下げを受け、しば
らく客車として使用した。客車
に改造の際に2扉に改造され、
昭和33（1958）年に釧路製作所
の手でDMH17B型エンジンと
TC2液圧式変速機を付けた気動
車に再改造されて自立した。
◎築別　昭和30（1955）年8月
撮影：青木栄一

【ハフ1形（2）】 元日本鉄道の客車で買収後ハフ2839となっ
ていた木造二軸客車で、初期の客車である側扉が並ぶ区分室
タイプだったが、入線時、両端に出入口、客室は中央貫通式に
改造されたうえ払い下げられた。
◎築別炭礦　昭和29（1954）年8月　撮影：青木栄一

【ハ3394形（3414）】
国鉄（鉄道省）ハ3414の払い下げを受けたもの。なぜか国鉄
時代の車両番号のまま使用されていた。
◎築別炭礦　昭和29（1954）年8月　撮影：高橋慎一郎

【キハ10形（11）】富士重工業で昭和34（1959）年生まれたレールバス、当時富士重工と日野自動車が開発したキャブオーバーバス「日野ブルーリボン」の技術を多用している。◎築別　昭和35（1960）年３月　撮影：上野巌

【キハ22形】国鉄キハ22形に準じて３両が製作された。製造年によって当時増産されていた国鉄のキハ22形にそろえて製造時期により細部が異なる。鉄道廃止後茨城交通に全車再就職した。
◎築別〜五線　昭和40（1965）年８月　撮影：今井啓輔

簡易軌道

　開拓・入植のために鉄道をまず作るという発想は多分に北海道的である。一般に鉄道はそこに人が住んでいる前提で作られるものだが、北海道の簡易軌道は旧北海道庁により入植する開拓民の交通の便を確保するため作られた鉄道であり、かつては殖民軌道と呼ばれていたが、大戦後に簡易軌道となった。考えてみれば実にお役所的な命名である。殖民軌道がたくさん作られた根釧地方は原野、それも足場の悪い泥炭や火山灰地帯で道路建設がたいへん遅れていて、道路に代わる交通手段として地盤の悪い土地に762㎜軌間の細い線路が敷かれていった。原野に人を入植させるための鉄道であるから、簡易軌道の所轄官庁は運輸省ではなく、戦前は内務省下の旧北海道庁に始まり、内務省が解体された戦後は北海道開発局の管理下に入るが、その運営は各地元自治体に移管され、それぞれに軌道の管理組合ができて、北海道開発局は車両を機械的に支給する形に移っていった。だから車両の使い捨て的な管理をするところもあったようだ。こんなことからか一般に簡易軌道の車両は一部の軌道を除いて車両番号はなく、運輸省の管理外にあり、準拠法は「土地改良法」によっていた。この中で大正13（1924）年12月に最初の路線として建設されたのは、根室本線厚床から中標津に至る48.8km（後の別海村営軌道の一部）である。この路線はその後国鉄標津線の開業により、路線を短縮していく。

　その後も各地に路線は伸びていくが、土木技術の進歩により、泥炭、火山灰地に道路が整備されるとその目的は失せ、次々と姿を消して今はあちこちの集落に記念物や遺構が残るだけである。それでも、平成30（2018）年に北海道遺産に指定され、令和3（2021）年6月1日、奥行臼の施設はかつての国鉄駅やさらに古い駅逓と合わせて別海町の文化遺産として登録された。

　簡易軌道は泥炭地帯の広がる根釧原野を中心に発達したが、道北地方にもいくつかの路線があった。交通公社の時刻表には道北の歌登町営軌道と道東の鶴居村営軌道が掲載されているが1日1、2往復といった感じで、それも朝に村から出てきて夕方に村に帰る運用だったので僕自身は1線も乗車していない。鉄研仲間でも簡易軌道に足を向けるものは極めて少なかった。ところがこの数年、簡易軌道の存在が再認識されるようになって、廃線跡などを巡るツアーや研究が釧路市立博物館を中心に行われるようになってきている。

　簡易軌道はずいぶん前に廃止され、立派な舗装道路に代わり、開拓に奮闘した人たちの生活も大きく変わっている。簡易軌道の遺構はあちこちにまだ残っているが、まったくわからなくなったところも少なくない。この章では、動力に機関車や気動車を使ったところに限り、現役時代の生きている簡易軌道の写真が集められるものに限ったが、車両については現在保存されているものもごく紹介することにした。多くの路線では動力に馬を使ったところも少なくないのだが、これらは専門の研究者によって解明されているので、とくに含んでいない。簡易軌道の歴史については釧路市立博物館に特別なコーナーがあり、また、鶴居村情報館には車両とともに資料をまとめたコーナーもある。

　本書でその一部をお目にかける路線は次の6路線、機関車や自走客車を使った路線に限定した。

1.歌登町営軌道
2.幌延町営軌道
3.鶴居村営軌道
4.浜中町営軌道
5.別海村営軌道
6.標茶町営軌道

【廃車体】車両など施設は北海道庁からほぼ定期的に支給される形だったため、簡易軌道を引き継いだ町村や管理組合は、あまり車両の保守管理に熱心でなく、新しい車が入線すると、これまでの車両の廃車体が放置される光景が見られた。
◎歌登　昭和38（1963）年8月　撮影：高橋慎一郎

簡易軌道の分布図

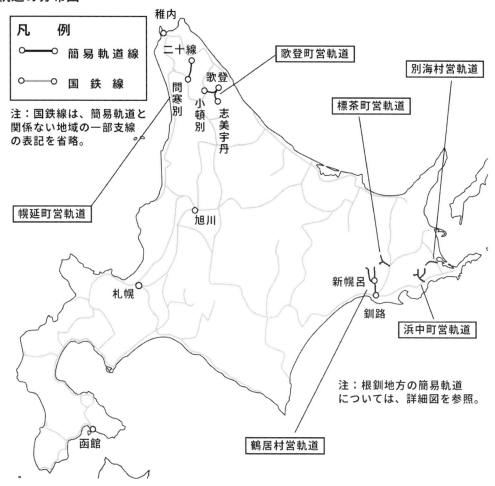

凡　例

○━━○　簡 易 軌 道 線

○──○　国 鉄 線

注：国鉄線は、簡易軌道と
関係ない地域の一部支線
の表記を省略。

稚内

二十線

歌登

歌登町営軌道

別海村営軌道

標茶町営軌道

問寒別

小頓別

志美宇丹

幌延町営軌道

旭川

札幌

新幌呂

釧路

浜中町営軌道

注：根釧地方の簡易軌道
については、詳細図を参照。

函館

鶴居村営軌道

【歌登町営軌道の風景】牧場を縫って自走客車が行く。◎昭和44 (1969) 年 8 月　撮影：梅村正明

歌登町営軌道（枝幸線）

鉄道データ	
区間 （距離）	枝幸線：小頓別〜（歌登）〜枝幸　35.0km 幌別線：上幌別六線〜志美宇丹　12.6km 本幌別線：上幌別〜本幌別　9.9km
開業	昭和4（1929）年　小頓別〜上幌別六線（枝幸線） 昭和5（1930）年　上幌別六線〜枝幸（枝幸線） 昭和8（1933）年　上幌別六線〜志美宇丹（幌別線） 昭和11（1936）年　上幌別〜本幌別（本幌別線）
廃止	昭和24（1949）年　歌登〜枝幸（枝幸線） 昭和30（1955）年　上幌別〜本幌別（本幌別線） 昭和44（1969）年　上幌別六線〜志美宇丹　運行休止 昭和46（1971）年　小頓別〜歌登（運行停止：昭和45（1970）年）

人以外の主な輸送対象：酪農関係、木材チップ、生活用品

　今はない国鉄天北線小頓別から、原野を抜けて、枝幸に至る35.1kmの路線で途中歌登付近の上幌別から本幌別（9.9km）、上幌別六線から志美宇丹（12.5km）に至る路線も持っていた。ただ交通公社の時刻表には小頓別〜歌登間の3往復のみが記載されていた。なお、小頓別と毛登別のあいだに峠があり、列車の運行に難儀したので、小頓別〜毛登別間にトンネルを掘り、これが昭和23（1948）年に完成したため、距離も2.6km短縮された。また歌登〜枝幸間は昭和24（1949）年に、国鉄の興浜北線の復活（戦時中、不要不急線として一時撤去されていた）に伴い廃止している。車両は多彩で、最初は木造客車が使用され、その廃車体は早大鉄研の若尾、倉地両氏が訪問された時には足の取ら

れた状態で残っていた。自走客車の投入は昭和31（1956）年だが、初期の車両のうち1両は小型ワゴン車のような超小型レールバスであった。貨物列車も走っており、地元で生産される木材チップを専用コンテナに入れた輸送が目立った。しかし志美宇丹線で当時建設中だった国鉄美幸線とルートが重なることで廃止を求められ、小頓別〜歌登間も昭和45（1970）年に運行が停止され、翌年に全線が廃止された。ただし、簡易軌道の廃止を強いた国鉄美幸線も結局枝幸までの全通を見ることは無かった。かつての面影を残すものとしては、歌登町にできた温泉施設「うたのぼり健康回復村」の近くにディーゼル機関車が残されているだけだ。

【天北線の列車を待つ（I）】ほぼ同時に出発する北見枝幸行のボンネットバス、歌登線は自走式客車第1号で単端式だった。◎小頓別　昭和38（1963）年8月　撮影：高橋愼一郎

【天北線の列車を待つ（II）】バスは日野のブルーリボンに変わり、軌道の歌登行きも新車に変わった。
◎小頓別　昭和40（1965）年8月　撮影：今井啓輔

【新単端とミニ単端】
◎歌登　昭和33(1958)年8月
撮影：倉知光男

【小さなレールバス】
歌登町ではボギー式の単端式に続いて昭和33(1958)年、超小型のレールバスを投入した。定員12名だが8人乗れば満員だったという。泰和車輌工業製でエンジンはダットサンであった。窓は運転台の横以外嵌め殺しになっている。
◎歌登　昭和33(1958)年8月
撮影：倉知光男

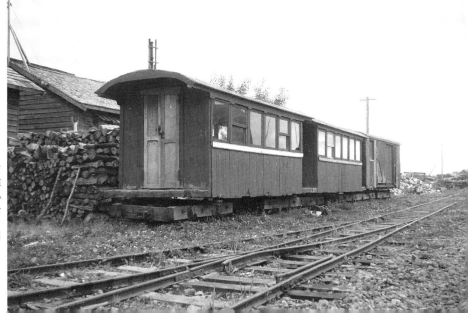

【地元製の客車】
自走客車が入るまで使用されていた地元製の木造客車、この車を引き受けた歌登の棟梁は苫小牧の王子製紙専用鉄道に客車を見に行ったといわれる。
◎歌登　昭和33(1958)年8月
撮影：倉知光男

【泰和車輌工業製の2両の自走客車】
泰和車輌工業は自走客車メーカーの地位を確立し、ほかの2社を抑えたトップメーカーであった。
◎昭和43（1968）年4月　撮影：大賀寿郎

【コホハ44】昭和34（1959）年に営業を廃止した十勝鉄道からやってきた半鋼製のボギー客車。一般の地方鉄道との車両の交流の数少ない例だが、その後自走客車が走りだすと使われなくなり、荒廃してしまう。
◎歌登　昭和40（1965）年8月　撮影：今井啓輔

【歌登の夜景】最終列車が到着したようだ。
◎昭和43（1968）年4月　撮影：大賀寿郎

【ラッセルとロータリー】
後ろのロータリーは泰和車輌工業製、前のラッセル車は白木のままの木造製、仕業中の姿をぜひ見たかった車両。
◎歌登　昭和33（1958）年8月
撮影：倉知光男

【ディーゼル機関車の牽くチップ材輸送列車】木材の集散地である歌登で生産される原木チップはコンテナに入れられ、かつての運材台車に積み込まれて小頓別まで運ばれる。◎歌登〜中央　昭和43（1968）年5月　撮影：大賀寿郎

【チップ材の積み替え作業】簡易軌道で運ばれたチップ材は小頓別駅で国鉄貨車に積み替えられる。
◎小頓別　昭和43（1968）年5月　撮影：大賀寿郎

【トンネルを抜ける】小頓別を出てすぐの急勾配を避けるため、昭和23（1948）年に毛登別トンネルが開通して路線環境は改善された。このトンネルは当初木製の木枠で補強されていたが、その後コンクリート巻きに改良された。
◎小頓別〜毛登別　昭和44（1969）年8月　撮影：梅村正明

幌延町営軌道

鉄道データ	
区間 （距離）	問寒別〜二十線　16.5km
開業	昭和5（1930）年9月
廃止	昭和46（1971）年5月

人以外の主な輸送対象：石炭、鉱物資源、生活物資、森林資源、農産品

　宗谷本線の問寒別から問寒別川に沿って遡上し、二十線に至る軌道である。昭和5（1930）年頃に殖民軌道として開通し、当時は馬がトロッコを牽いた。その後沿線にクロム鉱山が発見され、その輸送のためガソリン機関車2両、蒸気機関車1両を導入した。その後炭鉱を開発したり、森林資源の搬出なども行っていたが昭和46（1971）年に道路の整備もあって廃止された。簡易軌道の特徴である自走客車（ディーゼルカー）は持たず、木製の骨組みの上に鋼板を張り付けた近代的な客車をディーゼル機関車が牽引した。交通公社の時刻表には掲載されていなかったが、昭和44（1969）年5月1日改正で、2往復の列車が設定されていた。

　北海道の簡易軌道の車両の多くは車両番号をつけていないが、幌延町営軌道では一般鉄道のように車両番号を持っていた。これはこの軌道の複雑な生い立ちにあり、車両の所有者も町、道、幌延町、さらに企業と複雑だったことに起因しているのだろう。一時的とはいえ、蒸気機関車を保有したのも珍しかったがこの機関車の詳細は不明である。

【軌道列車時刻表】問寒別の停留場にあった列車時刻表。
◎問寒別　昭和44（1969）年8月　撮影：梅村正明

【C16起点の駅名標】駅名標に「簡易軌道問寒別線　問寒別」とある。正式には幌延町営軌道の起点である。
◎問寒別　昭和44（1969）年8月　撮影：梅村正明

【ディーゼル機関車牽引の
定期列車】
昭和31（1956）年12月に機関車
の予熱装置から失火、動力車を
すべて失う事件があった。機関
車は北海道庁開発局の所有のよ
うだ。客車は半鋼製の近代的な
もの（泰和車輌工業により鋼体
化）が2両在籍した。
◎問寒別
昭和40（1965）年8月
撮影：今井啓輔

【打ち捨てられた旧車体】
一見オープンデッキの客車だが
窓に打ち付けられた板の形状か
ら車体側面にも出入り台があっ
たようにも見える。
◎問寒別
昭和40（1965）年8月
撮影：今井啓輔

ことば解説 駅逓

　宿場から宿場へ荷物などを継ぎ送ること、宿継、馬継、郵便などの意味。現代で言えばホテル、運送、通
信の取り扱いサービスといったところ。江戸時代の宿駅制度が廃止された明治時代以降も、北海道ではこ
れを踏襲した駅逓制度が残った。駅逓所(えきていじょ)では人馬の中継、宿泊、郵便の取り扱いなどを行い、
最盛期には道内に600か所以上もの駅逓所(えきていじょ)があったという。別海町の奥行(おくゆき)臼(うす)
の駅逓所が史跡に指定されている。

【二十線行き混合列車】
客車2両と真っ黒な有蓋ボ
ギー貨車が付いている。幌延
町営軌道での牛乳缶の輸送は
無蓋車でなくこの貨車が活躍
した。
◎問寒別
昭和44（1969）年8月
撮影：梅村正明

鶴居村営軌道
雪幌線（雪裡線、幌呂線）

鉄道データ		
区間 （距離）	雪裡線：新富士～中雪裡　28.8km 幌呂線：下幌呂～新幌呂　19.3km	
開業	昭和2（1927）年　雪裡線 昭和18（1943）年　幌呂線	
廃止	昭和42（1967）年　新富士～温根内 昭和43（1968）年　全線	

人以外の主な輸送品：酪農関係、森林資源、生活物資

　鶴居村営軌道は交通公社の時刻表にもしっかり出ていて僕にとって一番馴染み深かった簡易軌道である。釧路の一つ手前の新富士から軌道が伸びていた。中雪裡行きの自走客車は途中雄別鉄道と平面交差し、その後オーバークロスして丹頂鶴の飛来地、鶴居村に向かう。途中の下幌呂では中雪裡行きで新幌呂行きが待っている。時には乗り換えではなくて2両の自走客車が起点の新富士から2両続行運転することもあった。開業当初は馬力によっていたが、戦後中古バスを改造した怪しげなレールバスを登場させたりした。昭和31（1956）年に道庁の開発局から、新品のディーゼルカー（簡易軌道ではこれを自走客車と呼んだ）が入り、近代化が進んだ。冬の降雪期にも走れるように、自家製のラッセル車なども整備されていった。しかし釧路市郊外の鳥取地区の土地区画事業のため、新富士への乗り入れが不可能となり、この軌道は廃止に追い込まれた。

　かつての開拓村は昭和12（1937）年に、鶴居村と名を変え、今では近代的な酪農の村として、また、丹頂鶴の飛来する町としても元気な地方自治体だが、住民の足としての簡易軌道はバスと自家用車に後を託すことにした。しかし、住民の唯一の足だった軌道に対する村民の愛着は失われることなく、立派な村の情報館には資料コーナーがあり、そのエントランスには自走客車とディーゼル機関車が保存され、中学校の校庭で運動具倉庫に使用されていた鋼製の有蓋貨車も復元された。この貨車を現場からメーカーに運び出したとき、地中に埋められていたボギー台車を発見し、現在昔の姿を取り戻している。また釧路市立博物館と組んで根釧原野を走った軌道の足跡をたどるツアーなどもおこなっている。

【下幌呂駅】新富士から2両続行運転できた列車はここで中雪裡行きと新幌呂行きに分かれる。構内に鋼製のラッセル車が放置されていた。◎下幌呂　昭和40（1965）年8月　撮影：今井啓輔

【雄別鉄道を越える中雪裡行き】◎雄別鉄道との交差付近　昭和35（1960）年3月　撮影：髙井薫平

【半鋼製の客車】釧路製作所製の片デッキ式客車、Hゴム支持の背の低い窓が特徴か。機関車牽引が目的だったので自走客車がそろってからは出番が少なかった。
◎中雪裡　昭和40（1965）年8月　撮影：今井啓輔

【放置されたディーゼル機関車】泰和車輛工業製のディーゼル機関車、その先にあるのは牛乳缶輸送用の無蓋貨車、鶴居村営軌道は前年に廃止されており、広い構内に出番のなくなった車両が放置されていた。
◎中雪裡　昭和44（1969）年4月　撮影：安藤誠

【除雪用ディーゼル機関車】
地元では自走ロータリーと呼んでいたようだが、各線で保有していた。
◎中雪裡　昭和44（1969）年4月
撮影：安藤誠

【泰和車輌工業製の ディーゼル機関車】
周りに牛乳缶輸送用のフラット カーが散らばっていた。この機 関車は鉄道廃止後も生き延び、 現在も鶴居村の「鶴居村ふるさ と情報館「みなくる」のコンコー スに保存展示されている。
◎中雪裡
昭和40(1965)年8月
撮影：今井啓輔

【下幌呂構内】
直進すると中雪裡方面、左に折 れると新幌呂方面である。中雪 裡から新幌呂に入るレールもあ り、デルタ線を形成している。
◎下幌呂
昭和40(1965)年8月
撮影：今井啓輔

【下幌呂駅の側線に放置された 鉄仮面のようなラッセル車】
釧路製作所の製品で新製当時は 2軸車だったが、その後なんと 1軸に改造し、後押しする機関 車にもたれる構造になったとい う。ラッセル上部の四角い穴は 車両のバランスをとる錘を入れ る穴だという。
◎下幌呂
昭和40(1965)年8月
撮影：今井啓輔

浜中町営(茶内)軌道

鉄道データ		
区間 (距離)	茶内線：茶内〜西円朱別　13.0km ほか 若松線：中茶内〜別寒辺牛　7.8km 円朱別線：秩父内〜上風連　13.4km	
開業	昭和2（1927）年11月　茶内〜奥茶内（茶内線）、秩父内〜下茶内（円朱別線） 昭和7（1932）年　下茶内〜東円朱別（円朱別線） 昭和16（1941）年　中茶内〜西円朱別（茶内線） 昭和39（1964）年　若松（奥茶内）〜別寒辺牛（若松線） 昭和40（1965）年　東円朱別〜上風連（円朱別線）	
廃止	昭和46（1971）年　東円朱別〜上風連（円朱別線）、上茶内〜別寒辺牛（若松線）	
運行休止	昭和47（1972）年3月　全線	

人以外の主な輸送品：農産品、日用品、牛乳

　根室本線茶内の構内から西円朱別（13.0km）、秩父内から上風連（13.4km）、途中、中茶内で別れて別寒辺牛に至る3線などで構成されるが、沿線の原野は現在、根釧原野に広がる見事な酪農地帯に変貌している。簡易軌道の仕事は当初は開拓の物資輸送であったが、沿線の酪農地帯拡大によりミルクゴンドラによる、牛乳輸送が主な仕事に変わっていた。沿線に牛乳工場もできて線路は工場の中まで引き込まれていた。しかしその後、土木工事技術の進化によって、道内の道路は劇的に良くなって、簡易軌道の使命はすべてトラックやバスに置き換わってこの軌道の使命は終わった。自走客車も投入されたが、あくまでも地元優先で昭和40（1965）年に現地を訪問した今井啓輔氏によると運行時間は茶内発で西円朱内方面（茶内線）に6列車、貨物列車も2列車、東円朱内方面（円朱別線）に5列車、貨物列車は1列車、そして別寒辺牛方面（若松線）に2列車が運転されているが、交通公社の時刻表では見つけられない。

【2台の自走客車】左側は泰和車輌工業製で仲間が多い、左側は釧路製作所製と思われる。浜中町営軌道は交通公社の時刻表には掲載されていないが、地元住民本位のダイヤが組まれていた。◎茶内　昭和40（1965）年8月　撮影：今井啓輔

【牛乳工場に入るディーゼル機関車牽引のミルクタンクカー】
茶内に雪印乳業の工場があり、工場の中まで軌道が入り込んでいた。
◎茶内　昭和44（1969）年4月
撮影：安藤誠

【野越え山越え】
茶内を出た自走客車が奥地に向けひた走る。
◎茶内付近
昭和46（1971）年8月
撮影：荻原俊夫

【加藤のディーゼル機関車と附随客車】自走客車導入前、確か昭和33（1958）年夏、根室本線の車窓から出会った。加藤のディーゼル機関車には「開発局」の文字が見える。
◎茶内　昭和40（1965）年8月　撮影：今井啓輔

【ロータリー式除雪車】
手作り感一杯のロータリー式除雪車、雪の多い時にディーゼル機関車に押されて出場したのだろう。
◎茶内　昭和46（1971）年8月　撮影：荻原俊夫

【西円朱別にて】
茶内から西円朱別まで15km近い路線があったが、最盛期には運転回数も多かったようだ、終点には立派な転車台もあった。
◎西円朱別
昭和40（1965）年8月
撮影：今井啓輔

ことば 解説 軌道客土事業

　客土とは土地を改良するために在来の土と性質の違う土を他から持ってきて入れるという意味である。土地を改良するため土や資材などを、線路を敷いてトロッコで運搬するという姿は昭和30年頃には時折見られた。目的は農業以外にも、河川など土木関連もあった。昭和27（1952）年から13年間にわたり行われた富良野地区での軌道客土事業が北海道の最初のものでその後の道内の事業のモデルとなった。道南の知内地区の軌道客土事業では蒸気機関車を使っていたという。軌間は609mm、762mmが主体だった。

別海村営軌道(風蓮線)

鉄道データ	
区間 (距離)	奥行臼～上風蓮　15.1km
開業	※これ以前に馬力線が 大正14（1925）年 　　～昭和38（1963）年に存在 昭和38（1963）年　奥行臼～学校前 昭和39（1964）年　学校前～上風蓮
廃止	昭和46（1971）年　全線

人以外の輸送品：農産品全般、生活用品、末期には牛乳が
加わっている。

　今はない標津線の奥行臼には今も旧国鉄の奥行
臼駅が残り、道を隔ててさらに古い駅遁が昔の姿
をとどめて資料館になっている。そしてそのすぐ
先が別海村の簡易軌道の起点であり、今でも車庫、
転車台とともに、自走客車、ディーゼル機関車、そ
れに牛乳輸送用のタンク貨車が残されている。こ
の軌道はもともと根室本線の厚床駅を起点として
中標津に至る大正14（1925）年5月に開業した最
初の殖民軌道であったが、昭和8（1933）年に国
鉄標津線が全通したことで平行区間が廃止になっ
た。その後、昭和38（1963）年に路線の動力化に
合わせて起点を標津線の奥行臼に移し、上風蓮ま
での区間が残った。しかし簡易軌道としての別海
村営軌道も昭和46（1971）年に廃止された。
　令和3（2021）年6月に別海町は旧国鉄奥行臼駅、
旧奥行臼駅遁所それに簡易軌道の奥行臼停留所の
一帯を史跡公園として整備することを発表した。

【線路に向いた遮断機】
別海村営軌道の始発駅、奥行臼では自走客車が通過するとき
だけ、道路信号が赤に変わる。遮断機も線路を閉鎖する形で
設置され、そろそろ通過する列車のために開かれている。
◎奥行臼　昭和44（1969）年9月　撮影：大野真一

【加藤製のディーゼル機関車の牽く浜中町営軌道の臨時列車】
無蓋貨車の中ほどには出入り口があり、幌が付いている。ど
うやら夏祭りか何かの臨時列車のようだ。
◎茶内　昭和40（1965）年8月　撮影：今井啓輔

【奥行臼の元施設跡に置かれた保存車両】手前から泰和車両製
自走客車、加藤製のディーゼル機関車、牛乳缶輸送用のフラッ
トカー。
◎奥行臼　平成25（2013）年6月　撮影：今井啓輔

198

標茶町営軌道

鉄道データ		
区間 （距離）	標茶線：標茶〜上御卒別	24.2km
	沼幌線：中御卒別〜沼幌	6.5km
開業	昭和30（1955）年5月（一部） 標茶駅乗り入れは 昭和36（1961）年11月 昭和41（1966）年6月 中御卒別〜沼幌	
廃止	昭和42（1967）年1月 標茶駅前〜開運町 昭和45（1970）年11月 中御卒別〜沼幌 昭和46（1971）年8月　全線	

　開業は昭和30（1955）年と新しく、すでに道路の整備も始まっていた時期であり、あまり輸送量も伸びなかった。機関車6両、自走客車3両、それに客車1両、貨車8両がそろえられたが、貨物輸送も振るわず、昭和42（1967）年には早くも路線短縮が始まり、昭和46（1971）年に営業を廃止した。

　今井啓輔氏によれば、昭和34（1959）年10月の時刻改正で、自走客車が3往復、貨物列車が2〜4往復の運行があった。

【釧路製作所で完成した
標茶町営軌道向けの自走客車】
釧路製作所の自走客車の生産実績は標茶町、鶴居村、浜中町、別海村の各1両、計4両と少ない。この車両は釧路製作所製自走客車第1号であった。
◎釧路製作所内
昭和33（1958）年11月
撮影：奥山道紀

【営業廃止後の標茶町営軌道】
道路整備にほぼ目途がついてからの開業だった標茶町営軌道は営業中の訪問も少なく、廃止された後の光景である。
◎開運町　昭和44（1969）年10月
撮影：大野真一

北海道の車両のメーカー

　北海道の鉄道は、津軽海峡によって本土と直接連絡がなかった。そのため、本土の車両メーカーに頼ることなく、車両を道内で調達する動きが古くからあった。国有化前の北海道炭礦鉄道ではアメリカのポーター製機関車のスケッチとはいえ、明治28（1895）年に早くも手宮工場で蒸気機関車「大勝号」を誕生させている。また、国有化後も北海道の国鉄工場は苗穂、旭川、函館、釧路などに作られ、道内産の機運が高まっていた。

　このことは市内電車の地元製造の機運にも引き継がれ、例えば函館では、戦前の函館市電300形は地元函館どつく製であったし、国鉄の五稜郭工場では函館市電の500形、710形の大規模な車体更新工事を行っている。また札幌においても、戦後も増え続けた札幌市民の足を確保することと地元産業の技術力向上のため、後述する泰和車輌工業により多くの札幌市電の電車が製造された。

　国鉄解体直前および後を引き継いだJR北海道でも、苗穂工場では特急用気動車の車種変更（例えばフラノエクスプレス）やリゾート車両の新造（同じくクリスタルエクスプレス・トマム＆サホロ）などのように、北海道人の開拓者魂は引き継がれていた。

　そうした中、戦後の札幌に鉄道車両を修繕する会社ができた。主体は国鉄OBと大陸の鉄道で働いた鉄道技術者が中心であった。市内の泰和車輌工業と、桑園駅構内にあった運輸工業である。運輸工業は駅を出るとすぐにテンダに大きく会社名を書いた入れ換え用の7200形式がまず目に入り、奥を覗くと道内で見た顔が押し込んであったり、新品を作って不要になったのか、蒸気機関車のキャブがナンバープレートをつけたまま転がっていた。

　泰和車輌工業は北海道独特の鉄道といえる殖民軌道、のちの簡易軌道にディーゼル機関車や自走客車などを送り込んでいるが、訪問したことはない。留萌鉄道の気動車を客車の台枠流用で新造しており、かなりの技術力もあった。この二つの会社は炭鉱の閉山が始まり、簡易軌道の仕事もなくなったころ共に廃業したようだ。桑園駅前はすっかり整備されて駅前開発にのみ込まれた。札幌市内にあった泰和車輌工業のほうは株式泰和として不動産業に転身、工場跡地はパチンコ屋さんになったと聞いた。

　一方、釧路製作所は雄別鉄道の修繕部門として発足した会社で、雄別炭礦鉄道株式会社が資本金2,000万円を全額出資して昭和31（1956）年9月に設立された。同年11月には釧路市に工場をオープン、操業をはじめた。羽幌炭礦鉄道が客車として使用していた元国鉄の気動車を改造してキハ1001を誕生させたほか、雄別鉄道のキ1ラッセル車の鋼体化、北海道に多くあった簡易軌道のディーゼル機関車、自走客車、客車や貨車の製造を数多く行っていた。雄別鉄道の車両の修繕のほか、他社の蒸気機関車の定期修繕も引き受けていた。現在では道内の橋梁、鉄骨メーカーとして盛業だ。かつて雄別鉄道から側線が引き込まれていた面影は残っていない。しかし、釧路の本社前には雄別鉄道の8722号機を文化財として手入れが行き届いた状態で保存し、釧路市の新しい名所になっており、釧路の子どもたちにも良き教材になっている。

　他に北海道特有の炭鉱用機械の保守部門から発展した北海道炭礦汽船系の「北炭機械工業」という会社があり、簡易軌道の標茶町営軌道にディーゼル機関車1両を納入しているが、これは例外的な存在である。

　また昭和30年代に入り、急激に増大した札幌市電の需要に応じるため、地元企業をまとめた「札鉄共」が作られるが、これについては別の機会に詳説したい。

【釧路製作所】工場の前に明治鉱業庶路の1号と雄別鉄道の1001号のテンダが見える。工場の横に雄別鉄道の線路が通っておりキハ49200Yデイーゼルカーが疾走する。
◎新釧路　昭和35（1960）年　所蔵：奥山道紀

【運輸工業1号入換え機関車】
今はこの辺りは高架線が続きJR北海道の本社の最寄り駅で、駅から専用の通路を通って本社を訪問できるが、かつての桑園駅は地上駅で、駅前も雑然としていた。そして駅を出ると真っ先に目に入るのは古めかしいテンダ機関車だった。これは元国鉄7222号で昭和27（1952）年雄別炭礦鉄道からやってきた。入れ換えが目的だがテンダに「運輸工業株式会社専用車」と大書されている。
◎桑園　昭和33（1958）年6月　撮影：上野巌

【8865号機の運転台】
三井鉱山奈井江専用鉄道の8865号機の運転台である。きっと中で本体の定期修繕中なのだろう。
◎運輸工業内　昭和32（1957）年7月
撮影：田尻弘行

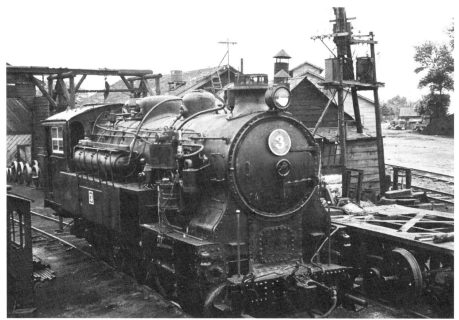

【定期検査を終えた
美唄鉄道3号機関車】
大きな検修設備を持たない北海道の中小私鉄や炭鉱鉄道にとって運輸工業の存在は貴重だった。
◎運輸工業内
昭和32（1957）年7月
撮影：田尻弘行

あとがき

　このシリーズの第1巻（第4回配本）となる『時刻表から消えた北海道の私鉄』をお届けします。た
くさんあった炭鉱鉄道については別の巻に移しましたが、炭鉱鉄道の中には石炭を運びながら、立派
に地方鉄道の役目を果たした炭鉱鉄道も少なくなく、それらは交通公社の時刻表にもずらりと掲載さ
れていましたので、今回取り上げています。その結果、ご覧のように当初予定を大幅に超える232ペー
ジになってしまいました。編集作業を始めて見ると、あれもこれもという気持ちが強くなり、盛りだ
くさんの内容になりました。そのため多くの諸先輩の手を煩わす結果になってしまったと、自分の力
の無さを反省するところです。

　例えば十勝鉄道は、農業鉄道として僕が夢に見た鉄道ですが、全貌をとらえきれませんでした。ま
た十勝鉄道には昭和21年に合併した河西鉄道の存在があるのですが、触れることができませんでし
た。

　士別軌道はほとんど誰も行っていない鉄道で、僕が目にした唯一の写真である青木栄一さんが撮影
された数枚の写真で簡単な解説をいたしました。当時の時刻表にはもう一つ早来軌道の文字があり
ますが、鉄道として存在したのは終戦直後の頃のようで、立ち寄らないことにしました。

　北海道には何度も出かけたわけですが、現場で詳細な調査などやった記憶がないのが現実です。記
述などに不可解なくだりがあればどうぞご容赦下さい。

　もう一つ気になったのは戦後、簡易軌道と名を変えた殖民軌道の存在です。時刻表には2路線以外
出ていない地元だけの鉄道です。簡易軌道はすでに現存しませんが、すべてが無くなったのち何度も
北海道の昔の開拓村を訪問し続け、地元の人の話の聞き、それを書きまとめた今井啓輔さんにはたく
さんのアドバイスをいただきました。

　また、本号から空撮とは別に、鉄道と町のかかわりを表す概略図を付けましたがいかがでしょうか。

　次号は一足飛びに北陸に参ります。今はたった2路線になってしまった石川県の地方鉄道に触れた
いと思っています。

令和3（2021）年12月20日　髙井薫平

車両諸元表

（作成：亀井秀夫）

蒸気機関車・電気機関車・電車・内燃機関車・気動車・客車

車体寸法
最大長：連結面寸法　**最大幅**：入口ステップを含む　**最大高**：集電装置取付け車両は折畳み高さを表す。
　小数点第一位を四捨五入
自重(荷重)：荷重は積載荷物量を表す。小数点第二位を四捨五入（蒸気機関車は運転整備重量）
定員(座席)：(　)内は座席定員を示す。
　定員は夏季の定員を表し、冬季はストーブ設置により減員する車両がある。
台車形式：形式名のないものは台車枠構造・軸箱支持方式等を表す。　TR＊＊は国鉄形式
台車軸距：小数点第一位を四捨五入
車両略歴 年号記号：M 明治・T 大正・S 昭和・H 平成・R 令和
廃車年月(用途廃止)：車両廃止届・譲渡届を表す。
備考：認可は車両設計認可・車両設計特別許可・同一設計認可車両増加届・車両譲受認可
　車両改造設計変更認可・車両改造設計変更届・車両譲渡届・車両貸渡届等を表す。

蒸気機関車

軸配置：先輪(1,2)・動輪(B,C,D,E)・従輪(1,2) 先輪・従輪は軸数を数字で表す。
　動輪軸数はアルファベットで表す。
　動輪 Bは軸数2、Cは軸数3、Dは軸数4を表す。
　Tはテンダー (炭水車)を表す。
気筒径×行程：小数点第一位を四捨五入
実用最高気圧：小数点第二位を四捨五入
運転整備重量：小数点第二位を四捨五入
動輪径：小数点第一位を四捨五入

電気機関車・電車

制御器：形式名のないものは制御方式(直接・間接)・接触器種類を表す。
主電動機：出力kw×台数　出力の単位はkw/hで小数点以下第一位に四捨五入
　資料が馬力(ｈｐ)の場合、換算値を0.7457とする。

内燃機関車・気動車

内燃機関 連続出力(馬力)/回転数：小数点第一位を四捨五入×以下は台数
変速機：形式名あるものは液体式を表す。

製造所・改造所名

（岩崎レール）岩崎レール商会、（梅鉢鉄工）梅鉢鐵工所、（カテツ交通）カテツ交通工業、（川崎車輌）川崎車輌兵庫工場、（川崎造船所）川崎造船所兵庫工場、（汽車大阪）汽車製造大阪本店、（汽車東京）汽車製造東京支店、（協和工業）鉄道協和工業、（Krauss）Krauss Locomotive Works、（Koppel）Orenstein & Koppel-Arthur Koppel A.G.、（新三菱）新三菱重工業三原製作所、（田井自動車）田井自動車工業、（泰和車輌）泰和車輌工業、（月島仮工場）北海道官設鉄道月島仮工場、（土崎工機部）鉄道省土崎工機部、（鉄道車輌）鉄道車輌工業、（東急車輌）東急車輌製造、（東横車輌）東横車輌電設、（苗穂工場）鉄道省・国鉄苗穂工場、（南海鉄道）南海鉄道天下茶屋工場、（新潟鉄工）新潟鐵工所、（日車支店）日本車輌製造東京支店、（日車本店）日本車輌製造本店、（日鉄自）日本鉄道自動車工業、（North British）North British Locomotive、（Harlan）The Harlan & Hollingsworth Company 、（日立製作所）日立製作所山手工場・水戸工場、（日立笠戸）日立製作所笠戸工場、（富士重工）富士重工業宇都宮製作所、（復興社所沢）復興社所沢車両工場、（Baldwin）Baldwin Locomotive Works、（北炭手宮工場）北海道炭礦鉄道手宮工場、（北海陸運）北海陸運工業、（三菱）三菱電機、（三菱造船）三菱造船神戸造船所、（三菱重工）三菱重工業神戸造船所、（三菱三原）三菱重工業三原製作所、（メトロポリタン）Metropolitan Railway Carriage & Wagon Company、（本江機械）本江機械製作所(立山重工業改称)、（いすゞ）いすゞ自動車、（相模）相模ディーゼル、（GE）General Electric Company、（東洋電機）東洋電機製造、（新潟）新潟ディーゼル、（日産）日産自動車、（日石精製）日本石油精製、（日野）日野ディーゼル工業、（Ford）Ford Motor Company、（民生）民生ディーゼル工業、

寿都鉄道諸元表（蒸気機関車） 本諸元表は昭和30(1955)年から休止時の昭和43(1968)年まで在籍した車両を対象とする。

形 式	番 号	軸配置	気筒径×行程 mm	実用最高気圧 kg/cm²	運転整備重量 (炭水車) ton	最大長 mm	最大幅 mm	最大高 mm	動輪直径 mm
7200	7205	1CT	356×457	9.9	25.9 (17.6)	13,520	2,273	3,708	1,067
8100	8105 I	1CT	432×610	11.3	36.7 (24.9)	15,062	2,419	3,772	1,220
8100	8105 II	1CT	432×610	11.3	36.7 (24.9)	15,062	2,419	3,772	1,220
8100	8108 I	1CT	432×610	11.3	36.7 (24.9)	15,062	2,419	3,772	1,220
8100	8108 II	1CT	432×610	11.3	36.7 (24.9)	15,062	2,419	3,772	1,220
9040	9046 II	1DT	406×508	9.8	40.2 (18.2)	14,560	2,527	3,759	1,067

寿都鉄道諸元表（内燃機関車・気動車・客車）

形 式	番 号	車体寸法			自重 (荷重) ton	軸配置 定員 (座席)	台 車			内 燃 機 関			変速機	製造所 製番	製造所
		最大長 mm	最大幅 mm	最大高 mm			製造所	形式	軸距 mm	製造所	形式	連続出力 (馬力) 回転数			
DB500	DB501	6,850	2,625	3,200	20.0	B	汽車大阪		2,200	振興造機	DMH17	150/1,500	機械式	汽車大阪 2723	S27.
DC510	DC512	6,850	2,625	3,300	25.0	C	汽車大阪		3,000	振興造機	DMH17B	160/1,500	TC2	汽車大阪 2746	S30.
キハ1	1	11,360	2,560	3,720	12.8	70 (40)			1,500	相模	SD-80	80/1,300	機械式	汽車東京	S07.
ハ1	1	7,977	2,502	3,239	7.5	60			3,810					鉄道作業局 新橋工場	M36.
ハ1	2	8,103	2,502	3,594	7.5	20			3,810					鉄道作業局 新橋工場	M37.
ハ3	3	8,103	2,591	3,594	6.2	46			3,810					平岡工場	M26.
ハ3	4	8,103	2,591	3,594	6.6	46			3,810					平岡工場	M26.
ハ5	5	7,938	2,616	3,608	8.1	44			3,810					新潟鉄工	M31.
ハ6	6 I	7,894	2,642	3,772	7.7	36			3,810					汽車大阪	M36.0
ハ6	6 II	10,900	2,540	3,530	10.0	60 (28)			1,500					汽車東京	S05.0
オハ8500	8518	9,983	2,642	3,887	28.6	108 (20)	三軸ボギー		2,896					鉄道院 新橋工場	M42.1
ニ1	1	7,799	2,654	3,438	7.8 (4.0)				3,658					日本鉄道 大宮工場	M39.0
ユニ1	1	8,020	2,640	3,285	7.0 (5.0)				3,650					日車支店	S07.1

鉄道名

旭川市街)旭川市街軌道、(大阪電軌)大阪電気軌道、(士別森林)旭川営林局士別森林鉄道、(茅沼炭化)茅沼炭化礦業専用鉄道、(釧路埠頭)釧名埠頭倉庫専用鉄道、(尺別専用鉄道)雄別炭鉱尺別専用鉄道、(定山渓)定山渓鉄道、(東横電鉄)東京横浜電鉄、(十勝清水部)十勝鉄道清水部線、北炭真谷地専用鉄道)北海道炭礦汽船真谷地鉱業所専用鉄道、(北海道製糖)北海道製糖磯分内専用鉄道、(北海道拓殖)北海道拓殖鉄道、(北海道炭礦)北海道炭礦鉄道、(松尾鉱業)松尾鉱業鉄道、(三菱芦別)三菱芦別鉄道、(三菱芦別専用鉄道)三菱鉱業芦別礦業所専用鉄道、(三菱大夕張専用鉄道)三菱鉱業大夕張礦業所専用鉄道、(三菱大夕張鉄道)三菱鉱業大夕張鉱業所、(三菱茶志内専用鉄道)三菱鉱業茶志内炭礦専用鉄道、(三菱美唄)三菱鉱業美唄鉄道、(雄別炭鉱)雄別炭礦鉄道、

寿都鉄道(1920.10.24開業)(1968.09.12休止)(1972.05.01廃止許可)

造所製番	製造年月	#設計認可竣功届	前所有	旧番号	廃車年月(用途廃止)	備　考
win 76	M24.07	S27.08	運輸省	7205	S33.12	北海道炭礦鉄道 21→鉄道作業局 買収 20(M39.10)→鉄道院 7205(M42.10)→7205 廃車(S21.- -)⇒北海道建設部⇒寿都鉄道 7205 認可(S27.06)→
win 86	M30.07	S33.12	定山渓鉄道	8105		通信省鉄道局 277(M30.09)→鉄道院 8105(M42.10)→ 廃車(S23.01)⇒定山渓鉄道 8105 認可(S24.08)→廃車(S32.12)⇒寿都鉄道 8105 I 認可(S33.12)→現車振替 解体(S38.06)
win 92	M30.07		茅沼炭化	8111	*1	通信省鉄道局 283(M30.09)→鉄道院 8111(M42.10)→ 廃車(S23.01)⇒茅沼炭化礦業専用鉄道 8111 認可(S26.12)→廃車(S37.11)⇒寿都鉄道 8105 II 現車振替(S38.06)→　*1休止時 在籍(S43.08)
win 39	M30.07	S33.12	定山渓鉄道	8108		通信省鉄道局 280(M30.09)→鉄道院 8108(M42.10)→廃車(S23.06)⇒定山渓鉄道 8108 認可(S24.08)→廃車(S32.12)⇒寿都鉄道 8108 I 認可(S33.12)→現車振替 解体(S38.06)
win 00	M30.07		茅沼炭化	8119	*2	通信省鉄道局 291(M30.09)→鉄道院 8119(M42.10)→茅沼炭化礦業専用鉄道 借入(S23.01～S23.03)→廃車(S23.05)⇒茅沼炭化礦業専用鉄道 8119 認可(S24.04)→廃車(S37.11)⇒寿都鉄道 8108 II 現車振替(S38.06)→　*2休止時 在籍(S43.08)
win 51	M29.12	#S28.05	雄別炭礦	9045	S33.12	北海道炭礦鉄道38→鉄道作業局 買収 38(M39.10)→鉄道院 9005(M42.10)→9045(T01.08)→廃車(S15.01)⇒雄別炭礦鉄道 9045 認可(S15.03)→廃車(S28.05)⇒寿都鉄道 9046 II 現車振替(S28.10)→

計認可功届	改造所	#認可年月改造年月	改造内容	前所有	旧番号	廃車年月(用途廃止)	備　考
28.03						S41.08	⇒丸彦渡辺建設浜釧路 DB501(S41.- -)→廃車解体(S59.06)
31.03						*1	*1休止時 在籍(S43.08)→営業廃止(S47.05)
29.01	カテツ交通	S27.11	更新修繕・エンジン取付	東武鉄道	キサハ11	*2	成田鉄道 ヂ301→営業休止(S19.01)⇒東武鉄道 ジ301(S19.05)→野田線 クハ代用(キサハ11)→廃車(S25.03)⇒寿都鉄道 キハ1 入線(S28.01)→認可(S28.12)→　*2休止時 在籍(S43.08) 営業廃止(S47.05)
09.10	鉄道省五稜郭工機部	戦時中	車体整備	鉄道省	ロ435	S31.10	鉄道作業局 ロ168→ロ435(M44.01)→廃車(T09.- -)⇒寿都鉄道 ロ435 認可(T09.10)→ロ1 改番(T11.10)→ロハ1 認可(T13.03)→フロハ1 認可(T14.01)→ロハ1 改称(S03.08)→ハ1(戦時中)→
09.10	鉄道省苗穂工機部	戦時中	車体整備	鉄道省	ロ439	S31.10	鉄道作業局 ロ172→ロ439(M44.01)→廃車(T09.- -)⇒寿都鉄道 ロ439 認可(T09.10)→ロ2 改番(T11.10)→フロ2 認可(T14.01)→ロ2 改称(S03.08)→ハ2(戦時中)→
09.10				鉄道省	ハ2356	S31.10	参宮鉄道 に4⇒帝国鉄道庁 買収 に4(M40.10)→ハ2356(M44.01)→廃車(T09.- -)⇒寿都鉄道 ハ2356 認可(T09.10)→ハ3 改番(T11.10)→フハ3 認可(T14.01)→ハ3(S03.08)→ユニ1 未認可(S28.04)→
09.10				鉄道省	ハ2357	S31.10	参宮鉄道 に5⇒帝国鉄道庁 買収 に5(M40.10)→ハ2357(M44.01)→廃車(T09.- -)⇒寿都鉄道 ハ2357 認可(T09.10)→ハ4 改番(T11.10)→フハ4 認可(T13.03)→ハ4(S03.08)→
05.06				鉄道省	フハ3319	S31.10	北越鉄道 ハ37⇒帝国鉄道庁 買収 ハ37(M40.08)→フハ3319(M44.01)→廃車(S03.09)⇒寿都鉄道 ハ5 認可(S05.06)→
15.11				鉄道省	ハ2398		参宮鉄道 に54⇒帝国鉄道庁 買収 に54(M40.10)→寿都鉄道 ハ6 認可(S15.11)→車体振替(S32.03)
32.03	カテツ交通	S32.- -	車体更新整備	東武鉄道	キサ21	*3	北九州鉄道 キハ5⇒鉄道省 買収キハ5022→廃車(S16.01) 下野電気鉄道 キハ5(S17.08)⇒東武鉄道 キハ5(S18.05)→キサ22(S20.08)→キサ21 矢板線客車代用→廃車(S29.05)⇒寿都鉄道 ハ21(S32.03)→ハ6 車体振替(S32.03)　*3休止時 在籍(S43.08) 営業廃止(S47.05)
27.11				国鉄	*4オハ8518	S42.11	鉄道院 オイ8→オイ9231 改番(M44.01)→オロハ9416(T13.07)→ナロハ9416(T13.11)→オロハ8231(S03.12)→オハ8518→廃車(S27.03)⇒寿都鉄道 オハ8518 入線(S27.05) 認可(S27.11)→　*4現車振替可能性有　旧番号与同時と窓配置相違
11.07				鉄道省	ニ4306	S31.10	日本鉄道 に82⇒帝国鉄道庁 買収 に82(M39.11)→ニ4306(M44.01)→廃車(S11.03)⇒寿都鉄道 ニ1 認可(S11.05)→
32.03)	自社工場	S32.- -	車体更新整備	相模鉄道	キハ101	S41.10	相模鉄道 キハ101→廃車(S26.01)⇒*5寿都鉄道 ユニ1(S32.03)→*6ワ10(S32.03)　*5カテツ交通経由入線(S29.10譲渡契約)現車 S29.08以前入線　*6現車振替

定山渓鉄道諸元表（蒸気機関車）　本諸元表は昭和30（1955）年から廃止の昭和43（1968）年まで在籍した車両を対象とする。

形　式	番　号	軸配置	気筒径×行程 mm	実用最高気圧 kg/cm²	運転整備重量（炭水車）ton	最大長 mm	最大幅 mm	最大高 mm	動輪直径 mm
8100	8104	1CT	432×610	11.3	37.8 (24.9)	15,062	2,419	3,772	1,220
8100	8105	1CT	432×610	11.3	37.8 (24.9)	15,062	2,419	3,772	1,220
8100	8108	1CT	432×610	11.3	37.8 (24.9)	15,062	2,419	3,772	1,220
8100	8115	1CT	432×610	11.3	37.8 (24.9)	15,062	2,419	3,772	1,220
C12	C121	1C1	400×610	14.0	50.0	11,350	2,742	3,880	1,400

定山渓鉄道車両諸元表（電気機関車・電車）

形　式	番号	車体寸法 最大長 mm	最大幅 mm	最大高 mm	自重（荷重）ton	軸配置 定員（座席）	台車 製造所	形式	軸距 mm	制御器 製造所	形式 制御方式	主電動機 製造所	形式	出力 ×台
ED5000	ED5001	13,800	2,830	4,100	50.0	BB	新三菱		2,400	三菱・WH	電磁単位SW 間接非自動	三菱	MB-266BFVR	200.0
ED5000	ED5002	13,800	2,830	4,100	50.0	BB	新三菱		2,400	三菱	電磁単位SW 間接非自動	三菱	MB-266BFVR	200.0
モ100	101	15,444	2,730	4,116	34.0	100 (40)	新潟鉄工	BW系	2,134	三菱・WH	HL　間接制御 電磁単位SW	三菱	MB-64C	59.7
モ100	102	15,444	2,730	4,116	34.0	100 (40)	新潟鉄工	BW系	2,134	三菱・WH	HL　間接制御 電磁単位SW	三菱	MB-64C	59.7
モ100	103	15,444	2,730	4,116	34.0	100 (40)	新潟鉄工	BW系	2,134	三菱・WH	HL　間接制御 電磁単位SW	三菱	MB-64C	59.7
モ100	104	15,444	2,730	4,116	34.0	100 (40)	新潟鉄工	BW系	2,134	三菱・WH	HL　間接制御 電磁単位SW	三菱	MB-64C	59.7
モ200	201	15,454	2,730	4,112	33.0	100 (40)	日車支店	D-16	2,200	三菱	HL　間接制御 電磁単位SW	三菱	MB-64C	59.7
モ300	301	16,790	2,710	4,110	36.1	100 (60)		TR14系	2,440		電磁単位SW	GE	GE-101	85.0
クハ500	501	16,706	2,730	3,654	26.4	100 (56)		TR10系	2,184					
クハニ500	501	16,706	2,730	3,654	26.4	82 (44)		TR10系	2,184					
サハ600	601	15,854	2,700	3,650	18.0	120 (50)	日車支店	菱枠型	1,700 *5 840+1,250					
サハ600	602	15,854	2,700	3,650	18.0	120 (50)	日車支店	菱枠型	1,700 *6 840+1,250					
クハ600	601	15,854	2,700	3,650	18.0	120 (50)	日車支店	菱枠型	1,700 *7 840+1,250					
クハ600	602	15,854	2,700	3,650	18.0	120 (50)	日車支店	菱枠型	1,700 *8 840+1,250					
モ800	801	17,600	2,820	4,135	37.0	120 (40)	日車支店	D-2-18	2,300	三菱	HL　間接制御 電磁単位SW	三菱	MB-148AF	110.0
モ800	802	17,600	2,820	4,135	37.0	120 (40)	日車支店	D-2-18	2,300	三菱	HL　間接制御 電磁単位SW	三菱	MB-148AF	110.0
モ1000	1001	17,600	2,820	4,135	37.0	100 (44)	日車支店	W-2-18	2,300	三菱	HL　間接制御 電磁単位SW	三菱	MB-148AF	110.0
モロ1100	1101	17,630	2,840	4,135	37.0	52	日車支店	W-2-18	2,300	三菱	HLF　間接制御 電磁単位SW	三菱	MB-148AF	110.0
クハ1010	1011	17,600	2,820	3,736	28.0	100 (44)	日車支店	W-2-18	2,300					
クロ1110	1111	17,630	2,840	3,735	28.0	52	日車支店	W-2-18	2,300					
モ1200	1201	17,630	2,840	4,135	36.0	120 (54)	日車支店	NA-5	2,300	三菱	HLD　間接制御 電磁単位SW	三菱	MB-148AFR	110.0
クハ1210	1211	17,630	2,840	3,740	26.0	120 (54)	日車支店	NA-5	2,300					
モ2100	2101	17,630	2,820	4,135	31.0	130 (60)	新潟鉄工	BW系	2,134	三菱	HL　間接制御 電磁単位SW	三菱	MB-64C	59.7×4
モ2100	2102	17,630	2,820	4,135	31.0	130 (60)	新潟鉄工	BW系	2,134	三菱	HL　間接制御 電磁単位SW	三菱	MB-64C	59.7×4

定山渓鉄道(1918.10.17開業)(S06.07.29電化)(1969.11.01廃止)

製造所 製番	製造年月	#設計認可 竣功届	前所有	旧番号	廃車年月 (用途廃止)	備 考
…win …5	M30.09	S27.01	国鉄	8104	S32.12	鉄道作業局 276(M30.09)→鉄道院 8104 改番(M42.10)→廃車 (S25.01) ⇒定山渓鉄道 8104 認可(S26.12)→廃車 (S32.12) ⇒藤田炭砿夕谷鉱業所専用線 8104 (S32.12)→廃車 (S42.03)
…win …6	M30.09	#S24.08	国鉄	8105	S32.12	鉄道作業局 277(M30.09)→鉄道院 8105 改番(M42.10)→廃車 (S23.01) ⇒定山渓鉄道 8105 入線(S23.01) 認可(S24.08)→廃車 (S32.12) ⇒寿都鉄道 8105Ⅰ 認可(S33.12)→現車振替(茅沼炭化礦業専用鉄道 8111) →解体(S38.06)
…win …9	M30.09	#S24.08	国鉄	8108	S32.12	鉄道作業局 280(M30.09)→鉄道院 8108 改番(M42.10)→廃車 (S23.06) ⇒定山渓鉄道 8108 入線(S23.01) 認可(S24.08)→廃車 (S32.12) ⇒寿都鉄道 8108Ⅰ 認可(S33.12)→現車振替(茅沼炭化礦業専用鉄道 8119) →解体(S38.06)
…win …6	M30.09	S24.08	国鉄	8115	S34.06	鉄道作業局 287(M30.09)→鉄道院 8115 改番(M42.10)→廃車 (S23.01) ⇒定山渓鉄道 8105 入線(S23.01) 認可(S24.08)→廃車 (S34.06)
…本店 …	S17.05	S17.10			S40.05	⇒日本鉱業豊羽鉱山専用鉄道 C121 運輸廃止(S38.09)

製造所 製番	製造年月	#設計認可 竣功届	改造所	#認可年月 改造年月	改造内容	前所有	旧番号	廃車年月 (用途廃止)	備 考
・新三菱 3・*²2941	S32.03	S32.04						S44.11	⇒長野電鉄 ED5101 認可(S45.03)→廃車 (S54.09) ⇒越後交通 ED5101 認可(S54.09)→廃車 (H07.04) *¹三菱電機製番 *²新三菱重工業三原製作所製番
・新三菱 4・*⁴2942	S32.03	S32.04						S44.11	⇒長野電鉄 ED5102 認可(S45.03)→廃車 (S54.09) ⇒越後交通 ED5102 認可(S54.09)→廃車 (H07.04) *³三菱電機製番 *⁴新三菱重工業三原製作所製番
鉄工所	S04.10	S04.10							→モ2101 認可(S30.09)→
鉄工所	S04.10	S04.10							→モ2104 認可(S31.01)→
鉄工所	S04.10	S04.10							→モ2102 認可(S31.01)→
鉄工所	S04.10	S04.10							→モ2103 認可(S30.09)→
支店	S08.06	S08.06							→モ2301 認可(S39.10)→
東京	T11.04	S13.12	自社工場	S13.12	二扉化・丸屋根化・木製車体鋼板張化	鉄道省	モハ1038		鉄道省 デハ33514→モハ1038 改番(S03.10) →廃車 (S12.12)⇒定山渓鉄道 モハ301 認可(S13.12) →モ2302 認可(S39.10)→
造船所	T13.03	S08.10				大阪電軌	ホハ13		吉野鉄道 ホハ13→大阪電気軌道 ホハ13(S08.04) ⇒定山渓鉄道 クハ501 認可(S08.09)→
造船所	T13.03	#S30.12	自社工場	S30.10	荷物室設置	自社	クハ501	S44.11	吉野鉄道 ホハ13→大阪電気軌道 ホハ13(S08.04) ⇒定山渓鉄道 クハ501 認可(S08.09) →クハニ501 認可(S30.12)→
支店	S11.06	S25.11				国鉄	キハ40360		北海道鉄道 キハ550⇒鉄道省 買収 キハ40360(S18.08) →廃車 (S24.09) ⇒定山渓鉄道 サハ601入線(S25.07) 認可(S25.10)→ *⁵偏心台車
支店	S12.12	S25.11				国鉄	キハ40362		北海道鉄道 キハ552⇒鉄道省 買収 キハ40362(S18.08) →廃車 (S24.09) ⇒定山渓鉄道 サハ602入線(S25.07) 認可(S25.10)→ *⁶偏心台車
支店	S11.06	S30.05	自社工場	S30.03	制御車化改造	自社	サハ601	S44.11	北海道鉄道 キハ550⇒鉄道省 買収 キハ40360(S18.08) →廃車 (S24.09) ⇒定山渓鉄道 サハ601 認可(S25.10) →クハ601 認可(S30.05)→ *⁷偏心台車
支店	S12.12	S30.05	自社工場	S30.03	制御車化改造	自社	サハ602	S44.11	北海道鉄道 キハ552⇒鉄道省 買収 キハ40362(S18.08) →廃車 (S24.09) ⇒定山渓鉄道 サハ602 認可(S25.10) →クハ601 認可(S30.05)→ *⁸偏心台車
支店	S24.08	S25.04						S44.11	
支店	S24.08	S25.04						S44.11	
支店	S25.11	S27.01						S44.11	
支店	S27.04	S27.06						S44.11	
支店	S25.11	S27.01						S44.11	
支店	S27.04	S27.06						S44.11	
支店	S29.04	S29.07						S44.11	⇒十和田観光電鉄 モハ1207 入線(S45.05) →認可(S45.06)→廃車 (H02.04)
支店	S29.04	S29.07						S44.11	⇒十和田観光電鉄 クハ1208 入線(S45.05) →認可(S45.06)→廃車 (H02.04)
潟鉄工	S04.10	S30.10	日車支店	S30.09	車体新製	自社	モハ101	S44.11	→モハ101→モ2101 入線(S30.04) 認可(S30.09)→
潟鉄工	S04.10	S30.10	日車支店	S30.09	車体新製	自社	モハ104	S44.11	→モハ104→モ2102 入線(S30.04) 認可(S30.09)→

207

形式	番号	車体寸法 最大長 mm	最大幅 mm	最大高 mm	自重(荷重) ton	軸配置定員(座席)	台車 製造所	形式	軸距 mm	制御器 製造所	形式 制御方式	主電動機 製造所	形式	出力 ×台
モ2100	2103	17,630	2,820	4,135	31.0	130(60)	新潟鉄工	BW系	2,134	三菱	HL 間接制御 電磁単位SW	三菱	MB-64C	59.7
モ2100	2104	17,630	2,820	4,135	31.0	130(60)	新潟鉄工	BW系	2,134	三菱	HL 間接制御 電磁単位SW	三菱	MB-64C	59.7
モ2200	2201	17,000	2,995	4,110	38.0	130(38)		TR14	2,450	日立	MMC-H-200T 電動カム軸	日立	MT7A	111.
モ2200	2202	17,000	2,995	4,110	38.0	130(38)		TR14	2,450	日立	MMC-H-200T 電動カム軸	日立	MT7A	111.
モ2200	2203	17,000	2,995	4,110	38.0	130(38)		TR14	2,450	日立	MMC-H-200T 電動カム軸	日立	MT7A	111.
モ2300	2301	18,140	2,840	4,100	32.0	120(54)	日車支店	D-16	2,200	三菱	HL 間接制御 電磁単位SW	三菱	MB-64C	59.7
モ2300	2302	18,140	2,840	4,100	34.0	120(54)		TR14	2,438		電磁単位SW	GE	GE-101 (MT4)	85.0

定山渓鉄道諸元表（内燃機関車・気動車・客車）

形式	番号	車体寸法 最大長 mm	最大幅 mm	最大高 mm	自重(荷重) ton	軸配置定員(座席)	台車 製造所	形式	軸距 mm	内燃機関 製造所	形式	連続出力(馬力)回転数	変速機	製造所 製番	製造
DD450	DD4501	13650	2,700	3,880	45.0	BB	日立笠戸		2,400	振興造機	DMF31S	370/1,300×2	DF138-MS450	日立笠戸 12367	S32.
キハ7000	7001 7002 7003	20,000	2,840	3,790	33.0	102(80)	日立笠戸	KD108B (DT22系)	2,200	振興造機	DMH17C	1,800/1,500	TC-2	日立笠戸	S32.
キハ7500	7501	20,000	2,840	3,790	33.0	102(80)	日立笠戸	KD108B (DT22系)	2,200	振興造機	DMH17C	1,800/1,500	TC-2	日立笠戸	S33.
コロ1	1	12,395	2,591	3,682	8.0	29			1,210					北炭手宮工場	M25.
ニフ50	50	7,686	2,540	3,416	7.0(4.0)				3,810					東京車輛	M36.
ニフ60	60	7,912	2,502	3,645	6.5(3.0)				3,810					*1帝国鉄道庁 新橋工場	M40.

旭川電気鉄道車両諸元表（電車）　本諸元表は昭和30(1955)年から昭和48(1973)年の廃止まで在籍した車両を対象とする。

形式	番号	車体寸法 最大長 mm	最大幅 mm	最大高 mm	自重(荷重) ton	軸配置定員(座席)	台車 製造所	形式	軸距 mm	制御器 製造所	形式 制御方式	主電動機 製造所	形式	出力kw ×台数
	8	9,350	2,487	4,105	8.5	50(22)	梅鉢工場	S形 ブリル21E系	2,910	東洋電機	DB1-K4 直接制御	日立製作所	HS-252	26.3×2
	10	9,350	2,487	4,105	8.5	50(22)	梅鉢工場	S形 ブリル21E系	2,910	東洋電機	DB1-K4 直接制御	日立製作所	HS-252	26.3×2
	20	9,980	2,600	3,860	15.0	56(20)	日車支店	S形 ブリル21E系	2,750	東洋電機	DB1-K4 直接制御	東洋電機	TDK525-A	37.3×2
モハ100	101	12,800	2,720	3,820	20.0	80(30)	日車支店	KL20 棒台枠	1,800	東洋電機	Q2-D 直接制御	神鋼電機	*1TB28-A	*237.3×4
モハ100	102	12,800	2,720	3,820	20.0	80(30)	日車支店	KL20 棒台枠	1,800	東洋電機	Q2-D 直接制御	東洋電機	TDK525/2-A1	*337.3×4
モハ100	103	12,800	2,720	3,820	20.0	80(30)	日車支店	KL20 棒台枠	1,800	東洋電機	Q2-D 直接制御	東洋電機	TDK525/2-A1	*437.3×4
モハ500	501	15,940	2,700	4,050	28.0	100(44)	日車支店	NA-5	2,200	東洋電機	QB2-LCA 直接制御	東洋電機	TDK532/4-A	37.8×4
モハ1000	1001	18,640	2,700	4,070	30.0	120(60)	日車支店	NA-5	2,200	東洋電機	ES538-A 間接非自動制御	東洋電機	TDK515/1-A	59.7×4
	排雪車	9,400	2,500	3,745	10.2		Brill	21E	2,134	日立製作所	DRCBC-447 直接制御	日立製作所	HS-306-A-16	37.3×2
コハ05	051	16,420	2,708	3,675	21.1	89(62)		TR26 菱枠型	1,800					

車両履歴

製造所 製番	製造年月	#設計認可 竣功届	改造所	#認可年月 改造年月	改造内容	前所有	旧番号	廃車年月 (用途廃止)	備考
…工	S04.10	S31.05	日車支店	S31.05	車体新製	自社	モハ102	S44.11	→モハ102→モ2103 入線(S31.03) 認可(S31.05)→
…工	S04.10	S31.05	日車支店	S31.05	車体新製	自社	モハ103	S44.11	→モハ103→モ2104 入線(S31.03) 認可(S31.05)→
…支店	S07.03	S33.06	新日国工業 東横車輛	S25.-- S33.04	台枠流用車体 新製 両運転台化	東急電鉄	デハ3609	S44.11	鉄道省 サハ39019→戦災廃車(S24.02)⇒東急電鉄 デハ3609 認可(S25.09)→廃車(S33.04)⇒定山渓鉄道 モハ2201 認可(S33.05)→入線(S33.07)→
…車輛	S13.11	S33.06	新日国工業 東横車輛	S25.-- S33.04	台枠流用車体 新製 両運転台化	東急電鉄	デハ3610	S44.11	鉄道省 クハ55059→戦災廃車(S21.11)⇒東急電鉄 デハ3610(S25.10)→廃車(S33.04)⇒定山渓鉄道 モハ2202 認可(S33.05) 入線(S33.07)→
…船	S02.03	S33.06	汽車東京 東横車輛	S25.-- S33.04	台枠流用車体 新製 両運転台化	東急電鉄	デハ3611	S44.11	鉄道省 デハ73221→モハ30021 改番(S03.10)→戦災廃車(S21.11)⇒東急電鉄 デハ3611 認可(S25.12)→廃車(S33.04)⇒定山渓鉄道 モハ2203 認可(S33.05) 入線(S33.07)→
…支店	S08.06	S39.10	東急車輛	S39.10	車体新製	自社	モ201	S44.11	→モ201→モ2301 認可(S39.10)→
…支店	T11.04	S39.10	東急車輛	S39.10	車体新製	自社	モ301	S44.11	鉄道省 デハ33514→モハ1038 改番(S03.10)→廃車(S12.12)⇒定山渓鉄道 モハ301 認可(S13.12)→モ2302 認可(S39.10)→

車両履歴

旧認可 竣功届	改造所	#認可年月 改造年月	改造内容	前所有	旧番号	廃車年月 (用途廃止)	備考
2.04						S39.05	⇒北海道拓殖鉄道 DD451 認可(S39.08)→廃車(S43.10)⇒旭川通運 DD451(S43.11)→
2.07						S44.11	営業開始(S32.08) 社線内付随車(電車牽引)
3.04						S44.11	社線内付随車(電車牽引)
2.12					フコロ5670	S37.08	北海道炭礦鉄道 い1(M25.09)⇒鉄道作業局 買収(M39.10)→フコイ5130(M44.01)→フコロ5670(T09.09)⇒定山渓鉄道 フコロ5670 認可(T15.03)→コロ1 改番(S03.10)⇒国鉄 寄贈 苗穂工場修復(S39.09)→北海道鉄道記念館(小樽市総合博物館)保存展示→鉄道記念物指定(H22.--)
7.12	自社工場	#S17.12	荷物車化改造	自社	ロハ40	S43.09	北海道鉄道 ロハ2→帝国鉄道庁 買収 ロハ2(M40.07)→フロハ931(M44.01)⇒定山渓鉄道 フロハ931 認可(S02.09)→ロハ40 改番(S03.10)→ニフ50 認可(S13.12)→
8.01	自社工場	S17.--	荷物車化改造	自社	ハ25	S44.11	北海道官設鉄道 よさ47⇒鉄道作業局 移管(M38.04)→フハ3426→廃車(S02.09)⇒定山渓鉄道 フハ3426 認可(S02.09)→ハ25 改番(S03.10)→ニフ60 認可(S13.12)→ト226 認可(S34.01)→廃車(S44.11) *)月島工場説製有

旭川電気軌道(1927.02.15開業)(1973.01.01廃止)

車両履歴

造所 製番	製造年月	#設計認可 竣功届	改造所	#認可年月 改造年月	改造内容	前所有	旧番号	廃車年月 (用途廃止)	備考
…体工場	T15.12	#T15.10	国鉄 旭川工場	S24.--	車庫火災復旧 丸屋根化改造			S44.06	
…体工場	T15.12	#T15.10	自社工場	S24.--	車庫火災復旧			S48.01	
…車支店	S05.08	#S06.09	自社工場	S38.--	工事車改造			S48.01	
…車支店	S05.08	S25.04	日車支店	S24.09	車庫火災焼失 車復旧 車体新製	自社	18	S48.01	旭川電気軌道 18→モハ101 認可(S25.03)→廃車(S48.01)⇒東川町 郷土館 保存 *1認可時 TDK-532/2-A変更? *2主電動機は2台の可能性有
…車支店	S07.--	S25.04	日車支店	S24.09	車庫火災焼失 車復旧 車体新製	自社	22	S48.01	旭川電気軌道 22→モハ102 認可(S25.03) *3主電動機は2台の可能性有
…車支店	S07.--	S25.04	日車支店	S24.09	車庫火災焼失 車復旧 車体新製	自社	24	S48.01	旭川電気軌道 24→モハ103 認可(S25.03) *4主電動機は2台の可能性有
…車支店	S31.05	S33.06						S48.01	定山渓鉄道 モハ102 更新空車体流用(モ2103)
…車支店	S30.06	S30.11						S48.01	⇒旭川市立郷土博物館 保管⇒東旭川農村環境改善センター 保管
…車支店	S06.08	#S33.09				旭川市街	排1	S48.01	旭川市街軌道 排51 認可(S07.01)→廃車(S31.06)⇒旭川電気軌道 排雪車→
道省 倉工場	S11.11	#S42.01	自社工場	S42.--	付随車化改造	国鉄	*5キハ0516 キハ0512	S48.01	鉄道省 キハ41136→キハ41572(S26.11)→キハ41411(S31.03)→キハ0512(S32.04)→廃車(S40.09)⇒旭川電気軌道 キハ0512 認可(S42.01)→コハ051 認可(S45.03)→ *5書類上

夕張鉄道諸元表（蒸気機関車）

本諸元表は昭和30（1955）年から廃止の昭和50（1975）年の間に在籍した車両を対象とする。

形式	番号	軸配置	気筒径×行程 mm	実用最高気圧 kg/cm²	運転整備重量（炭水車）ton	最大長 mm	最大幅 mm	最大高 mm	動輪直径 mm
1	1	1C1	400×500	12.4	43.3	9,704	2,650	3,869	1,10
1	2	1C1	400×500	12.4	43.3	9,704	2,650	3,869	1,10
6	6	C1	381×610	12.6	50.0	10,414	2,438	3,808	1,24
7	7	2B1	406×610	11.0	48.0	11,381	2,740	3,808	1,52
11	11	1DT	457×559	12.6	50.6 (22.7)	15,438	2,600	3,887	1,118
11	12	1DT	457×559	12.6	50.6 (22.7)	15,438	2,600	3,887	1,118
11	13	1DT	457×559	12.6	50.6 (22.7)	15,438	2,600	3,887	1,118
11	14	1DT	457×559	12.6	50.6 (22.7)	15,438	2,600	3,887	1,118
21	21	1DT	508×610	13.0	62.5 (34.5)	16,563	2,616	3,885	1,260
21	22	1DT	508×610	13.0	60.4 (34.5)	16,662	2,616	3,813	1,260
21	23	1DT	508×610	13.0	59.8 (34.5)	16,577	2,591	3,813	1,260
21	24	1DT	508×610	13.0	60.4 (34.5)	16,662	2,616	3,813	1,260
21	25	1DT	508×610	13.0	60.4 (34.5)	16,563	2,638	3,813	1,260
21	26	1DT	508×610	13.0	60.4 (34.5)	16,662	2,616	3,813	1,260
21	27	1DT	508×610	13.0	60.4 (34.5)	16,609	2740	3,813	1,260
21	28	1DT	508×610	13.0	60.4 (34.5)	16,662	2744	3,813	1,250

夕張鉄道諸元表（内燃機関車・気動車・客車）

形式	番号	車体寸法 最大長 mm	車体寸法 最大幅 mm	車体寸法 最大高 mm	自重（荷重）ton	軸配置 定員（座席）	台車 製造所	台車 形式	軸距 mm	内燃機関 製造所	内燃機関 形式	連続出力（馬力）回転数	変速機	製造所 製番	製造年
DD-1000	DD1001	13,600	2,950	3,849	56.0	BB	日立	DT113	2,200	新潟鉄工	DMF31SB1	600/1,500×2	DS138	日立笠戸 13039	S44.
DD-1000	DD1002	13,600	2,950	3,849	56.0	BB	日立	DT113	2,200	新潟鉄工	DMF31SB1	600/1,500×2	DBS138	日立笠戸 13040	S44.
キハ200	201	20,120	2,725	3,690	27.4	114 (74)	新潟鉄工	TR29系 菱枠型	2,000	新潟鉄工	DMH17C	180/1,500	*1機械式	新潟鉄工	S27.0
キハ200	202	20,120	2,725	3,690	27.4	114 (74)	新潟鉄工	TR29系 菱枠型	2,000	新潟鉄工	DMH17C	180/1,500	*2機械式	新潟鉄工	S27.1
キハ250	251	20,100	2,730	3,695	28.1	120 (68)	新潟鉄工	NH38 (TR29系) 菱枠型	2,000	新潟鉄工	DMH17C	180/1,500	DF115	新潟鉄工	S28.0
キハ252	252	20,100	2,730	3,695	29.5	122 (70)	新潟鉄工	NH38 (TR29系) 菱枠型	2,000	新潟鉄工	DMH17C	180/1,500	DF115	新潟鉄工	S30.0
*4キハ253	253	20,100	2,730	3,695	29.5	110 (68)	新潟鉄工	NH38 (TR29系) 菱枠型	2,000	新潟鉄工	DMH17C	180/1,500	DF115	新潟鉄工	S31.1
*6キハ254	254	20,100	2,730	3,695	29.5	116 (68)	新潟鉄工	NH38 (TR29系) 菱枠型	2,000	新潟鉄工	DMH17C	180/1,500	DF115	新潟鉄工	S31.1
キハ300	301	20,100	2,730	3,695	29.5	122 (70)	新潟鉄工	NH38 (TR29系) 菱枠型	2,000	新潟鉄工	DMH17C	180/1,500	DF115	新潟鉄工	S33.08
キハ300	302	20,100	2,730	3,695	29.5	122 (70)	新潟鉄工	NH38 (TR29系) 菱枠型	2,000	新潟鉄工	DMH17C	180/1,500	DF115	新潟鉄工	S33.08
コトク1	1	12,895	2,640	3,783	9.8	30			1,219					北炭手宮工場	M26.0
ホハフ10	10	15,791	2,584	3,773	25.6	68			1,676					鉄道作業局 大宮工場	M36.12

造所 番	製造年月	#設計認可 竣功届	前所有	旧番号	廃車年月 (用途廃止)	備考
el 1	T14.10	#T14.06 T15.08			S40.05	夕張鉄道 認可(T14.06) 入線(T14.12)→廃車 解体
el 2	T14.10	#T14.06 T15.08			S40.05	夕張鉄道 認可(T14.06) 入線(T14.12)→廃車 解体
win 7	M38.08	S02.02	鉄道省	2613	S39.05	陸軍野戦部隊堤理部 1147⇒鉄道作業局 1147(M39.09)→2613 改番(M42.10)→廃車 (S02.01)⇒夕張鉄道 6 認可(T15.11)→廃車 (S39.05) 解体(S39.06)
	M33.- -	S15.06	鉄道省	1113	S35.07	鉄道作業局 629→6279 改番(M42.10)→改造 浜松工場 1113 改番(S02.03)→廃車 (S10.12)⇒夕張鉄道 7 認可(S15.04)→定山渓鉄道 借入(S16.02~06)→廃車 (S35.07)→解体
立戸	T15.07	T15.10			S44.04	
立戸	T15.08	T15.10			S50.04	→北海道炭礦汽船 12(S49.04)⇒江別市個人 保管(S50.03)⇒日本鉄道保存協会 移管(H23.10)
立戸	T15.08	T15.10			S44.04	
立戸	S02.03	#S02.04			S46.10	⇒夕張市郷土資料室 保存(S47.05)⇒夕張石炭の歴史村 移設保存(S55.09)→
車輌	S16.09	S16.09			S50.04	→北海道炭礦汽船 21(S49.04)⇒栗山町 栗山公園 保存→
造船所	T04.10	S24.03	国鉄	9682	S46.05	鉄道院 9682→廃車 (S23.06)⇒夕張鉄道 22 認可(S23.08)⇒北炭真谷地専用鉄道 22 認可(S46.06)→廃車 (S50.04)
造船所	T03.01	S31.01	国鉄	9614	S46.03	鉄道院 9614→廃車 (S30.06)⇒夕張鉄道 23 認可(S31.01)→
造船所	T03.12	S35.11	国鉄	9645	S44.05	鉄道院 9645→廃車 (S35.03)⇒夕張鉄道 24 認可(S35.10)⇒北炭真谷地専用鉄道 24 認可(S44.05)→廃車 (S52.04)⇒深川市上多度志農場 保管
造船所	T10.10	S36.09	国鉄	49694	S50.03	鉄道省 49694→廃車 (S36.03)⇒北海道炭礦汽船 25(S49.04)→廃車 (S50.04)⇒長沼町 長沼公園 保存⇒長沼町 ながぬまコミュニティ公園 保存→
造船所	T08.03	S37.07	国鉄	29674	S50.03	鉄道院 29674→廃車 (S37.02)⇒夕張鉄道 26 認可(S37.06)→
造船所	T09.07	S38.08	国鉄	49636	S50.03	鉄道省 49636→東武鉄道東上線 借入(S31.10)→廃車 (S38.02)⇒夕張鉄道 27 認可(S38.06)⇒北海道炭礦汽船 27(S49.04)
造船所	T09.09	S39.09	国鉄	49650	S50.03	鉄道省 49650→廃車 (S38.12)⇒夕張鉄道 28 認可(S39.09)→北海道炭礦汽船 28(S49.04)

計認可 功届	改造所	#認可年月 改造年月	改造内容	前所有	旧番号	廃車年月 (用途廃止)	備考
14.04						S50.04	⇒北海道炭礦汽船化成工業所専用鉄道 DD1001 譲受(S50.04)⇒北海道炭礦汽船清水沢鉱業所 D1001(S53.04)⇒釧路開発埠頭 KD1303 (S56.03)→廃車 (H02.07)
14.04						S50.04	⇒北海道炭礦汽船真谷地専用鉄道 D1002(S50.04)→廃車(S62.- -)→解体
27.04	自社工場	S35.04	中扉撤去二扉化・座席転換クロス改造・上段窓Hゴム化改造			S50.04	⇒岩手開発鉄道 キハ301 未入籍部品流用 *)液体接手取付(新潟21HUC)
27.04	自社工場	S35.04	中扉撤去二扉化・座席転換クロス改造・上段窓Hゴム化改造			S50.04	⇒岩手開発鉄道 キハ301(S50.12)→旅客営業廃止 (H04.04)→解体(H13.07) *)液体接手取付(新潟21HUC)
28.12	自社工場	S33.03	座席転換ビニール貼クロス化			S50.04	国鉄千歳線性能試験試運転(S28.10)⇒関東鉄道 キハ714 入線(S50.09) 認可(S51.01)⇒鹿島臨海鉄道 キハ714(S54.04)→路線廃止 (H19.03)
30.09	自社工場	*3S32.07 *#S36.03	*3畳敷娯楽室設置・片側運転台撤去 簡易運転台設置・貫通路・幌設置(踏切障害復旧時)			S46.11	⇒水島臨海鉄道 キハ303 認可(S47.03)→廃車 (S53.10)⇒岡山臨港鉄道 キハ7001 認可(S53.11)→廃車 (S59.12)⇒英田町 物産店⇒解体⇒キハ7001 先頭部 保存
31.11	自社工場	*5S32.07 S37.09	*5畳敷娯楽室設置 片側運転台撤去 簡易運転台設置・貫通路・幌設置・暖房装置変更			S46.11	*4形式変更 認可(S37.09) 形式キハ252→形式キハ253⇒水島臨海鉄道 キハ304 認可(S47.03)→廃車 (S53.10) キハ302⇒岡山臨港鉄道 キハ7002 認可(S53.11)→廃車 (S59.12)⇒英田町物産店⇒解体
31.11						S37.07	*6形式変更 認可(S37.09) 形式キハ252→形式キハ254⇒関東鉄道 キハ715 入線(S50.09) 認可(S51.01)⇒鹿島臨海鉄道 キハ715(S54.04)⇒廃車 (H05.02)
33.08						S43.07	⇒倉敷市交通局 キハ301 認可(S43.06)⇒水島臨海鉄道 キハ301 認可(S45.04)→廃車 (S53.10)⇒岡山臨港鉄道 キハ7003 認可(S53.11)→廃車 (S59.12)⇒姫路市内幼稚園 保存利用
33.08						S43.07	⇒倉敷市交通局 キハ302 認可(S43.06)⇒水島臨海鉄道 キハ302 認可(S45.04)→事故廃車 (S50.04)
T14.10				鉄道省	フコロ 5671	S32.03	北海道炭礦鉄道 い2⇒買収 鉄道作業局 い2→鉄道院 フコイ5131(M44.01)→フコロ5671(T09.- -)→廃車(T14.- -)⇒夕張鉄道 フコロ5671 認可(T14.10)→コロ6 改番(T15.11)→コトク1 認可(S12.01)→
S28.01	自社工場	S34.03	台枠・台車流用 車体新製 職用車 ヤ1 改造	鉄道省	ホハフ 2630	S36.11	日本鉄道 いろ62⇒鉄道作業局 買収 いろ62(M39.11)→イネロ5051(M44.01)→ロネロ5051(T09.- -)→ロネロ251(S03.10)→ホハフ72630(S04.11)→廃車 (S27.03)⇒夕張鉄道 ホハフ10 (S28.01)→ヤ1(S34.03)→

形式	番号	車体寸法			自重(荷重)ton	軸配置定員(座席)	台車			内燃機関			変速機	製造所製番	製造
		最大長 mm	最大幅 mm	最大高 mm			製造所	形式	軸距 mm	製造所	形式	連続出力(馬力)回転数			
ハ20	20	9,766	2,640	3,677	8.0	48			3,962					汽車東京	T1
ハ20	21	9,766	2,640	3,677	8.0	48			3,962					汽車東京	T1
ハ20	22	9,766	2,640	3,677	8.0	48			3,962					汽車東京	T1
ハ20	23	9,766	2,640	3,677	8.0	48			3,962					汽車東京	T1
ハ60	60	9,766	2,640	3,677	8.0	48			3,962					汽車東京	T1
ナハ50	50	16,920	2,705	3,885	25.4	84		TR11	2,450					梅鉢鉄工	T1
ナハ50	51	16,920	2,705	3,885	24.5	84		TR11	2,450					梅鉢鉄工	T1
ナハ50	52	16,802	2,840	3,844	25.1	84			2,438					梅鉢鉄工	T13
ナハ50	53	17,000	2,900	3,925	25.7	84		TR11	2,450					汽車東京	S02
ナハ100	100	17,000	2,724	3,753	24.5	76			2,438					日車支店	S04
ナハニ100	100	17,000	2,724	3,753	24.7 (3.0)	60			2,438					日車支店	S04
ナハニフ100	100	17,000	2,724	3,753	24.9 (3.0)	60			2,438					日車支店	S04
ナハ150	150	18,400	2,740	3,736	25.0	84		TR11	2,450					日車支店	S12
ナハニ150	150	18,400	2,740	3,736	25.1	68		TR11	2,450					日車支店	S12
ナハニフ150	150	18,400	2,740	3,736	25.4	68		TR11	2,450					日車支店	S12.
ナハ150	151	18,400	2,740	3,736	25.0	84		TR11	2,450					日車支店	S12
ナハニフ150	151	18,400	2,740	3,736	25.1 (2.0)	68		TR11	2,450					日車支店	S12.
ナハ150	152, 153	18,400	2,740	3,736	25.0	84		TR11	2,450					日車支店	S15.
ナハニ150	152, 153	18,400	2,740	3,736	25.1 (2.0)	68		TR11	2,450					日車支店	S15.
ナハニフ150	152	18,400	2,740	3,736	25.4 (2.0)	68		TR11	2,450					日車支店	S15.
ナハニフ150	153	18,400	2,740	3,736	25.4 (2.0)	68		TR11	2,450					日車支店	S15.

三菱鉱業大夕張炭礦(三菱鉱業大夕張鉄道)諸元表(蒸気機関車)

本諸元表は昭和30(1955)年から昭和62(1987)年の廃止まで在籍した車両を対象とする。

形式	番号	軸配置	気筒径×行程 mm	実用最高気圧 kg/cm²	運転整備重量(炭水車)ton	最大長 mm	最大幅 mm	最大高 mm	動輪直径 mm
9600	NO.2	1DT	508×610	13.0	61.6	16,563	2,616	3,855	1,250
9600	NO.3	1DT	508×610	13.0	61.8 (28.0)	15,448	2,710	3,864	1,250
9600	NO.4	1DT	508×610	13.0	61.8 (28.0)	15,448	2,710	3,864	1,250
9600	NO.5	1DT	508×610	13.0	60.4 (34.5)	16,563	2,616	3,813	1,250
9600	NO.6	1DT	508×610	13.0	61.7 (34.6)	16,563	2,728	3,813	1,250
9600	NO.7	1DT	508×610	13.0	60.4 (34.5)	16,697	2,616	3,813	1,250
9600	NO.8	1DT	508×610	13.0	60.4 (34.5)	16,697	2,616	3,813	1,250
9200	9201	1DT	457×559	12.7	48.2 (28.5)	17,330	2,515	3,734	1,245
9200	9237	1DT	457×559	12.7	48.2 (28.5)	17,330	2,515	3,734	1,245
C11	C1101	1C2T	450×610	15.0	67.5	12,650	2,936	3,940	1,520

車両履歴

認可/竣功届	改造所	#認可年月/改造年月	改造内容	前所有	旧番号	廃車年月(用途廃止)	備考
3.10 4.03				神中鉄道	ハ20	S31.08	神中鉄道 ハ20⇒夕張鉄道 ハ20 認可(S13.10)→天塩鉄道 貸渡(S17.08)→
3.10 4.03				神中鉄道	ハ21	S31.08	神中鉄道 ハ21⇒夕張鉄道 ハ21 認可(S13.10)→天塩鉄道 貸渡(S17.08)→
3.10 4.03				神中鉄道	ハ22	S31.08	神中鉄道 ハ22⇒夕張鉄道 ハ22 認可(S13.10)→
3.10 4.03				神中鉄道	ハ23	S31.08	神中鉄道 ハ23⇒夕張鉄道 ハ23 認可(S13.10)→
3.10 4.03				神中鉄道	フハ51	S31.08	神中鉄道 フハ51⇒夕張鉄道 ハ60 認可(S13.10)→
	自社工場	#S10.10	車掌室撤去座席増設			S38.11	夕張鉄道 ナハフ50→ナハ50 認可(S10.04)→
	自社工場	#S10.10	車掌室撤去座席増設			S38.11	夕張鉄道 ナハフ51→ナハ51 認可(S10.11)→
	自社工場	S25.08	車掌室・洗面所 撤去 座席増設	国鉄	ナハフ24507	S40.05	鉄道省 ホハフ26011→ナハフ26011(T13.11)→ナハフ24507(S03.05)→廃車(S24.06)⇒夕張鉄道 ナハ52 認可(S25.06)→
	自社工場	S25.08	洗面所 撤去 座席増設	国鉄	ナハフ23879	S40.05	鉄道省 ナハ35312→ナハ23879(03.10)→廃車(24.06)⇒夕張鉄道 ナハ53 認可(S25.06)→
	自社工場	#S10.09	二等室廃止				夕張鉄道 ナロハ100 認可(S04.04)→ナハ100 認可(S10.09)→
	自社工場	#S31.01	旧二等室 荷物室化	自社	ナハ100		夕張鉄道 ナロハ100 認可(S04.04)→ナハ100 認可(S10.09)→ナハニ100 認可(S31.01)→
	自社工場 苗穂工業	S33.12 #S34.05	車掌室設置・気動車付随車化 車体更新			S46.10	夕張鉄道 ナロハ100 認可(S04.04)→ナハ100 認可(S10.09)→ナハニ100 認可(S31.01)→ナハニフ100 認可(S33.11)→廃車(S46.10) 江別市個人 保管⇒解体→江別市個人 保管→解体
2.09							夕張鉄道 ナハ150 認可(S12.08)→
	自社工場	#S32.02	荷物室設置	自社	ナハ150		夕張鉄道 ナハ150 認可(S12.08)→ナハニ150 認可(S32.03)→
	自社工場	#S33.11	車掌室設置・総括回路設置 付随車化	自社	ナハニ150	S46.10	夕張鉄道 ナハ150 認可(S12.08)→ナハニ150 認可(S32.03)→ナハニフ150 認可(S33.11)→
2.09							夕張鉄道 ナハ151 認可(S12.08)→
		#S33.11	車掌室設置・総括回路設置 付随車化	自社	ナハ151	S46.10	夕張鉄道 ナハ151 認可(S12.08)→ナハニフ151 認可(S32.03)→廃車(S46.10)⇒旧夕張本町駅跡 保存⇒夕張市 石炭の歴史村公園SL館 保存
5.01 5.02							夕張鉄道 ナハ152,153 認可(S15.01)→
	自社工場	S31.12	荷物室設置	自社	ナハ152,153		夕張鉄道 ナハ152,153 認可(S15.01)→ナハニ152,153 認可(S32.03)→
	自社工場	S33.12	車掌室設置・総括回路設置 付随車化	自社	ナハニ152	S46.10	夕張鉄道 ナハ152 認可(S15.01)→ナハニ152 認可(S32.03)→ナハニフ152 認可(S33.11)→
	自社工場	S33.12	車掌室設置・総括回路設置 付随車化	自社	ナハニ153	S43.07	夕張鉄道 ナハ153認可(S15.01)→ナハニ153 認可(S32.03)→ナハニフ153(S33.11)→廃車(S43.07)⇒倉敷市交通局 ナハニフ153 認可(S43.06)⇒水島臨海鉄道 ナハニフ153 認可(S45.04)→廃車(S53.10)⇒岡山臨港鉄道 未入籍 解体

三菱鉱業(1969.10.01譲渡)三菱大夕張炭礦(1971.07.01合併)三菱大夕張炭礦(1973.12.15改称)三菱石炭鉱業(1987.07.22廃止)

車両履歴

製造所/製番	製造年月	#設計認可/竣功届	前所有	旧番号	廃車年月(用途廃止)	備考
崎車輌 93	S16.01	#S44.06	美唄鉄道	5	S49.01	美唄鉄道 5 認可(S15.09)→三菱大夕張鉄道 No.15借入(S34.04～S34.11)(S35.04～S35.11)→廃車(S44.05)⇒三菱大夕張鉄道 2 認可(S44.06)→廃車(S49.01)→解体
立笠戸 6	S12.08	S12.10			S49.03	⇒江別市 個人所有⇒日本鉄道保存協会 移管(H23.10)→
立笠戸 600	S16.01	#S13.10 S16.03			S49.01	→美唄鉄道 5 貸渡(S16.--～S22.12)→廃車(S49.01)⇒夕張市 石炭の歴史村 保存
崎造船所 8	T09.03	S26.05	国鉄	39695	S49.03	鉄道院 39695→廃車(S24.10)⇒三菱大夕張鉄道 No.5 入線(S25.06) 認可(S26.04)→廃車・解体
崎造船所 94	T10.10	#S37.12	三菱芦別	3	S49.03	鉄道省 49695→廃車(S24.09)→天塩炭礦鉄道 3 竣功(S24.03)→廃車 S25.03⇒三菱芦別専用鉄道 3(S25.03)⇒三菱大夕張鉄道 No.6(S37.12)→廃車・解体
崎造船所 6	T03.01	#S37.12	三菱芦別	9613	S48.10	鉄道院 9613→廃車(S30.06)⇒三菱芦別専用鉄道 9613 認可(S30.11)⇒三菱大夕張鉄道 No.7(S37.12)→廃車(S48.10)⇒江別市 個人所有⇒日本鉄道保存協会 移管(H23.10)→
崎造船所 9	T03.01	#S46.07	美唄鉄道	7	S48.10	鉄道院 9616→廃車(S32.04)⇒三菱美唄 9616 認可(S33.07)→*'7 改番(S33.05)→廃車(S46.5)⇒三菱大夕張鉄道 No.8 認可(S46.07)→廃車(S48.10)⇒江別市 個人所有⇒日本鉄道保存協会 移管(H23.10)→ *認可前改番
aldwin 6227	M38.08	S03.10	美唄鉄道	9201	S38.01	鉄道作業局 801→鉄道院 9217 改番(M42.10)→廃車(S03.08)⇒*2美唄鉄道 9201 認可(S03.08)→廃車(S04.05)→*2車籍上(入線せず)⇒三菱大夕張鉄道 9201(S03.10) 認可(S04.05)→廃車(S38.01)⇒三菱芦別専用鉄道 9201 認可(S38.01)→廃車(S39.--)→解体(S39.06)
aldwin 6842	M38.--	S04.05	美唄鉄道	9237	S37.09	鉄道作業局 837→鉄道院 9237 改番(M42.10)→廃車(S03.08)⇒*3美唄鉄道 9237 認可(S03.08)→廃車(S04.05)→*3車籍上(入線せず)⇒三菱大夕張鉄道 9237(S04.05) 認可(S04.05)→廃車(S37.09)⇒三菱芦別専用鉄道 9237 認可(S38.01)→廃車(S39.--)→解体(S39.10)
田車本店 290	S19.07	S21.02	尺別専用鉄道	C1101	S47.09	雄別炭礦尺別鉄道 C1101 発注・未入籍⇒三菱大夕張鉄道鉄道 C1101 認可(S20.07)→廃車(S47.09)⇒長島温泉SLランド 保存→解体

三菱鉱業大夕張鉱業所（三菱鉱業大夕張鉄道）諸元表（内燃機関車・気動車・客車）

形式	番号	車体寸法			自重(荷重)ton	軸配置 定員(座席)	台車			内燃機関			変速機	製造所 製番	製
		最大長 mm	最大幅 mm	最大高 mm			製造所	形式	軸距 mm	製造所	形式	連続出力(馬力)回転数			
DL-55	No.1 No.2 No.3	13,600	2,960	3,935	55.0	BB			2,200		DMF31SB×2	500/1,500	DS/1.2/1.35	三菱三原 1962・63・64	S4
ハ1	1	9,156	2,648	3,640	11.4	64 (26)			3,900					岩崎レール	SO
ハ10	2	7,912	2,502	3,339	8.6	22			3,810					帝国鉄道庁 新橋工場	M4
ハ10	3	7,912	2,502	3,339	8.6	22			3,810					帝国鉄道庁 新橋工場	M4
ハ10	4	7,912	2,502	3,339	8.6	22			3,810					帝国鉄道庁 新橋工場	M4
ホハ1	1	14,732	2,745	3,725	19.7	94 (60)		TR11	2,450					鉄道院 旭川工場	M4
ホハ1	2	14,732	2,745	3,725	19.7	94 (60)		TR11	2,450					鉄道院 旭川工場	M4
ナハ1	1	17,040	2,720	3,736	24.0	104 (72)		TR23系 軸バネ 短軸	2,450					日車支店	S12
ナハ1 (ナハフ)	1	17,040	2,720	3,736	24.0	80 (60)		TR23系 軸バネ 短軸	2,450					日車支店	S12
ナハ1	2	17,016	2,840	3,886	23.5	104 (72)		TR10系	2,438						
ナハ1 (ナハフ)	2	17,016	2,840	3,886	23.5	104 (72)		TR10系	2,438						
ナハ10	3	16,960	2,720	3,790	25.2	84 (64)		TR10系	2,450					鉄道院 旭川工場	M45
ナハ10 (ナハフ)	3	16,960	2,720	3,790	25.2	84 (64)		TR10系	2,450					鉄道院 旭川工場	M45
ナハ10	4	16,960	2,720	3,790	25.2	84 (64)		TR10系	2,450					鉄道院 旭川工場	M45
ナハ10 (ナハフ)	4	16,960	2,720	3,790	25.2	84 (64)		TR10系	2,450						
ナハ1	5	17,018	2,710	3,850	25.6	112 (72)		TR10系	2,438						
オハ1	1	20,248	2,700	3,886	28.1	104		TR11	2,448						
オハ1	2	20,248	2,700	3,886	28.1	104		TR11	2,448						
スハニ6	6	20,000	2,820	4,020	32.4	72		TR70 三軸ボギー	1,750 ×2					鉄道院 大宮工場	M45
ニ1	1	7,786	2,667	3,607	7.3 (3.0)				3,810					帝国鉄道庁 神戸工場	M39.

三菱鉱業（美唄鉄道）諸元表（蒸気機関車）　本諸元表は昭和30(1955)年から昭和47(1972)年の廃止まで在籍した車両を対象とする。

形式	番号	軸配置	気筒径×行程 mm	実用最高気圧 kg/cm²	運転整備重量(炭水車) ton	最大長 mm	最大幅 mm	最大高 mm	動輪直径 mm
4110	2	E	533×610	13.0	65.3	11,607	2,669	3,810	1,245
4110	3	E	533×610	13.0	65.3	11,607	2,669	3,810	1,245
4110	4	E	533×610	13.0	67.4	11,582	2,956	3,785	1,245
9600	5	1DT	508×610	13.0	61.6 (34.2)	16,563	2,616	3,855	1,250
9600	6	1DT	503×610	12.7	60.4 (34.5)	16,662	2,616	3,813	1,250
9600	7	1DT	508×610	13.0	59.8 (34.5)	16,456	2,616	3,885	1,250
4110	4122	E	533×610	13.0	65.3	11,438	2,667	3,787	1,250
4110	4137	E	533×610	13.0	65.3	11,438	2,667	3,810	1,250
4110	4142	E	533×610	12.0	65.3	11,438	2,667	3,787	1,250
4110	4144	E	533×610	12.0	65.3	11,438	2,667	2,896	1,250
9200	9217	1D	457×559	12.0	76.7	17,148	2,515	3,748	1,245

車両履歴						廃車年月 (用途廃止)	備　考
認可届	改造所	"認可年月 改造年月	改造内容	前所有	旧番号		
.11						S62.07	→全車 解体
.07	井出組	S25.05	鋼体化改造	渡島海岸	ハ1	S39. - -	渡島海岸鉄道 ハ1 認可(S02.12) 竣功(S03.03)→*'廃線 (S20.01) ⇒三菱大夕張鉄道 ハ1 入線(S21.08) 認可(S22.07) *'札幌地方施設部買収ニヨル
.06	苗穂工場 自社工場 井出組	S16.06 S26.12 S29.12	二等車化改造 三等車復旧工事 鋼体化工事	三菱美唄	フハ3391	S35.06	北海道官設鉄道 へ8→フハ3391(M44.01)→廃止 (S04.02) ⇒美唄鉄道 フハ3391 認可(S03.08)→廃止 (S04.06) ⇒三菱大夕張鉄道 入線(S03.10)認可(S04.06)→廃止 (S35.06) ⇒三菱美唄鉄道 ハ2 認可(S37.03)→三菱鉱業茶志内専用線→廃止 (S38.03)
.06	井出組	S25.12	鋼体化改造	三菱美唄	フハ3392	S38.08	北海道官設鉄道 へ9→フハ3392(M44.01)→廃止 (S04.02) ⇒美唄鉄道 フハ3392 認可(S03.08)→廃止 (S04.06) ⇒三菱大夕張鉄道 ハ3 入線(S03.10) 認可(S04.06)→廃止 (S38.08)
.06	井出組	S27.09	鋼体化改造	鉄道省	フハ3399	S38.08	北海道庁鉄道部 よさ16→フハ3399(M44.01)→廃止 (S05.08) ⇒大夕張炭砿専用鉄道 ハ4 入線(S03.10) 認可(S04.06)→廃止 (S38.08)
.07	旭川同志社 北海陸運	S25.05 S29.05	腰板部鋼板張 木造台枠鋼製 化改造	国鉄	ホユニ 3850	S40.11	ホロ6805→フホハ7900Ⅱ(M45.02)→ホハフ7900Ⅱ (T04.01) →ホハユニ18330(S03. - -)→ホハユニ3850(S03.10)→廃車 (23.12) ⇒三菱大夕張鉄道 ホハ1 認可(S26.06)→
.07	旭川同志社 北海陸運	S25.05 S29.05	腰板部鋼板張 木造台枠鋼製 化改造	国鉄	ホユニ 3851	S33.10	ホハ6806→フホハ7901Ⅱ(M45.02)→ホハフ7901Ⅱ (T04.03) →ホハユニ18331(S03.02)→ホハユニ3851(S03.10)→廃車 (23.12) ⇒三菱鉱業 ホハ2 認可(S26.06)→廃車 (S33.10)→廻送 (S33.11) ⇒三菱芦別専用鉄道 ホハ2 認可(S34.01)→ホハ3 竣功・改番(S35.05)→
.09	井出組	"S31.09	セミクロス座 席化				大夕張炭砿専用鉄道 ナハ1 入線(S12.07)→
	自社工場	"S42.06 S42.08	車掌室設置 ナハフ1	自社	ナハ1	S62.07	大夕張炭砿専用鉄道 ナハ1 入線(S12.07)→ナハフ1 認可(S42.06)→廃車 (S62.07) ⇒元南大夕張駅跡 保存
.07	鉄道車輌 井出組	S23.09 S28.11	入線整備 鋼体化改造・ シングル屋根 改造	国鉄	ナハニ 旧番号不詳		⇒三菱鉱業 ナハ2 認可(S23.07)→
	自社工場	"S42.06 S42.08	車掌室設置 ナハフ2	自社	ナハ2	S46.10	⇒三菱鉱業 ナハ2 認可(S23.07)→ナハフ2 認可(S42.06)→
.11	泰和車輌	S32.06	特別室設置	国鉄	ナル17612		ホロ5550→ナニ18906(S03.02)→ナニ16526(S03.10)→ナヤ16910(S12.08) →ナル17612(S28.04)→廃車 (S31.11)⇒三菱鉱業大夕張鉄道線 ナハ3→
		S40.09	車掌室設置・ 特別室撤去	自社	ナハ3	S42.08	ホロ5550→ナニ18906(S03.02)→ナニ16526(S03.10)→ナヤ16910(S12.08) →ナル17612(S28.04)→廃車 (S31.11)⇒三菱鉱業大夕張鉄道線 ナハ3→ →ナハフ3 認可(S40.09)
.11	泰和車輌	S32.06	特別室設置	国鉄	ナル17613		ホロ5551→ナニ18907(S03.02)→ナヤ16911(S12.12)→ナル17613(S28.04) →廃車 (S31.11)⇒三菱鉱業大夕張鉄道線 ナハ4→
		S40.09	車掌室設置・ 特別室撤去	自社	ナハ4	S42.08	ホロ5551→ナニ18907(S03.02)→ナヤ16911(S12.12)→ナル17613(S28.04) →廃車 (S31.11)⇒三菱鉱業大夕張鉄道線 ナハ4→ナハフ4 認可(S40.09)
.05	泰和車輌	S35.05		国鉄	ナル17702	S57.07	ナハニ8395→ナハニ15560(S03.10)→ナル17702(S31.07)→廃車 (S33.09) ⇒三菱鉱業大夕張鉄道線 ナハ5
.04	北海陸運	S26.12	半鋼製車体新製	国鉄	オハフ 8857	S62.07	オネ7→オネ9037(M44.01)→スニ19952(T13.10)→スニ9282(S03.10)→オハフ8857 →廃車 (S26.12)⇒三菱鉱業 オハ1 入線(S26.12) 認可(S27.02)→廃車 (S62.07) ⇒元南大夕張駅跡 保存
.08	北海陸運	S28.03	半鋼製車体新製	国鉄	ホハ2401	S49.01	北海道官設鉄道 ハ18→フホハ7993(M44.01)→ホハ2401(S03.10)→廃車 (S27.02) ⇒三菱鉱業 オハ2 入線(S28.03) 認可(S29.02)→
.12	協和工業	S46.10 S51.09	荷物室移設 荷物積卸口改造	三菱美唄	スハニ6	S62.07	鉄道院 オロシ9216→オロシ17755(S03.10)→スハニ19114(S07.11)→廃車 ⇒スハニ19114 認可(S22.06)→スハニ6 認可(S26.01)→廃車 (S26.04) →スハニ6 認可(S29.12)⇒三菱大夕張鉄道 スハニ6 認可(S42.12)→廃車 (S62.07) ⇒元南大夕張駅跡 保存
.06	井出組	"S28.02	車掌車化	三菱美唄	ニ4383		北海道官設鉄道 ヨリ40→に4383(M41.01)→廃車 (S04.02) ⇒大夕張炭砿専用鉄道 ニ1 認可(S04.06)→ワフ5 認可(S28.02)→廃車 (S42.07)

石狩石炭(1914.11.05開業)(1915.08--譲渡)→飯田延太郎(1915.09.29譲渡)→美唄鉄道(1950.04.25合併)→三菱鉱業(1972.06.01廃止)

車両履歴						廃車年月 (用途廃止)	備　考
製造所 製番	製造年月	"設計認可 竣功届	前所有	旧番号			
菱造船	T08.04	T08.08				S47.07	⇒美唄市 旧東明駅 保存
菱造船	T08.04	T08.08				S40.10	⇒北炭平和真谷地専用鉄道 5055 認可(S40.11)→廃車 (S46.08)
菱造船	T15.02	T15.04				S47.07	⇒江別市個人所有⇒日本鉄道保存協会 保管(H23.10)→
崎車輌 93	S15.06 S16.01	S16.03				S44.05	→三菱大夕張鉄道 15 借入(S34.04～S34.11・S35.04～S35.11) →三菱大夕張鉄道 2 認可(S44.06) 当線入籍(S44.10)→廃車 (S49.01)
崎造船所 5	T11.08	S18.03	国鉄	69603		S47.07	鉄道院 69603→廃車 (S17.10)→美唄鉄道 69603 認可(S18.02)→改番 6(S20.06) ⇒江別市個人所有⇒日本鉄道保存協会 移管(H23.10)→
崎造船所	T03.01	S33.08	国鉄	9616		S46.05	鉄道院 9616→廃車 (S32.03)→三菱鉱業美唄鉄道 7 認可(S33.07)→廃車 (S46.05) →三菱大夕張鉄道 8 入線(S46.06) 認可(S46.07)→廃車 (S48.10)→
崎造船所 93	T03.04	S24.06	国鉄	4122		S46.10	鉄道院 4122→廃車 (S23.07)→美唄鉄道 4122 入線(S23.07) 認可(S24.04) →休車(S41.11)→江別市個人所有⇒日本鉄道保存協会 保管 (H23.10)→
崎造船所 8	T03.06	S24.06	国鉄	4137		S44.04	鉄道院 4137→廃車 (S23.07)→美唄鉄道 4137 入線(S23.07) 認可(S24.04) ⇒三菱鉱業茶志内炭鉱専用鉄道 4137 (S39.04)→廃車 (S43.03)
崎造船所 5	T06.04	S26.01	国鉄	4142		S41.01	鉄道院 4142→廃車 (S24.06)→美唄鉄道 4142 入線(S24.06) 認可(S26.01) ⇒北炭平和真谷地専用鉄道 5056 (S41.03)→廃車 (S44.07)
崎造船所 37	T06.04	S26.01	国鉄	4144		S42.09	鉄道院 4144→廃車 (S24.06)→美唄鉄道 4144 入線(S24.06) 認可(S26.01)→
aldwin 5404	M38.09	S03.12	鉄道省	9217		S38.06	陸軍野戦鉄道堤理部 817⇒鉄道作業局 移管 817(M39.09)→9217 改番(M42.10) →三菱大夕張鉄道 借入(S16.01)→転落事故大破 (S22.09)→美唄鉄道 返却 ⇒三菱鉱業茶志内炭鉱専用鉄道 9217 借入認可(S27.06)?→廃車 (S42.01)

215

三菱鉱業美唄鉄道諸元表（気動車・客車）

形式	番号	車体寸法 最大長mm	最大幅mm	最大高mm	自重(荷重)ton	軸配置定員(座席)	台車 製造所	形式	軸距mm	内燃機関 製造所	形式	連続出力(馬力)回転数	変速機	製造所製番	製造
キハ100	101	16,240	2,708	3,820	21.1	90(62)		TR26 菱枠型	1,800		DMF13C	120/1,500	TC2	鉄道省 小倉工場	S1
キハ100	102	16,240	2,708	3,820	21.1	90(62)		TR26 菱枠型	1,800		DMF13C	120/1,500	TC2	新潟鉄工	S1
キハ100	103	16,240	2,708	3,820	21.1	90(62)		TR26 菱枠型	1,800		DMF13C	120/1,500	TC2	川崎車輌	S0
ハ10	2	7,812	2,502	3,339	8.6	22			3,810					鉄道庁 新橋工場	M4
ハ10	12	7,912	2,502	3,645	6.6	38			3,810					鉄道庁 新橋工場	M40
ハ10	14	7,912	2,502	3,645	7.0	38			3,810					鉄道庁 新橋工場	M4
ナハフ1	1	17,040	2,720	3,730	25.0	80(80)		TR11	2,450					日車支店	S10
ナハフ1	2	17,040	2,720	3,730	25.0	80(80)		TR11	2,450					日車支店	S10
ナハフ1	3	17,040	2,720	3,730	25.0	80(80)		TR11	2,450					日車支店	S10
ナハ1	4	17,040	2,670	3,960	25.0	72		TR11	2,450					三真工業	S24
ナハ1	5	17,040	2,670	3,960	25.0	72		TR11	2,450					三真工業	S24
スハニ1	6	20,000	2,820	4,020	32.4	72		TR70 三軸ボギー	1,760×2					鉄道院 大宮工場	M45
オハフ1	7	20,115	2,856	4,013	27.9	72		TR11	2,450					鉄道作業局 新橋工場	M39
オハ1	8	19,900	2,850	3,840	26.8	72		TR11	2,450					鉄道院 新橋工場	M42
オハフ4	8	20,010	2,740	3,885	27.8	92(72)		TR11	2,450					鉄道院 新橋工場	M42
オハフ2	9	19,900	2,850	3,840	31.3	80		TR11	2,450					汽車東京	S03.
ナハ2	10	17,050	2,750	4,010	24.7	80		TR11	2,450					川崎造船所	T02.
オハフ3	11	17,000	2,898	3,990	38.4	48		TR11	2,450					川崎造船所	S02.

三井芦別鉄道諸元表（蒸気機関車）本諸元表は昭和30(1955)年から昭和64(1989)年の廃止までの間に在籍した車両を対象とする。

形式	番号	軸配置	気筒径×行程mm	実用最高気圧kg/cm²	運転整備重量(炭水車)ton	最大長mm	最大幅mm	最大高mm	動輪直径mm
5500	1	2BT	406×559	12.0	31.7	13,910	2,286	3,670	1,400
9600	9600-1	1DT	508×610	13.0	60.4(34.5)	16,563	2,616	3,813	1,250
9600	9600-2	1DT	508×610	13.0	60.4(34.5)	16,563	2,680	3,813	1,250
C11	C11-1	1C2	450×610	15.0	68.1	12,650	2,936	3,940	1,520
C11	C11-2	1C2	450×610	15.0	68.1	12,650	2,936	3,940	1,520
C58	C58-1	1C1T	480×610	16.0	57.7(43.3)	18,325	2,936	3,940	1,520
C58	C58-2	1C1T	480×610	16.0	57.7(43.3)	18,325	2,936	3,940	1,520

車両履歴							備考
認可届	改造所	#認可年月 改造年月	改造内容	前所有	旧番号	廃車年月 (用途廃止)	
11				国鉄	キハ0511	S46.02	鉄道省 キハ41130→キハ41529(S25.10)→キハ41410(S30.12)→キハ0511(S32.04)→廃車(S40.03)→三菱鉱業 キハ101 認可(S40.10)→廃車(S46.02)⇒解体
11				国鉄	キハ0514	S45.11	鉄道省 キハ41112→キハ41570(S26.12)→キハ41413(S31.02)→キハ0514(S32.04)→廃車(S40.03)→三菱鉱業 キハ102 認可(S40.10)→廃車(S45.11)⇒TBS樽前ハイランド 保存⇒解体(S60.--)
11				国鉄	キハ0520	S45.11	鉄道省 キハ41061→キハ41557(S27.01)→キハ41419(S31.02)→キハ0520(S32.04)→廃車(S40.03)→三菱鉱業 キハ103 認可(S40.10)→廃車(S45.11)⇒TBS樽前ハイランド 保存(S62.--)→閉園(S62.--)→解体撤去
.03	井出組	S26.12	鋼体化	三菱大夕張	ハ2	S38.03	鉄道作業局 へ8→フハ3391(M44.01)→廃車(S04.02)⇒美唄鉄道 フハ3391 認可(S04.05)→三菱鉱業大夕張専用鉄道 ハ2 認可(S04.06)⇒美唄鉄道 ハ2 認可(S37.03)→三菱鉱業大夕張鉄道 ハ2(S37.03)
.03				三菱芦別	ハ12	S38.03	鉄道作業局 よさ47→フハ3430(M44.01)→廃車(T04.06)⇒石狩石炭 フハ3430(T04.03)→美唄鉄道 は2 認可(T05.03)→ハ12 改番(S03.09)⇒三菱鉱業芦別専用鉄道 ハ12 認可(S24.10)⇒美唄鉄道 ハ12 認可(S37.06)→三菱志内炭礦専用鉄道 ハ12(S37.--)→
.11					は4	S38.03	鉄道作業局 よさ50→フハ3433(M44.01)→廃車(T04.11)⇒石狩石炭 フハ3433(T03.11)→美唄鉄道 は4 認可(T15.03)→ハ12 改番(S03.09)⇒三菱鉱業芦別専用鉄道 ハ12(S24.10)⇒三菱鉱業 ハ12 認可(S37.07)→三菱志内炭礦専用鉄道 ハ14(S37.--)→
.07					ホハ1	S47.07	美唄鉄道 (ホハ1)ナハ1 認可(S10.06)→ナハフ1(改称時期不明)→廃車(S47.07)⇒江別市 個人所有⇒日本鉄道保存会移管(H23.10)→
.07					ホハ2	S46.05	美唄鉄道 (ホハ2)ナハ2 認可(S10.06)→ナハフ2(改称時期不明)→廃車(S46.05)
.07					ホハ3	S45.06	美唄鉄道 (ホハ3)ナハ3 認可(S10.06)→ナハフ3(改称時期不明)
.12						S39.01	国鉄ナハ12000形台枠使用車体新造(羽後交通より台枠譲受) 台枠銘板 大正7年 汽車製造東京支店
.12						S39.12	国鉄ナハ12000形台枠使用車体新造(羽後交通より台枠譲受) 台枠銘板 大正15年 日本車輌製造
.02	協和工業	S29.10	鋼体化 荷物室・車掌室設置	国鉄	スハニ19114	S42.03	鉄道院 オロシ9216→スハニ19114(S07.11)→廃車(S23.11)⇒三菱鉱業 スハニ19114 認可(S26.01)→スハフ6 認可(S26.04)→スハニ6 認可(S29.12)→三菱大夕張鉄道 スハニ6 認可(S42.12)→廃車(S62.07)
.01	国鉄大井工場 協和工業	S27.02 S33.12	車内改装・台車交換 鋼体化	国鉄	オハフ8856	S45.02	鉄道作業局 オネ6→オネ9036(M44.01)→スニ19951(T13.10)→スニ9781(S03.10)→オハフ8856→廃車(S26.07)⇒三菱鉱業 オハフ8856 認可(S26.08)→オハフ7 改番(S27.02)→
.01				国鉄	オハ8519		鉄道院 オイ9→オイ9232(M44.01)→オロハ9147(T13.07)→ナロハ9147(T13.11)→オロハ8232(S03.12)→オハ8519→廃車⇒三菱鉱業 オハ8519 認可(S27.01)→オハ8 改番(S27.03)→
.04	泰和車輛	S37.06	鋼体化		オハ8	S47.07	鉄道院 オイ9→オイ9232(M44.01)→オロハ9147(T13.07)→ナロハ9147(T13.11)→オロハ8232(S03.12)→オハ8519→廃車(S25.11)⇒三菱鉱業 オハ8519 認可(S26.08)→オハ8 改番(S27.03)→オハフ8 認可(S38.03)→
.07				国鉄	オロハ301	S42.06	鉄道省 オロハ42350→オハ31300(S03.12)→オロハ301(S16.11)→廃車(S30.11)⇒三菱鉱業 オハフ9 認可(S27.06)→
.07	運輸工業	S28.10	便所撤去・鋼体化	国鉄	ナハフ14200	S41.03	鉄道省 ホハフ7730→ナハフ14200(T13.11)→ナハフ14200(S03.10)→廃車(S27.08)⇒三菱鉱業 ナハフ14200 認可(S28.07)→ナハ10 認可(S29.04)→
.02				国鉄	オル27701	S41.03	鉄道省 ナロ31933→ナロ20755(S03.10)→オヤ26971(S26.12)→オル27701(S28.04)→廃車(32.04)⇒三菱鉱業 オハフ11 認可(S34.01)→

三井鉱山(1949.01.20開業)(1960.10.01譲渡)三井芦別鉄道(1989.03.27廃止)

車両履歴						備考
製造所 製番	製造年月	#設計認可 竣功届	前所有	旧番号	廃車年月 (用途廃止)	
cock 3	M30.12	S17.04	鉄道省	5542	S34.03	日本鉄道 177⇒買収 鉄道作業局 177(M39.11)→5542 改番(M42.10)→廃車(S13.08)→*1三井三池鉱業所 5542(S14.--)→三井鉱山芦別専用鉄道 1 認可(S16.09)→　　*1未入籍説有
造船所	T09.03	S26.01	国鉄	39694	S35.08	鉄道院 39694→廃車(S24.03)⇒三井鉱山 9600-1 認可(S25.12)→廃車・解体
造船所	T10.12	S27.05	国鉄	59616	S40.05	鉄道省 59616→廃車(S26.04)⇒三井鉱山 9600-2 認可(S27.04)→三井芦別鉄道 9600-2(S35.10)→
本店 5	S22.04	S24.02			S33.09	三井鑛山芦別専用鉄道 C11-1 入線(S22.08) 認可(S23.04)→廃車(S33.09)⇒三井鑛山砂川鉱業所奈井江専用鉄道 C11-1 認可(S34.09)→
本店 6	S22.04	S24.02			S33.09	三井鑛山芦別専用鉄道 C11-2 入線(S22.08) 認可(S23.04)→廃車(S33.09)⇒三井鑛山砂川鉱業所奈井江専用鉄道 C11-2 認可(S34.09)→
大阪 91	S24.11	S25.06			S42.03	三井鉱山 C58-1 認可(S25.05)→三井芦別鉄道 C58-1(S35.10)→
大阪 92	S24.11	S25.06			S46.03	三井鉱山 C58-2 認可(S25.05)→三井芦別鉄道 C58-2(S35.10)→廃車(S46.03)⇒旭川市ニュー温泉 保存

三井芦別鉄道諸元表（内燃機関車・気動車・客車）

形式	番号	最大長 mm	最大幅 mm	最大高 mm	自重(荷重) ton	軸配置 定員(座席)	台車 製造所	台車 形式	軸距 mm	内燃機関 製造所	内燃機関 形式	連続出力(馬力)回転数	変速機	製造所 製番	製造
50DL-T1	DD501	13,600	2,800	3,820	50.0	BB	富士重工		2,200	新潟鉄工	DMF31SB ×2	500/1,500	DBG138	富士重工	S3
50DL-T2	DD502	13,600	2,800	3,820	50.0	BB	富士重工		2,200	新潟鉄工	DMF31SB ×2	500/1,500	DBG138	富士重工	S4
50DL-T1	DD503	13,600	2,810	3,860	56.0	BB	新潟鉄工		2,200	新潟鉄工	DMF31SB ×2	500/1,500	DBG138	新潟鉄工	S6
キハ100	101,102	20,100	2,730	3,740	30.0	144(72)	新潟鉄工	NH38(TR29系)菱枠型	2,000	新潟鉄工	DMH17B X	180/1,500	DF115	新潟鉄工	S3
キハ100	103	20,100	2,730	3,740	30.0	144(72)	新潟鉄工	NH38(TR29系)菱枠型	2,000	新潟鉄工	DMH17B X	180/1,500	DF115	新潟鉄工	S3
モハ3600(サハ1)	1	17,600	2,910	3,760	25.0	102(40)		TR14系	2,450					日鉄自	S2
ナハニ	1	17,000	2,910	3,860	25.0(1.3)	90(40)		TR14系	2,450					日鉄自	S2
モハ3600(サハ1)	2	17,600	2,910	3,860	25.0	102(40)		TR14系	2,450					日鉄自	S2
ナハニ	2	17,000	2,910	3,860	25.0(1.3)	90(40)		TR14系	2,450					日鉄自	S2
モハ3600(サハ1)	3	17,600	2,910	3,760	25.0	102(40)		TR14系	2,450					日鉄自	S2
ナハニ	3	17,000	2,910	3760 3860	25.0(1.3)	90(40)		TR14系	2,450					日鉄自	
ホハフ	1	15,799	2,705	3,862	22.5	74			1,981					日車支店	T10
ホハ	10	15,779	2,776	3,750	21.5	100(46)		TR10系	2,450					日車本店	T10
ナハ	1	16,845	2,591	3,610	22.2	85		TR10系	2,134					鉄道院 神戸工場	M42
ナハフ1	1	16,782	2,718	3,737	25.8	72		TR10系	2,134					鉄道院 大宮工場	M44
スハ1	1	20,002	2,840	3,904	31.0	120		三軸ボギー	1,753					鉄道省 大井工場	T10
スハ1	2	19,983	2,705	3,727	31.1	100		三軸ボギー	1,753					鉄道省 大井工場	T09
ニ1	1	7,912	2,502	3,645	7.0(3.0)				3,810					帝国鉄道庁 新橋工場	M40
ニ1	2	7,792	2,700	3,670	9.2				3,962					岩崎レール	S02.

北海道拓殖鉄道諸元表（蒸気機関車）
本諸元表は昭和30(1955)年から廃止の昭和43(1968)年まで在籍した車両を対象とする。

形式	番号	軸配置	気筒径×行程 mm	実用最高気圧 kg/cm²	運転整備重量(炭水車) ton	最大長 mm	最大幅 mm	最大高 mm	動輪直径 mm
8620	8621	1CT	470×610	13.0	46.8(34.3)	16,765	2,575	3,785	1,600
8620	8622	1CT	470×610	13.0	46.8(34.3)	16,765	2,575	3,785	1,600
8700	8722	2CT	470×610	12.7	51.4(29.1)	17,015	2,515	3,810	1,600

| 車両履歴 | | | | | | 備 考 |
改造所	#認可年月 改造年月	改造内容	前所有	旧番号	廃車年月 (用途廃止)	
					S63.02	
					H01.03	
					H01.03	⇒京葉臨海鉄道 DD503(H01.05)→KD501 改番(H01.09)→廃車 (H12.03)
					S47.06	⇒関東鉄道 キハ711,712 入線(S47.06)認可(S47.08)→鹿島鉄道 廃車 (H04.12)
					S47.06	⇒関東鉄道 キハ713 入線(S47.06)認可(S47.08)→鹿島鉄道 廃車 (H03.12)
			国鉄	モハ31036		*1使用開始年月
自社工場	*1S32.12 S33.03	荷物室設置・総括回路設置・車掌室設置 中央扉ステップ設置		サハ1	S45.03	
			国鉄	*3モハ31070		*2使用開始年月 *3現車UF20魚腹台枠 旧番号車台枠形状非該当
自社工場	S32.12 S33.03	荷物室設置・総括回路設置・車掌室設置 中央扉ステップ設置		サハ2	S46.01	
			国鉄	*5モハ31104		*4使用開始年月 *5現車UF20魚腹台枠 旧番号車台枠形状非該当
自社工場	S32.12 S33.03	荷物室設置・総括回路設置・車掌室設置 中央扉ステップ設置		サハ3	S39.09	
			飯山鉄道	フホハ2		飯山鉄道 ホハユフ2→フホハ2(T12.06)→廃車 (S16.08) ⇒三井芦別鉄道 フホハ1 認可(S16.09)→ホハフ1(不明)
自社工場	#S31.01 S32.05	鋼体化・車内放送装置設置 総括回路設置	自社	ホハフ1	S46.03	飯山鉄道 ホハユフ2→フホハ2(T12.06)→廃車 (S16.08) ⇒三井芦別鉄道 フホハ1 認可(S16.09)→ホハフ1(不明)→ホハ10 認可(S31.01)→
旭川同志社	S22.10	荷物室撤去	国鉄	ナユニ5363	S34.07	鉄道作業局 ブボ23→ホニ8854(M44.01)→ナニ8854(T13.11)→ナニ6254(S03.10)→ナユニ5363(S10.02)→廃車 (S23.06)⇒三井芦別鉄道 ナハ1 認可 (S25.12)→リ10 認可(S30.05)→廃車(S34.07)
			国鉄	ナハフ14405	S33.07	鉄道院 ホロフ5625→ホロフ11212(S03.10)→ナハフ14405(S05.08)→廃車(S30.03)→三井鉱山 ナハフ1 認可(S30.08)→三井鉱山奈井江専用鉄道 ナハフ6 認可(S34.09)→廃車 (S42.10)
旭川同志社	S24.03		国鉄	マユニ29003	S33.07	鉄道院 スイネ28103→スイネ27103(S03.10)→マユニ29003(S07.03)→廃車 (S23.06)→三井鉱山 スハ1 認可(S25.12)→三井鉱山奈井江専用鉄道 ナハフ8 認可(S34.07)→廃車 (S42.10)
			国鉄	オル19957	S33.07	鉄道院 スロネフ28584→オロネフ28584(T13.11)→スロネフ17553(S03.10)→スハフ18903(S07.03)→スヘフ18951(S14.02)→オヤ19937(S26.02)→オル19957(S28.04)→三井鉱山 スハ2 認可(S32.11)⇒三井鉱山奈井江専用鉄道 ナハフ7 認可(S34.09)→廃車 (S42.10)
旭川同志社 自社工場	S26.05 S30.03	荷物車化改造・車体振替 鋼体化 台枠銘板 M33 月島車両製作所	胆振縦貫	フハ3	S36.10	北海道官設鉄道 よさ45⇒鉄道作業局 移管(M38.04)→フハ3428(M44.01)→廃車(S03.07)⇒胆振鉄道 フハ3 認可(S03.08)→胆振縦貫鉄道 フハ3(S16.08)⇒三井鉱業所専用鉄道 フハ3 入線(S19.03) 認可(S24.04)→ニフ1 認可(S26.05)→ニ1 認可(S30.03)→
			渡島海岸	ワブ2	S36.10	→ワフ3 認可(S24.01)→ワフ7 認可(S27.12)→ニ2 認可(S30.04)→

北海道拓殖鉄道(1928.12.15開業)(1968.10.01廃止)

| 車両履歴 | | | | | | 備 考 |
製造所 製番	製造年月	#設計認可 竣功届	前所有	旧番号	廃車年月 (用途廃止)	
大阪 23	S03.09	S04.01			S35.07	⇒解体 (S36.--)
大阪 24	S03.09	S04.01			S39.11	⇒鹿追駅跡公園 保存(S52.05)→
大阪 9	T02.--	S29.04	国鉄	8722	S31.07	鉄道院 8722→廃車(S24.10)⇒北海道拓殖鉄道 8722 認可(S28.06)→廃車(S31.07)⇒雄別鉄道 8722 入線(S32.07)認可(S32.10)→廃車(S41.08)⇒釧路製作所釧路工場 8722 保存(S55.08)

北海道拓殖鉄道諸元表（内燃機関車・気動車・客車）

形式	番号	車体寸法 最大長 mm	最大幅 mm	最大高 mm	自重(荷重) ton	軸配置定員(座席)	台車 製造所	形式	軸距 mm	内燃機関 製造所	形式	連続出力(馬力)回転数	変速機	製造所製番	製造
DR202CL	DR202CL	*13,050	2,730	3,714	45.0	2C	新潟鉄工		1,800(従)1,250(動)×2	振興造機	DMH36S	450/1,300	DS1.2/1.35	新潟鉄工	S3
DD450	DD4501	13,650	2,700	3,880	45.0	BB	日立笠戸		2,400		DMF31S	370/1,300×2	DF138-MS450	日立笠戸 12367	S3
キハ101	101	6,720	2,640	3,455	5.5	30(18)	日車支店		3,000	Ford	A	30/1,400	機械式	日車支店	S0
キハ101	102	6,720	2,640	3,455	5.5	30(18)	日車支店		3,000	Ford	A	30/1,400	機械式	日車支店	S04
キハ111	111	11,720	2,640	3,455	13.2	72(32)	日車本店	軸バネ式	1,500	日野	DS40B	150/2,400	機械式	日車本店	S05
キハ111	112	11,720	2,640	3,455	13.2	72(32)	日車本店	軸バネ式	1,500	日野	DS40B	150/2,400	機械式	日車本店	S05
キハ301	301	19,700	2,740	3,860	32.3	110(34)		TR29菱枠型	2,000		DMH17C	180/1,500	TC2	泰和車輌	S3
ナハ501	501	16,790	2,730	3,800	28.0	84(44)			2,438					汽車東京	S03
ホハ500	502	18,161	2,743	3,835	22.6	88			2,438					汽車東京	S0

十勝鉄道諸元表（蒸気機関車） 本諸元表は昭和30(1955)年から廃止の昭和52(1977)年まで帯広部線に在籍した車両を対象とする。

形式	番号	軸配置	気筒径×行程 mm	実用最高気圧 kg/cm²	運転整備重量(炭水車) ton	最大長 mm	最大幅 mm	最大高 mm	動輪直 mm
軌間 1067mm									
	2	C	370×450	12.0	30.5	8,610	2,520	3,565	900
2500	2653	C1	406×610	12.5	50.0	10,346	2,510	3,808	1,250
軌間 762mm									
	4	C	229×356	12.0	12.2	5,886	1,867	3,112	712
	5	C	229×356	12.0	12.2	5,886	1,867	3,112	712
	6	C	230×325	12.0	12.3	5,851	1,720	2,984	650

十勝鉄道諸元表（内燃機関車・気動車・客車）

形式	番号	車体寸法 最大長 mm	最大幅 mm	最大高 mm	自重(荷重) ton	軸配置定員(座席)	台車 製造所	形式	軸距 mm	内燃機関 製造所	形式	連続出力(馬力)回転数	変速機	製造所製番	製造
軌間 1067mm															
	DB1	6,050	2,345	2,800	15.0	B				振興造機	DMF13B	120/1,500	TC2A	加藤製作所 331418	S33.
DD11	DD11	10,250	2,525	3,466	35.0	BB	日立笠戸		1,800	振興造機	DMH17C×2	180/1,500	TC2×2	日立笠戸 12369	S33.
軌間 762mm															
DMR12C.30	DC1	5,254	2,020	2,475	12.0	C			775+775	民生	KD-4	91/1,200	機械式	日立笠戸 12064	S26.
DMR12C.30	DC2	5,500	2,125	2,700	12.0	C			900+900	振興造機	DMF13	120/1,500	機械式	日立笠戸 12135	S28.0
キハ1	1	5,430	2,080	3,150	4.5	21(13)			2,190	いすゞ	T40	68/1,400	機械式	斎藤工業所	S10.0
キハ1	2	6,600	2,126	3,140	5.5	30(18)			3,000	いすゞ	T40	68/1,400	機械式	日車支店	S08.0
コハ1	3,4	4,222	2,108	2,984	1.9	14(14)			1,828					自社工場	T12.1
コハ1	6	4,222	2,108	2,984	1.9	14(14)			1,828					自社工場	T12.1
コハ1	7,8	4,222	2,108	2,984	1.9	14(14)			1,828					服部製作所	T09.
コハ9	9,10	4,222	2,057	3,131	1.9	14(14)			1,828					服部製作所	T09.0

認可届	改造所	#認可年月 改造年月	改造内容	前所有	旧番号	廃車年月 (用途廃止)	備 考
.04						S43.10	⇒八戸通運(泰和車輌経由)？ *)除雪装置取付時 16,500
.11				定山渓鉄道	DD451	S43.10	定山渓鉄道 DD4501→廃車 (S39.05)⇒北海道拓殖鉄道 DD4501 認可(S39.08)→廃車 (S43.10)→旭川通運 近文 DD451(S43.11)→DD103 改番時期不明→解体 (S56.--)
.09						S36.10	キハ101 認可(S07.07)→休車(S31.--)エンジン撤去
.07						S36.10	キハ102 認可(S08.07)→休車(S32.--)
.04	復興社所沢	S31.07	窓配置変更・車体更新 エンジン変更	西武鉄道	キハ112	S43.10	佐久鉄道 キホハニ54⇒買収 鉄道省 キハニ40603(S09.09)→キハニ40704(S12.10)→廃車(S17.--)⇒西武鉄道 キハ101(S23.--)→キハ111→キハ112→廃車 (S31.--)⇒北海道拓殖鉄道 キハ111 認可(S31.08)→廃車 解体
.07	復興社所沢	S32.05	窓配置変更・車体更新 エンジン変更	西武鉄道	キハ111	S43.10	佐久鉄道 キホハニ55⇒買収 鉄道省 キハニ40604(S09.09)→キハニ40705(S12.10)→廃車(S17.--)⇒西武鉄道 キハ101A(S18.--)→キハ102→キハ112→キハ111→廃車 (S32.--)⇒北海道拓殖鉄道 キハ112 認可(S32.06)→
.05						S43.10	ホハ502 台枠流用車体新製 認可(S38.03)
.04	泰和車輌	S25.10	事故車ホロハ1台枠・台車流用 鋼体化			S43.10	ホロハ1 認可(S03.10)→音更川転落事故(S21.01)→ナハ501 認可(S26.08)→
.01						S36.10	ホロハ2 認可(S03.10)→ホハ502(S25.--)→

十勝鉄道（1924.02.08開業）（1946.0130河西鉄道合併）（1977.03.01廃止）

造所 製番	製造年月	#設計認可 竣功届	前所有	旧番号	廃車年月 (用途廃止)	備 考
pel 00	T13.04	T14.06			S41.05	
win 08	M38.10	S27.02	国鉄	2653	S33.04	陸軍野戦隊定理部 1187⇒鉄道作業局移管 1187(M39.09) →鉄道院 2653 改番(M42.10)→廃車 (S25.06) ⇒十勝鉄道 2653 入線(S26.11) 認可(S27.01)→廃車 (S33.04) ⇒日本甜菜糖美幌工場専用側線 2653 認可(S33.07)→廃車 (S35.06)
本店	T09.07	T12.12	北海道製糖	4	S34.11	北海道製糖専用軌道 4⇒十勝鉄道 4 認可(T12.12)→廃車 (S34.11) ⇒帯広図書館 4 保存⇒緑ヶ丘公園 4 保存⇒とてっぽ通り 4 保存→
本店	T09.07	T12.12	北海道製糖	5	S32.10	北海道製糖専用軌道 5⇒十勝鉄道 5 認可(T12.12)→廃車 (S32.10)
pel 72	T12.12	T13.10			S30.10	⇒岩見沢 川本鉄材 売却

十認可 功届	改造所	#認可年月 改造年月	改造内容	前所有	旧番号	廃車年月 (用途廃止)	備 考
1.02				日石精製	DB510	S52.03	日本石油精製室蘭専用側線 DB510⇒十勝鉄道 DB1 認可(S41.01)→
33.04						S52.03	⇒日本甜菜製糖萱室専用線 DD11(S52.--)→廃車 (S56.--)
27.04						S34.11	
29.01						S34.11	⇒頚城鉄道 DC123 認可((S35.12)→廃車 (S46.05)
10.03	自社工場	S28.05 S31.02	エンジン取替 (Ford V8→) 前後進装置改造・ ボギーセンター延長			S34.11	
25.04	自社工場	S30.04 S32.02	エンジン取替 (Ford V8→) 空気制動装置新設	河西鉄道	カハ1	S34.11	河西鉄道 カハ1⇒十勝鉄道清水部線 キハ2(S25.04)
12.12						S32.10	
26.--				十勝清水部	コハ6	S32.10	十勝鉄道清水部線 コハ6→帯広部線 コハ6 転入(S26.--)→
03.12	自社工場	S03.02	放下車(オープン ホッパ貨車) 客車化	北海道製糖	ケ183,182	S32.10	
02.09	自社工場	S02.09	放下車(オープン ホッパ貨車) 客車化	北海道製糖	ケ184,185	S32.10	

形式	番号	車体寸法			自重(荷重) ton	軸配置定員(座席)	台車		軸距 mm	内燃機関			変速機	製造所製番	製造
		最大長 mm	最大幅 mm	最大高 mm			製造所	形式		製造所	形式	連続出力(馬力)回転数			
コハ1	11,12,13	4,600	2,134	2,906	1.9	14(10)			1,830					服部製作所	T0
コハ21	21,22 23,24	5,639	2,121	2,896	5.0	18(18)			2,286					楠木製作所	*¹T1
コハ21	25	5,638	2,120	2,895	5.0	18(18)			2,286					自社工場	S3
コホハ21	21,22	8,229	2,024	3,048	3.6	40(40)			1,016					雨宮鉄工所	M4
コホハ31	31,32	8,366	2,024	3,000	5.0	38(14)			1,220					大日本軌道鉄工部	T04
コホハ41	41,43,44	9,157	1,878	3,022	3.8	34(22)			1,067					藤田鉄工所	T14
コホハ41	42	9,300	2,080	2,950	6.4	45(28)			1,220					藤田鉄工所	T14

雄別鉄道諸元表（蒸気機関車） 本諸元表は昭和30(1955)年から廃止の昭和45(1970)年まで在籍した車両を対象とする。

形式	番号	軸配置	気筒径×行程 mm	実用最高気圧 kg/cm²	運転整備重量(炭水車) ton	最大長 mm	最大幅 mm	最大高 mm	動輪直径 mm
100	103	1C1	400×500	12.0	40.5	9,440	2,650	3,869	1,100
100	104	1C1	400×500	12.0	40.5	9,440	2,650	3,869	1,100
100	106	1C1	400×500	12.0	38.5	9,680	2,650	3,869	1,100
200	205	C	370×450	12.0	29.9	8,166	2,520	3,585	910
C56	1001	1CT	400×610	14.0	38.2 (29.6)	14,325	2,936	3,900	1,400
8700	8721	2CT	470×610	13.0	51.4 (29.1)	16,606	2,515	3,810	1,600
8700	8722	2CT	470×610	13.0	51.4 (29.1)	17,015	2,515	3,810	1,600
9040	9046	1DT	406×508	10.0	37.3 (22.7)	15,755	2,616	3,772	1,092
9200	9224	1DT	457×559	12.0	48.2 (28.5)	17,330	2,515	3,733	1,092
9200	9233	1DT	457×559	12.0	48.2 (28.5)	17,330	2,515	3,733	1,092
C11	C111	1C2	450×610	15.0	68.1	12,650	2,940	3,940	1,520
C11	C113	1C2	450×610	15.0	66.1	12,650	2,940	3,900	1,520
C11	C118	1C2	450×610	15.0	65.9	12,650	2,940	3,940	1,520
C11	C1165	1C2	450×610	15.0	65.9	12,650	2,940	3,900	1,520
C11	C11127	1C2	450×610	15.0	65.9	12,650	2,940	3,940	1,520
C12	C1256	1C1	400×610	14.0	50.1	11,350	2,936	3,900	1,400

雄別鉄道諸元表（内燃機関車・気動車・客車）

形式	番号	車体寸法			自重(荷重) ton	軸配置定員(座席)	台車		軸距 mm	内燃機関			変速機	製造所製番	製造
		最大長 mm	最大幅 mm	最大高 mm			製造所	形式		製造所	形式	連続出力(馬力)回転数			
YD13	YD1301	13,600	2,960	3,930	55.0	BB	日車本店	軸バネ式	2,200	新潟鉄工	DMF31SB ×2	500/1,500	DS1.2/1.35	日車本店 2518	S41.0
キハ49200	49200Y1 49200Y2 49200Y3	20,000	2,923	3,885	32.0	104(72)	新潟鉄工	NH38 (TR29系) 菱枠型	2,000	新潟鉄工	DMH17BX	180/1,500	DF115	新潟鉄工	S32.0
キハ100	104 105	200,000	2,928	3,885	32.0	101(70)	新潟鉄工	NP1A (DT22A系) NP2A (TR51A系)	2,100	新潟鉄工	DMH17C	180/1,500	DF115	新潟鉄工	S37.0 S37.1

認可届	改造所	*認可年月 改造年月	改造内容	前所有	旧番号	廃車年月 (用途廃止)	備考
.12	自社工場	S16.11	放下車(オープンホッパ貨車)客車化	北海道製糖	セ37,38,39	S32.10	
.06				河西鉄道	ハ1,2,3,4	S34.11	⇒十勝鉄道清水部線 ハ1～4→全線廃止(S26.07)→帯広部線 *¹コハ24 (T15.--)
.11						S34.11	コハ21形同形態
.06				中国鉄道稲荷山線	シハ1,2	S34.11	中国鉄道稲荷山線 改軌(S04.--)⇒小島栄次郎売却(S10.12)
2.09				谷地軌道	ボキ1,2 ?	S34.11	谷地軌道 廃止(S10.10)
8.09	泰和車輛	*²S29.12	鋼体化	南筑軌道	13,15,16	S34.11	*²鋼体化 コハフ43(S30.10) コハフ44(S32.08) コハフ44→歌登町営軌道
8.09	泰和車輛	S28.12	鋼体化	南筑軌道	14	S34.11	

北海炭礦鉄道(1923.01.17開業)(1924.03.18改称)雄別炭礦鉄道(1959.08.31譲渡)雄別鉄道(1970.02.12合併)
雄別炭礦(1970.04.16譲渡)釧路開発埠頭1984.02.01廃止)

製造所 製番	製造年月	*設計認可 竣功届	前所有	旧番号	廃車年月 (用途廃止)	備考
...pel 41	T11.10	T13.07			S33.05	⇒(雄別炭礦尺別専用鉄道 103)⇒雄別炭礦茂尻礦業所専用線 103 認可(S33.05)→閉山廃車(S39.08)
...pel 42	T11.10	T13.07			S33.08	→106(機番交換？)→日本甜菜糖磯分内専用線 104 認可(S33.12)→廃車(S36.11)
...pel 21	T14.11	T15.06			S37.08	→104(機番交換?)→解体
...pel 75	T12.06	T14.02			S45.08	⇒ノーベル書房 売却・競売(S45.07)→河口湖自動車博物館 ⇒川越市角栄幼稚園 保存→解体
...重工	S16.02	S16.03			S45.08	→廃車 解体
...大阪	T02.07	S28.01	国鉄	8721	S45.08	鉄道院 8721→廃車(S25.01)⇒雄別鉄道 8721 入線(S27.07)→廃車 解体
...大阪	T02.09	S33.02	北海道拓殖	8722	S41.08	鉄道院 8722→廃車(S24.10)⇒北海道拓殖鉄道 8722 認可(S28.06)→廃車(S31.07)⇒雄別鉄道 8722 入線(S32.07)認可(S32.10)→廃車(S41.08)⇒釧路製作所釧路工場 8722 保存(S55.08)→
...dwin 453	T07.03	S25.04	美唄鉄道	9045	S40.07	ニカァラグァ国営鉄道 2 キャンセル→保管→美唄鉄道 1 認可(T08.08)→廃車(S24.09)⇒雄別炭鉱鉄道 認可(S25.03)→廃車(S40.07)→解体(S41.12)
...dwin 509	M38.09	S26.06	釧路埠頭	9224	S37.11	陸軍 824→陸軍野戦鉄道提理部中国満州 824(M39.09)→鉄道作業局 移管 824(M39.09)廃車(S24.09)→鉄道院 9224(M42.10)→廃車 S24.09)⇒釧路埠頭倉庫 9224 認可(S26.04)⇒雄別炭礦鉄道 9224 認可(S26.04)→廃車 解体
...dwin 785	M38.11	*S26.09	釧路埠頭	9233	S33.05	陸軍 836→陸軍野戦鉄道提理部中国満州 836→鉄道作業局 移管 836(M39.09)→中国 帰還 836(M42.--)→鉄道院 9233 改番(M42.10)→廃車(S02.01)⇒美唄鉄道 9233 認可(S02.10)→三菱石炭鉱業(大夕張鉄道) 借入(S04.06)→返却(S13.06)⇒釧路埠頭倉庫 9233 入籍(S25.04)⇒雄別炭礦鉄道 9224 認可(S25.03)→
...本店 73	S22.03	S33.08	江若鉄道	C111	S50.09	⇒江若鉄道 ひえい 認可(S22.06)→C111(S25.--)→廃車 S32.--)⇒雄別炭礦鉄道 C111 入線 認可(S33.07)⇒釧路開発埠頭 C111(S45.04)→廃車(S50.09)→江別市 個人保管→日本鉄道保存協会 移管(H23.10)⇒東武鉄道博物館 譲受(H30.11)⇒東武鉄道 C11123 動態復元中→
...車大阪 76	S07.08	S40.07	国鉄	C113	S45.08	鉄道省 C113→廃車(S39.08)⇒雄別鉄道 C113 入線(S39.11)認可(S40.06)→廃車 解体
...立笠戸 60	*⁵S16.06	S27.07	松尾鉱業	C118	S45.08	松尾鉱業鉄道 8 認可(S16.09)竣功(S18.03)→C118 改番(S23.03)→廃車(S26.--)⇒雄別炭礦鉄道 C118 入線(S27.01)認可(S27.05)→廃車 解体 *⁵竣功図 S17.07
...崎車輛 33	S10.03	S37.01	国鉄	C1165	S45.08	鉄道省 C1165→廃車(S36.02)⇒雄別鉄道 C1165 入線(S36.05)認可(S36.12)→廃車(S45.08)→阿寒町 郷土資料館 保存→阿寒町 炭礦と鉄道館 保存→
...本店 52	S13.02	S38.03	国鉄	C11127	S45.08	鉄道省 C11127→廃車(S37.06)⇒雄別鉄道 C11127 入線(S37.11)認可(S38.01)→廃車 解体
...車大阪 215	S09.02	S27.01	茨城交通	C1256	S32.10	鉄道省 C1256→神中鉄道 借入 C1256(S19.02)→国鉄 廃車(S19.09)⇒相模鉄道 C1256 譲渡(S19.09)→茨城交通 C1256 入線(S25.01)⇒雄別炭礦鉄道 C1256 入線(S25.06)認可(S26.12)→廃車(S32.10)⇒尺別鉄道 C1256 認可(S33.06)→廃車 解体(S45.04)

設計認可 竣功届	改造所	*認可年月 改造年月	改造内容	前所有	旧番号	廃車年月 (用途廃止)	備考
S41.12						H11.09	埠頭線配置⇒釧路開発埠頭 KD1301(S45.04)⇒太平洋石炭販売 D801(H12.03)→
S32.07						S45.08	⇒関東鉄道 キハ761,762,763 認可(S45.12)→廃車(S62.04)
S37.04 S37.12						S45.08	⇒関東鉄道 キハ811 認可(S45.12)→廃車(S62.04) ⇒関東鉄道 キハ812 認可(S45.12)→廃車(S61.09)

形式	番号	車体寸法			自重(荷重) ton	軸配置定員(座席)	台車		軸距 mm	内燃機関		連続出力(馬力)回転数	変速機	製造所製番	製造
		最大長 mm	最大幅 mm	最大高 mm			製造所	形式		製造所	形式				
キハ100	106	200,000	2,928	3,885	32.0	101 (70)	新潟鉄工	NP1AB (DT22C系) NP2AB (TR51B系)	2,100	新潟鉄工	DMH17C	180/1,500	DF115	新潟鉄工	S44
ハ1	1,2,3	8,521	2,740	3,857	7.8	44			3,809					日車支店	T11
ハ4	4	7,944	2,450	3,715	6.5	36			3,809					平岡工場	M26
フハ5	5	8,268	2,642	3,835	7.0	36			3,809					平岡工場	M30
ハ6	6	7,708	2,692	3,727	6.2	20			3,658					帝国鉄道庁 新橋工場	M05 M41
フハ5	7	8,165	2,578	3,524	6.8	24			3,809					北海道庁 月島仮工場	M31
コハ1	1	11,379	2,725	3,885	12.4	32	汽車大阪	棒鋼組立	1,524					汽車大阪	T03.
コハ2	2	13,600	2,720	3,540	17.0	52	日車支店	菱枠型	1,500					日車支店	S10.
ナハ11	11	16,860	2,900	3,970	25.0	75		TR11	2,450					日車支店	*¹T15.
ナハ12	12	16,620	2,720	3,650	19.8	72	日車支店	菱枠型 偏心台車	1,710 2,110					日車支店	S12.
ナハ12	13	16,620	2,720	3,650	19.8	72	日車支店	菱枠型 偏心台車	1,710 2,110					日車支店	S15.0
ナハ11	14	15,774	2,900	3,886	26.5	75		日鉄リード型	1,676					日本鉄道 大宮工場	M36.
ナハ11	15	19,982	2,900	4,020	34.5	99		三軸ボギー	1,753 1,753					鉄道院 大宮工場	M45.0
ナハ11	16	16,782	2,718	3,731	25.0	88		TR10系	2,438					鉄道院 小倉工場	M44.0
ナハ11	17	16,782	2,725	3,759	25.0	68		TR10系	2,438					鉄道院 札幌工場	T03.0
ナハ11	18	16,782	2,725	3,758	23.5	120 (58)		TR10系	2,438					鉄道院 大宮工場	M45.0
ナハ11	19	16,802	2,725	3,797	24.0	119 (59)		TR10系	2,438					鉄道院 大宮工場	T07.0

釧路臨港鉄道諸元表（蒸気機関車） 本諸元表は昭和30(1955)年から昭和38(1963)年旅客営業廃止まで在籍した車両を対象とする

形式	番号	軸配置	気筒径×行程 mm	実用最高気圧 kg/cm²	運転整備重量(炭水車) ton	最大長 mm	最大幅 mm	最大高 mm	動輪直径 mm
2-6-4	5	1C2	380×480	12.0	45.9	11,050	2,632	3,600	1,113
2-6-4	6	1C2	380×480	12.0	47.5	11,050	2,632	3,600	1,120
2-6-4	7	1C2	380×480	12.0	47.5	10,140	2,627	3,595	1,120
2-6-4	8	1C2	380×480	12.0	47.0	10,140	2,627	3,595	1,120
2120	10	C1	406×610	11.0	50.2	10,439	2,438	3,813	1,250
2120	11	C1	406×610	11.0	50.2	10,439	2,438	3,813	1,250

認可届	改造所	※認可年月 改造年月	改造内容	前所有	旧番号	廃車年月 (用途廃止)	備考
07						S45.08	⇒関東鉄道 キハ813 認可(S45.12)→廃車(H01.08)
12		S32.07	車体更新 窓・扉位置変更・車端部切妻・屋根シングルルーフ化			S32.10	→雄別炭礦尺別専用鉄道 *¹ハ11,12,13(S32.10)→尺別鉄道 *¹ハ11,12,13(S36.02)→廃車(S45.02) *¹ハ11→ハフ11 緩急車化改造(S39.01)
12				鉄道省	ハ2358	S32.10	参宮鉄道 に6⇒買収 帝国鉄道庁 ハ2358(M40.10)→廃車(T12.--)→北海道炭礦鉄道 ハ2358(T12.12)→雄別炭礦鉄道 ハ4(T15.12)→尺別鉱業所専用鉄道 ハ14(S32.10)→廃車(S35.04)
12				鉄道省	フハ3103	S32.10	西成鉄道 は16→ハ2436(M44.01)→フハ3103(T02.--)→廃車(T12.--)→北海道炭礦鉄道 フハ3103(T12.12)→雄別炭礦鉄道 フハ5(S03.07)→尺別鉱業所専用鉄道 ハフ15(S32.10)→廃車(S35.04)
10				鉄道省	ロ772	S33.08 S33.09	帝国鉄道庁 ロ2→鉄道作業局 ロ772(M44.01)→廃車(T12.--)→北海道炭礦鉄道 ロ772(T12.08)→雄別炭礦鉄道 ロ6(T12.10)→ハ6 認可(S03.10)→
12				鉄道省	フロ840	S32.10	北海道官設鉄道 ほ1→鉄道作業局 ほ1(M38.04)→鉄道院 フロ840(M44.01)→廃車(T12.--)⇒北海道炭礦鉄道 フロ840(T12.12)→雄別炭礦鉄道 フロ7(T12.10)→フハ7 認可(S03.10)→廃車(S32.10)→尺別鉱業所専用鉄道 ハフ16(S32.10)→廃車(S35.04)
12	不明 自社	S16.12 ※S34.08	車体幅拡大・車体長延伸・車体更新 窓・扉位置変更・車端部切妻	鉄道省	コロ1	S41.09	長州鉄道 ホロハ1⇒買収 鉄道省 コロハ5735(T14.06)→廃車(T15.01)⇒芸備鉄道 コロ1 認可(S02.02)⇒買収 鉄道省 コロ1(S12.07)⇒雄別鉄道 コハ1 認可(S16.08)→
03	自社	※S27.02	前後運転台撤去・ロングシート化・貫通路設置	国鉄	キハ40351	S45.08	北海道鉄道 キハ501⇒鉄道省 買収 キハ46351(S18.08)→廃車(S18.10)⇒雄別鉄道 譲受(S25.11)→コハ2
02	*²自社	※S34.08	便所移設/車掌室・荷物室・小室設置・気動車併結付随車化	国鉄	ナハ23670	S45.08	鉄道省 ナハ35225→ナハ23670→ *¹現車台枠銘板 日本車輌東京支店大正14年 *²室内銘板 東京三真工業昭和24年製
6.05	自社	※S27.01 S27.02 竣功届 *³S34.--	前後運転台撤去/撤去部 ロングシート 貫通路設置 S27.02 竣功届 *³気動車併結付随車化	国鉄	キハ40361	S45.08	北海道鉄道 キハ551⇒鉄道省 買収 キハ40361(S18.08)→廃車(S24.09)⇒雄別鉄道 譲受(S25.08)→ナハ12→
6.05	自社	※S27.01	前後運転台撤去/撤去部 ロングシート 貫通路設置 S27.02 竣功届	国鉄	キハ40364	S45.08	北海道鉄道 キハ554⇒鉄道省 買収 キハ40364(S18.08)→廃車(S24.09)⇒雄別鉄道 譲受(S25.08)→ナハ13→
3.07	運輸工業	※S29.05	鋼体化改造工事(台車・台枠再用) S29.07 竣功届	国鉄	ホハフ 2631	S45.08	日本鉄道 いろ63→買収 鉄道作業局(M39.11)→イネロ5052(M44.01)→ロネロ5082(T09.--)→ロネロ252(S03.10)→ホハフ2631(S04.12)→廃車(S27.03)⇒雄別炭礦鉄道 ホハフ2631(S27.05)→鋼体化 ナハ14(S29.07)→雄別炭礦尺別鉄道 ナハ14 借入(S37.--)→解体(S45.04)
8.09	運輸工業	S30.--	鋼体化改造工事(台車・台枠再用) S30.06 竣功届	国鉄	スハニ 19115	S45.08	鉄道院 スロシ9217→オロシ17756(T13.11)→スハニ19115(S07.07)→廃車(S27.08)⇒雄別炭礦鉄道 ナハ15(S28.09)→
1.05	運輸工業	S31.09	荷物室・郵便室用側扉撤去窓化	国鉄	ナユニ 16465	S37.04	鉄道院 ホユニ8751→ホユフ8754(T05.12)→ナユフ8574(T13.11)→ナユ16008(S03.10)→ナユニ16465(S08.12)→廃車(S30.12)⇒雄別鉄道 譲受(S31.02)→ナハ16→
1.05	釧路製作所	※S34.08	車掌室・荷物室設置/側扉拡大移設・気動車併結付随車化	国鉄	ナハニ 15726	S45.08	鉄道院 ホハニ8488→ナハニ8488(T13.11)→ナハニ15726(S03.10)→廃車⇒雄別鉄道 譲受(S31.02)→ナハ17→
32.11	釧路製作所	※S34.08	側扉移設引戸化 S34.10 竣功届	国鉄	ナエ17174	S45.08	鉄道院 ホユニ8757→ナユニ8757(T13.11)→ナユ16269(S03.10)→ナエ7174(S29.10)→廃車(S31.11)⇒雄別鉄道 ナハ18(S33.06)→
33.06	釧路製作所	※S34.08	側扉移設引戸化 S34.10 竣功届	国鉄	ナル17647	S45.08	鉄道院 ホシ20802→ナシ20802(T13.11)→ナシ10372(S03.10)→オニ16638(S05.03)→ナハ12738(S18.03)→ナル17647(S28.04)⇒雄別鉄道 ナハ19(S33.06)→

釧路臨港鉄道(1925.02.11貨物開業)(1926.02.01旅客営業開始)(1963.11.01旅客営業廃止)→太平洋石炭販売(1979.04.30合併)(2019.06.30全線廃止)

製造所 製番	製造年月	※設計認可 竣功届	前所有	旧番号	廃車年月 (用途廃止)	備考
車本店 2	S04.09	S04.10			S40.02	
車本店 4	S12.08	※S12.08			S40.02	
車本店 7	S16.08	S16.09			S39.02	
車本店 32	S18.03	※S18.11			S40.02	
orth itish 063	M38.--	S26.08	国鉄	2356	S39.02	鉄道作業局 1090→鉄道院 2356 改番(M42.10)→廃車(S24.10)⇒釧路臨港鉄道 10 入線(S25.12)認可(S26.06)→廃車(S39.02)→解体(S39.04)
orth itish 931	M38.--	S26.12	国鉄	2381	S39.02	北海道鉄道 21→帝国鉄道庁 買収 21(M40.07)→鉄道院 2381 改番(M42.10)→廃車(S25.10)⇒釧路臨港鉄道 11 入線(S25.12)認可(S26.12)→廃車(S39.02)→解体(S39.04)

釧路臨港鉄道諸元表（気動車・客車）

| 形　式 | 番　号 | 車体寸法 | | | 自重(荷重)ton | 軸配置定員(座席) | 台車 | | | 内燃機関 | | | 変速機 | 製造所製番 | 製造 |
		最大長mm	最大幅mm	最大高mm			製造所	形式	軸距mm	製造所	形式	連続出力(馬力)回転数			
D100	DD101	13,050	2,810	3,720	54.00	BB	日車本店		2,200	振興造機	DMF31SB×2	500/1,500		日車本店1788	S3.
キハ1000	1001	16,754	2,700	3,650	25.00	110(50)		菱枠型	1,710		DMF13	120/1,500	TC2	日車支店	S1.
コハ1	1	6,720	2,640	3,455	6.20	40(22)			3,000					日車支店	S07
コハ100	101	8,520	2,720	3,550	7.90	54(24)			3,960					日車支店	S1

根室拓殖鉄道諸元表（気動車）本諸元表は昭和30（1955）年から昭和34（1959）年の廃止まで在籍した車両を対象とする。

| 形　式 | 番　号 | 車体寸法 | | | 自重(荷重)ton | 軸配置定員(座席) | 台車 | | | 内燃機関 | | | 変速機 | 製造所製番 | 製造 |
		最大長mm	最大幅mm	最大高mm			製造所	形式	軸距mm	製造所	形式	連続出力(馬力)回転数			
	ジ1(ちどり)	6,022	2,120	2,770	3.5	21(15)	日車支店		2,500	日産	180	85/3,300	機械式	日車支店	S06
TB1	キハ2(かもめ)	7,000	2,000	2,790	4.9	44(24)	田井自動車		2,500	日産	180	85/3,300	機械式	田井自動車	S24
TB2	キハ3(銀龍)	7,350	2,650	3,000	5.0	40	田井自動車		2,500	日産	180	85/3,300	機械式	田井自動車	S24

士別軌道諸元表（蒸気機関車）本諸元表は昭和30（1955）年から昭和34（1959）年の廃止まで在籍した車両を対象とする。

形　式	番　号	軸配置	気筒径×行程mm	実用最高気圧kg/cm²	運転整備重量(炭水車)ton	最大長mm	最大幅mm	最大高mm	動輪直径mm
	5	B	190×300	13.0	8.0	4,890	1,820	2,700	650
	6	B	140×254	11.1	5.0	4,537	1,587	2,520	559
	7	B	140×254	11.1	5.0	4,537	1,587	2,520	559

士別軌道諸元表（内燃機関車・客車）

| 形　式 | 番　号 | 車体寸法 | | | 自重(荷重)ton | 軸配置定員(座席) | 台車 | | | 内燃機関 | | | 変速機 | 製造所製番 | 製造年 |
		最大長mm	最大幅mm	最大高mm			製造所	形式	軸距mm	製造所	形式	連続出力(馬力)回転数			
	D1				5.0	B			940	新三菱	KE5	40/1,300	機械式	加藤製作所	S22.
	D2				5.0	B			940	新三菱	KE5	40/1,300	機械式	協三工業5096	S29.0
	D3				5.0	B			940	新三菱	KE5	40/1,300	機械式	酒井工作所	S29.6
	1	5,620	1,840	2,840	2.0	24(16)			1,830					日車支店	S03.0
	2	5,620	1,840	2,840	2.0	24(16)			1,830					日車支店	S03.0
	3	5,620	1,840	2,840	2.0	24(16)			1,830					日車支店	S04.0
	4	5,620	1,840	2,840	2.0	24(16)			1,830					日車支店	S05.0

留萠鉄道諸元表（蒸気機関車）本諸元表は昭和30（1955）から運行休止も昭和44（1969）年まで在籍した車両を対象とする。

形　式	番　号	軸配置	気筒径×行程mm	実用最高気圧kg/cm²	運転整備重量(炭水車)ton	最大長mm	最大幅mm	最大高mm	動輪直径mm
10	15	B	320×500	8.00	25.5	7,900	2,540	3,620	1,092
10	17	B	320×500	8.00	25.5	7,900	2,540	3,620	1,092

認可届	改造所	*認可年月 改造年月	改造内容	前所有	旧番号	廃車年月 (用途廃止)	備考
12						H11.11	
05	運輸工業	S28.07	気動車化改造 竣功届 S28.11	国鉄	キハ40363	S39.07	北海道鉄道 キハ553⇒鉄道省 買収 キハ40363(S18.08)→廃車 (S24.09) ⇒釧路臨港鉄道 キハ102 認可(S26.05)→ナハ1 認可(S26.08)→ナハフ1 認可(S27.02) →キハ1001 認可(S28.11)→廃車 (S39.07)⇒南部鉄道 キハ41002 認可(S39.10) →路線休止(S43.05)→路線廃止(S44.03)
09	自社工場	S27.10	客車化改造 竣功届 S27.11			S39.02	釧路臨港鉄道 キハ1 認可(S10.09)→コハ1 認可(S27.10)→
12	自社工場	S27.10	客車化改造 竣功届 S27.11	渡島海岸 鉄道	キハ101	S39.02	渡島海岸鉄道 キハ101 認可(S11.05)→廃車 (S20.01) ⇒釧路臨港鉄道 キハ101 認可(S20.12)→コハ101 認可(S27.10)→

根室拓殖軌道(1929.10.16開業)根室拓殖鉄道(1945.04.01)(1959.09.21廃止)

認可届	改造所	*認可年月 改造年月	改造内容	前所有	旧番号	廃車年月 (用途廃止)	備考
.12	自社車庫	S16.-- 不明	木炭ガス発生炉取付 エンジン換装 (Ford A→)			S34.09	→ジ3 入線(S06.09？)→ジ1 改番(S24.--)→廃車 (S34.09) ⇒珸瑤瑁小学校前バス待合室⇒珸瑤瑁小学校校庭保存→廃棄(S54.--)
5.07	自社車庫	S32.05	ヘッドライト妻面 左下部1個追加			S34.09	⇒沖根辺バス待合室→廃棄 *¹公式試運転(S24.10)
5.07	自社車庫	S28.03	無蓋貨物気動車→ 軌道客車化改造			S34.09	キ1→キハ3(S28.03)⇒共和学校前待合(室客室部分)⇒廃棄 *²公式試運転(S24.10)

士別軌道(1920.06.06開業)(1959.10.01廃止)

製造所 製番	製造年月	*設計認可 竣功届	前所有	旧番号	廃車年月 (用途廃止)	備考
機械	S17.12	*S16.11			S34.10	
製作所	T08.10	*¹S19.05	栗原鉄道	B51	S34.10	栗原軌道 1 認可(T10.12)→栗原鉄道 B51 改番(S17.04)→譲渡 (S19.05) ⇒士別軌道 B51(S19.--)→ *¹栗原鉄道譲渡年月
製作所	T08.10	*²S19.05	栗原鉄道	B52	S34.10	栗原軌道 2 認可(T10.12)→栗原鉄道 B52 改番(S17.04)→譲渡 (S19.05) ⇒士別軌道 B52(S19.--)→ *²栗原鉄道譲渡年月

設計認可 功届	改造所	*認可年月 改造年月	改造内容	前所有	旧番号	廃車年月 (用途廃止)	備考
1.02	朝日営林署	S27.01	ディーゼル エンジン化	奥士別森林		S34.10	車体寸法不明
31.11						S34.10	車体寸法不明
31.11	協三工業	S29.04	ディーゼル エンジン化			S34.10	車体寸法不明
03.06						S34.10	
03.06						S34.10	
03.06						S34.10	
05.03						S34.10	

留萌鉄道(1930.07.01開業)(1969.05.01休止)(1971.04.15廃止)

製造所 製番	製造年月	*設計認可 竣功届	前所有	旧番号	廃車年月 (用途廃止)	備考
rauss 211	M22.04	S06.04	東横電鉄	15	S44.--	九州鉄道 4→買収 帝国鉄道庁 4(M40.07)→15 改番(M42.10)→廃車(T14.05) ⇒東横電鉄(建設用) 15(T14.06)→廃車(S06.--)⇒留萌鉄道 認可(S06.04) ⇒明治鉱業昭和炭礦 15(S06.12)→休車 (S44.12)⇒沼田町 寄贈(S44.04) →動態復元工事 泰和車輌(S49.01)→大井川鉄道 借入(S49.09) →沼田町農業資料館 保存(S51.09)→町営ほろしん温泉 移設保存(H22.09)→
rauss 213	M22.04	S06.12	東横電鉄	17	S44.--	九州鉄道 6→買収 帝国鉄道庁 6(M40.07)→17 改番(M42.10)→廃車 (T14.05) ⇒東横電鉄(建設用) 17(T14.06)→廃車(S06.--)⇒留萌鉄道 17 認可(S06.11) ⇒明治鉱業昭和炭礦 17(S06.12)→休車 (S44.--) →競売 クラウス保存会落札(S44.04)→公開運転 キリンビール横浜工場(S44.10) →大阪エキスボランド展示(S45.03)→大井川鉄道 借入(S46.02)→返却(S48.--) →遠野市 伝承園 保存→遠野市 移管 遠野市動態保存(S58.11) →遠野市 万世の里 移設保存(H12.06)→那珂川清流鉄道保存会 保存(H23.06)→

留萠鉄道諸元表（気動車・客車）

形式	番号	車体寸法			自重(荷重)ton	軸配置定員(座席)	台車			内燃機関			変速機	製造所製番	製造
		最大長mm	最大幅mm	最大高mm			製造所	形式	軸距mm	製造所	形式	連続出力(馬力)回転数			
DR101CL	DR101CL	16,450	2,650	3,670	50.0	2C	新潟鉄工		1,800(全)1,250×2(動)	新潟鉄工	DMH36S	450/1,300	DB138	新潟鉄工	S33
DD200	DD201,202	11,350	2,680	3,758	45.0	BB	新潟鉄工		2,000	振興造機	DMH17S×2	250/1,500	TC2.5	新潟鉄工	S35
DD200	DD203	11,350	2,680	3,758	45.0	BB	新潟鉄工		2,000	振興造機	DMH17S×2	250/1,500	TC2.5	新潟鉄工	S40
ケハ500	501	12,220	2,850	3,670	18.0	75(42)		軸バネ式	1,600	相模	N-80	90/1,300	機械式	泰和車輌	S27
ケハ500	502	18,890	2,850	3,690	26.6	140(80)		TR10系	2,438	振興造機	DMH17	150/1,300	機械式	泰和車輌	S27
キハ1000	1001	20,100	2,728	3,715	34.0	138(86)	日立	KBD109菱枠型	1,800	振興造機	DMH17B	180/1,500	TC2	日立笠戸	S30
キハ1000	1002	20,100	2,728	3,715	34.0	138(86)	日立	KBD109菱枠型	1,800	新潟鉄工	LH8X DMH17B	180/1,500	TC2	日立笠戸	S31
キハ1100	1103	20,100	2,708	3,836	31.0	130(80)	新潟鉄工	NP-1(DT22系)NP-2(TR51系)	2,100	振興造機	DMH17B1	180/1,500	TC2	新潟鉄工	S34
キハ2000	2004	20,000	2,927	3,925	32.5	104(72)	新潟鉄工	NP-108D(DT22系)NP-108T(TR51系)	2,100		DMH17C	180/1,500	TC2	新潟鉄工	S41
キハ2000	2005	20,000	2,927	3,925	32.5	104(72)		TS123(DT22系)TS123T(TR51系)	2,100		DMH17C	180/1,500	TC2	東急車輌	S41
ホハフ2850	2854	16,045	2,730	3,829	22.2			TR10系	2,438					鉄道院大宮工場	M42
ホハニ200	201	15,100	2,550	3,715	20.7	89(40)	Leeds Force		1,676					鉄道作業局大宮工場	M36

天塩鉄道諸元表（蒸気機関車） 本諸元表は昭和30(1955)年から昭和42(1967)年の廃止まで在籍した車両を対象とする。

形式	番号	軸配置	気筒径×行程mm	実用最高気圧kg/cm²	運転整備重量(炭水車)ton	最大長mm	最大幅mm	最大高mm	動輪直径mm
C58	1	1C1T	480×610	14.0	57.8(41.5)	18,275	2,936	3,940	1,520
C58	2	1C1T	480×610	14.0	57.8(41.5)	18,275	2,936	3,940	1,520
9600	9600-3	1DT	508×610	13.0	61.7(34.6)	16,563	2,616	3,813	1,250
9	9	1C1	381×559	13.0	44.8	9,928	2,654	3,658	1,219

天塩鉄道諸元表（気動車・客車）

形式	番号	車体寸法			自重(荷重)ton	軸配置定員(座席)	台車			内燃機関			変速機	製造所製番	製造年
		最大長mm	最大幅mm	最大高mm			製造所	形式	軸距mm	製造所	形式	連続出力(馬力)回転数			
ハ1	1	8,990	2,336	3,327	7.0	25			4,114					南海鉄道	M40.~
ハ2	2	8,990	2,387	3,327	6.5	48			3,810					南海鉄道	M32.0
ハ3	3	9,334	2,487	3,327	7.4	48			4,114					新宮鉄道	T01.10
ナハ100	101	17,850	2,650	3,776	23.2	84		TR11	2,450					汽車会社	M45.0~
ナハ100	102	17,100	2,740	3,870	21.9	80		TR10系	2,134					日車	M43.07
ナハ100	103	16,872	2,718	3,743	21.9	84		TR10系	2,134					日車	M43.07
ナハフ100	103	16,872	2,718	3,743				TR10系	2,134						
ナハフ100	104	16,970	2,705	3,658	21.8	76		TR11	2,450					鉄道院大宮工場	M44.03

車両履歴							備考
認可届	改造所	認可年月/改造年月	改造内容	前所有	旧番号	廃車年月(用途廃止)	
01						S44.11	⇒鹿瀬電工 DR101CL(S46. ーー)⇒日本通運鹿瀬 DR101CL
10						S39.12	DD202⇒日本鋼管 DD202(S45.04)
07						S44.09	
.12						S44.11	木製雑型客車台枠流用
04						S44.11	ナハ10056台枠流用
.12						S44.12	⇒茨城交通 キハ1001 認可(S45.08)→廃車 (S61.02)
10						S44.11	⇒茨城交通 キハ1002 認可(S45.08)→廃車 (H02.03)
.03						S44.11	⇒茨城交通 キハ1103 認可(S45.08)→廃車 (H03.03)
10						S44.11	⇒茨城交通 キハ2004 認可(S45.08)→ひたちなか海浜鉄道 キハ2004→廃車 (H27.12) ⇒*¹平成筑豊鉄道 キハ2004 入線(H28.10) *¹キハ2004号を守る会 所有
.03						S44.11	⇒茨城交通 キハ2005 認可(S45.08)→ひたちなか海浜鉄道 キハ2005 →廃車 (H27.12)
.12	旭川同志社		改修	国鉄	ホハフ2854	S44.09	日本鉄道 は387⇒鉄道作業局 買収 は387(M39.11)→ホハフ7546(M44.01)→ホハフ2854 改番(S03.10)→廃車(S27.03)⇒留萌鉄道 ホハフ2854 認可(S27.10)→廃車 (S44.09)⇒名鉄大江駅 留置(S44.10)→明治村 台車 保存
.03	旭鉄工機	S31.09	車体更新改造	国鉄	ホハ2213	S44.09	日本鉄道 いろ61⇒鉄道作業局 買収 いろ61(M39.11)→イネロ5050(M44.01)→ロネロ5050(T09.--)→ロネロ250(S03.10)→ホロロ6580(S04.12)→ホハ2213(S23.--)→廃車(S27.02)⇒留萌鉄道 ホハ2213 認可(S27.11)→ホハニ201(S29.09)→廃車 (S44.09)⇒名鉄 大江駅 留置(S44.10)→明治村 台車 保存

天塩鉄道(1941.12.18開業)→天塩炭礦鉄道(1959.05.30改称)→(1967.08.01廃止)

車両履歴						備考
製造所製番	製造年月	設計認可竣功届	前所有	旧番号	廃車年月(用途廃止)	
大阪 5	S16.11	S16.11			S42.08	
大阪 6	S16.11	S16.11			S42.08	
造船所	T03.02	S34.10	国鉄	9617	S42.08	鉄道院 9617→国鉄 廃車 (S34.03)⇒天塩炭礦鉄道 3 認可(S34.09)→
大阪	T15.03	S17.03	夕張鉄道	9	S40.01	筑波鉄道 9 (T15.03)→廃車(S13. - -)→夕張鉄道 9 認可(S14.02)→定山渓鉄道 借入(S15.04〜S16.01)→天塩鉄道 借入(S16.07)→廃車(S17.04)⇒天塩鉄道 9 認可(S17.03)→廃車 解体

車両履歴							備考
設計認可竣功届	改造所	認可年月/改造年月	改造内容	前所有	旧番号	廃車年月(用途廃止)	
18.03				鉄道省	ロ2	S42.08	南海鉄道 ろ22 ?⇒新宮鉄道 ロ2(T15.09)⇒鉄道省 買収 ロ2(S09.07)→廃車 (S15. - -)⇒天塩鉄道 ハ1 認可(S18.03)→
18.03				鉄道省	ロ1	S42.08	南海鉄道 ろ21→廃車(T06.07)⇒新宮鉄道 ろ1(T06.09)→ロ1(T13. - -)⇒鉄道省 買収 ロ1(S09.07)→廃車 (S15. - -)→天塩鉄道 ハ2 認可(S18.03)→
18.03				鉄道省	ハ15	S42.08	新宮鉄道 は5→ハ5(T13. - -)→ハ15 改番(S08. - -)⇒鉄道省 買収 ハ15(S09.07)→廃車 (S15. - -)→天塩鉄道 ハ3 認可(S18.03)→
19.03	鉄道省 旭川工機部	S19.07	*¹車体(中型ボギー)振替工事	夕張鉄道	キハニ1	S42.08	鉄道省 ホジ6008→ジハニ6058 改番(T03.08)→キハニ6453 改番(S03.10)→夕張鉄道 借入(S14.01)→夕張鉄道 キハニ1 認可(S16.06)→天塩鉄道 キハニ1 認可(S18.02)→ナハ101 認可(S19.07)→ *¹改造時期戦後の可能性有
27.07	旭鉄工機	S32.08		国鉄	ナハフ14389	S42.08	鉄道院 ホハフ7578→ナハフ7578(T13.11)→ナハフ14389(S03.10)→廃車 (S26. - -)⇒天塩鉄道 ナハ102 認可(S27.05)→
	自社工場	*¹S31.05	便所撤去	国鉄	ナハフ14390	S42.08	鉄道院 ホハフ7579→ナハフ7579(T13.11)→ナハフ14390(S03.10)→廃車 (S29.03)⇒天塩鉄道 ナハ103 認可(S29.10)→
	自社工場	*¹S39.08	車掌室設置	自社	ナハ103	S42.08	鉄道院 ホハフ7579→ナハフ7579(T13.11)→ナハフ14390(S03.10)→廃車 (S29.03)⇒天塩鉄道 ナハ103 認可(S29.10)→ナハフ103 認可(S31.05)→
33.01	旭鉄工機	S32.08		国鉄	ナル17633	S42.08	鉄道院 ホロハ5785→ナロハ5785(T13.11)→ナロハ11540(S03.10)→ナハ10057(S18. - -)→ナヤ16897(S28.03)→ナル17633(S28.03)→廃車(S31.11)⇒天塩鉄道 ナハフ104 認可(S32.12)→

羽幌炭礦鉄道諸元表（蒸気機関車）　本諸元表は昭和30(1955)年から昭和45(1970)年の廃止まで在籍した車両を対象とする。

形式	番号	軸配置	気筒径×行程 mm	実用最高気圧 kg/cm²	運転整備重量(炭水車) ton	最大長 mm	最大幅 mm	最大高 mm	動輪直径 mm
8100	8110	1CT	432×610	11.0	41.5 (24.9)	14,945	2,550	3,772	1,22
8100	8114	1CT	432×610	11.0	41.5 (24.9)	14,945	2,550	3,772	1,22
8620	8653	1C	470×610	11.0	48.8 (34.5)	14,945	2,550	3,772	1,22
8620	58629	1C	470×610	11.0	48.8 (34.5)	14,945	2,550	3,772	1,22
9040	9042	1D	406×508	10.0	39.31 (18.5)	14,561	2,527	3,761	1,070
C11	C111	1C2	450×610	15.0	68.1	12,650	2,940	3,940	1,520

羽幌炭礦鉄道諸元表（気動車・客車）

形式	番号	車体寸法 最大長 mm	最大幅 mm	最大高 mm	自重(荷重) ton	軸配置 定員(座席)	台車 製造所	形式	軸距 mm	内燃機関 製造所	形式	連続出力(馬力)回転数	変速機	製造所 製番	製造
DD13	DD1301	13600	2950	3849	56.0	BB	日立笠戸		2,200	振興造機	DMF31SB	500/1,500×2	DS1.2/1.35×2	日立笠戸 13118	S45
キハ10	11	10,296	2,600	3,115	7.5	60 (28)			4,500	日野	DS22	60/1,300	機械式	富士重工	S34
キハ22	221	20,000	2,928	3,925	32.3	81 (71)	富士重工	DT22A TR51A	2,100		DMH17C	180/1,500	TC2	富士重工	S35
キハ22	222	20,000	2,928	3,925	32.3	81 (71)	富士重工	DT22A TR51A	2,100		DMH17C	180/1,500	TC2	富士重工	S37
キハ22	223	20,000	2,928	3,925	32.3	81 (71)	富士重工	DT22C TR51B	2,100		DMH17C	180/1,500	TC2	富士重工	S41
ホハフ5	5	19,800	2,740	3,640	21.0			TR29 菱枠型	2,000					日車本店	S11.
キハ1000	1001	19,800	2,740	3,640	27.0	120 (80)		TR29 菱枠型	2,000		DMH17B	180/1,500	TC2	日車本店	S11.
ハフ1	1	7,990	2,728	3,658	7.6	50 (24)			3,658					メトロポリタン	M23.
ハフ1	2	7,990	2,728	3,658	7.3	50 (24)			3,658					メトロポリタン	M23.
ハ3394	3414	7,912	2,502	3,645	8.3	40 (40)			3,810					帝国鉄道庁 新橋工場	M40.
オハフ19100	19108	20,002	2,705	3,712	32.9	84 (84)			3,506					鉄道院 大井工場	T08.
ニ1	1	8,178	2,550	3,795	8.4 (1.0)				3,900					鉄道省 苗穂工機部	S17.0

参考文献

小熊米雄　旭川の電車　鉄道ピクトリアル　58　鉄道図書刊行会　1956/05
今井理・森川幸一　簡易軌道写真帖　モデルワーゲン　1997/07
古川邦雄　簡易軌道の風景　レイルロード　2021/06
宮崎光雄　消えた北の電車 旭川電気軌道　鉄道ファン　144　交友社　2021/06
臼井茂信　機関車の系譜図1.2.3　交友社　1972/09　1973/04　1976/12
沖田祐作　機関車表 フル・コンプリート版　ネコ・パブリッシング　2014/02
湯口徹　北線路 上／下　レイル　21.22　プレスアイゼンバーン　1988/03　1988/05
石川孝織　釧路炭田　炭鉱と鉄道と　釧路市立博物館　2014/09
千葉譲　釧路臨港鉄道　鉄道ピクトリアル　259　鉄道図書刊行会　1971/12
小熊米雄　釧路臨港鉄道 私鉄車両めぐり第1分冊　鉄道ピクトリアル　1960/12
小熊米雄　釧路臨港鉄道補遺 私鉄車両めぐり　鉄道ピクトリアル　128　1962/03
髙井薫平　小型機関車全記録 東日本編　講談社　2012/01
澤田節夫　さいはての鉄路 根室拓殖鉄道の車輌たち　モデル8出版事業部　1996/07
近江和良・香山洋一　さいはての軽便鉄道　根室拓殖鉄道　トワイライトゾーンマニュアルⅢ　ネコ・パブリッシング　1994/10
和久田康雄　私鉄史研究資料　電気車研究会　2014/04
湯口徹　私鉄のボギー客車(13)　RAIL FAN　746　鉄道友の会　2016/08
湯口徹　私鉄のボギー客車(19)北海道拓殖鉄道　RAIL FAN　754　鉄道友の会　2017/08
湯口徹　私鉄のボギー客車(20)夕張鉄道　RAIL FAN　755　鉄道友の会　2017/10
湯口徹　私鉄のボギー客車(21)夕張鉄道・美唄鉄道・大夕張鉄道　RAIL FAN　756　鉄道友の会　2017/12
湯口徹・繁沢崇　私鉄レポート8　急電　101　京都鉄道趣味同好会　1960/06
小熊米雄　尺別鉄道　鉄道ピクトリアル　173　鉄道図書刊行会　1965/07
大谷正春　尺別鉄道 50年の軌跡　ケーエス興産　1984/06
小熊米雄　定山渓鉄道　鉄道ピクトリアル　232　鉄道図書刊行会　1969/12
久保ヒデキ　定山渓鉄道　北海道新聞社　2018/01
小熊米雄　定山渓鉄道 私鉄車両めぐり第10分冊　鉄道ピクトリアル　232　鉄道図書刊行会　1969/12
根本昌郎　定山渓鉄道　電車を訪ねて第43回　鉄道模型趣味　74　機芸出版社　1954/10
青木栄一　昭和29年夏 北海道私鉄めぐり 上　RM LIBRARY　58　ネコ・パブリッシング　2004/06
青木栄一　昭和29年夏 北海道私鉄めぐり 下　RM LIBRARY　59　ネコ・パブリッシング　2004/07
寺田裕一　新消えた鐘1 北海道　NECO MOOK　ネコ・パブリッシング　2011/07
寺田裕一　新消えた鐘2 北海道・北東北　NECO MOOK　ネコ・パブリッシング　2011/08
川上幸義　寿都鉄道　鉄道ピクトリアル　49　鉄道図書刊行会　1955/08
小熊米雄・星良助　寿都鉄道　鉄道ピクトリアル　199　鉄道図書刊行会　1967/12
黒岩保美　寿都鉄道　プレスアイゼンバーン　1984/11
湯口徹　戦後生まれの私鉄機械式気動車 上　RM LIBRARY　87　ネコ・パブリッシング　2006/11
湯口徹　戦後生まれの私鉄機械式気動車 下　RM LIBRARY　88　ネコ・パブリッシング　2006/12
湯口徹　戦後地方産業／軌道の内燃機関車　鉄道資料　142　鉄道資料保存会　2014/10
星良助　戦前の定山渓鉄道　時刻表、車両履歴など　RAIL FAN　715　鉄道友の会　2012/12
星良助　天塩炭礦鉄道　鉄道ピクトリアル　鉄道図書刊行会　1960/12
　　　　鉄道70年のあしあと　太平洋石炭販売輸送　1993/12

車両履歴						備 考
造所/番	製造年月	#設計認可竣功届	前所有	旧番号	廃車年月(用途廃止)	
…in 1	M30.09	S26.01	国鉄	8110	S34.08	鉄道作業局 282→鉄道院 8110 改番(M42.10)→洞爺湖電気鉄道 借入(S12.02)→廃車(S25.06)⇒羽幌炭礦鉄道 8110 入線(S25.07) 認可(S25.12)→
…5	M30.09	S24.10	国鉄	8114	S34.08	鉄道作業局 286→鉄道院 8114 改番(M42.10)→羽幌炭礦鉄道 借入(S23.08)→廃車(S25.01)⇒羽幌炭礦鉄道 8114 入線(S23.07) 認可(S24.04)→
阪	T03.12	S33.06	国鉄	8653	S45.06	鉄道院 8653→廃車(S32.03)⇒羽幌炭礦鉄道 8653 認可(S33.03)→廃車 解体
戸	T11.02	S34.12	国鉄	58629	S46.12	鉄道省 58629→廃車(S34.03)⇒羽幌炭礦鉄道 58629 認可(S34.10)⇒羽幌町勤労青少年ホーム 保存
…in 6	M25.10	S19.08	国鉄	9042	S33.02	北海道炭鉱鉄道 26→27⇒買収 鉄道作業局 27(M39.10)→鉄道院 9002 改番(M42.10)→9042 改番(T01.08)→廃車(S18.10)⇒羽幌炭砿鉄道 9042 入線(S18.12) 認可(S19.07)→廃車(S33.02)⇒釧路製作所 解体
戸	S19.02	S30.08	三岐鉄道	C111	S45.12	宇部油化工業 101→日本燃料下関 101⇒江若鉄道 ひら 認可(S22.06)→C112 改番(S25.--)→廃車(S25.12)⇒三岐鉄道 C111 認可(S27.05)→廃車(S29.11)⇒羽幌炭砿鉄道 C111 認可(S30.01)→

車両履歴							備 考
認可届	改造所	#認可年月/改造年月	改造内容	前所有	旧番号	廃車年月(用途廃止)	
.05						S45.10	⇒日本製鋼所室蘭工場(S46.03)→廃車(S61.11)
.03						S44.11	
.07						S45.12	⇒茨城交通 キハ221 認可(S46.05)→廃車(H10.06)
.10						S45.12	⇒茨城交通 キハ222 認可(S46.05)→廃車(H27.05)
.05						S45.12	⇒茨城交通 キハ223 認可(S46.05)→廃車(H21.07)⇒さいたま市 ほしあい眼科 保存(H21.12)
.07	運輸工業	S27.09	客車化改造 中央扉閉鎖 改造時期不明	自社	キハ42015		鉄道省 キハ42015→廃車(S24.09)⇒羽幌炭礦鉄道 ホハフ5 認可(S27.06)→キハ1001 認可(S33.07)→
.07 / .--	釧路製作所 / 釧路製作所	S33.06 / S35.12	エンジン搭載DC化改造 車内更新(座席変更・床材変更等)	自社	ホハフ5	S37.02	鉄道省 キハ42015→廃車(S24.09)⇒羽幌炭礦鉄道 ホハフ5 竣功(S27.11)→キハ1001 竣功(S33.07)→焼失(S37.01)
.03	土崎工機部 / 旭鉄工機	S19.-- / S32.11	車体改装 デッキ式付貫通車体 車体更新 切妻・中央扉化	国鉄	ハフ2835	S44.03	日本鉄道 はに91→鉄道作業局 買収 はに91(M39.11)→ハフ2835(M44.01)→廃車(S15.05)⇒羽幌炭礦鉄道 ハフ1 認可(S17.09)→
.03	土崎工機部 / 自社工場	S19.-- / S32.11	車体改装 デッキ式付貫通車体 ハ3414車体振替	国鉄	ハフ2839	S41.06	日本鉄道 はに95→鉄道作業局 買収 はに95(M39.11)→ハフ2839 改番→廃車⇒羽幌炭礦鉄道 ハフ2 認可(S17.09)→ハ3414車体振替(S32.11)→
.02	旭鉄工機?	S32.--	車体更新 切妻・中央扉化	国鉄	ハ3414	S34.08	北海道官設鉄道 よさ31→鉄道作業局 移管(M38.04)→フハ3414(M44.01)→ハ3414 記号変更→廃車(S11.06)⇒羽幌炭礦鉄道 ハ3414 認可(S18.12)→ハフ2車体振替(S32.11)→
2.12				国鉄	スハニ19108	S34.08	鉄道院 スイロネ28443→スイロネ17263(S03.10)→スハニ19108(S07.02)→廃車(S31.03)⇒羽幌炭礦鉄道 *オハフ19108 認可(S31.10) *書類上 スハフ
8.03				自社	フハニ101		フハニ101 認可(S18.10)→ニ1 認可(S28.02)→ワフ2 認可(S37.02)→廃車(S38.09)

星良助　十勝鉄道 知られざる私鉄6　鉄道ピクトリアル　85　鉄道図書刊行会　1958/08
澤内一晃　十勝鉄道帯広部線車両史　車両研究7　RAIL FAN　519　鉄道友の会　1996/03
加田芳英　十勝の國私鉄覚え書 硬券図版別冊　近畿硬券部会　1984/01
特集・北海道の鉄道 北海道の私設鉄道都市車両概要　鉄道ピクトリアル　259　鉄道図書刊行会　1971/12
湯口徹　内燃機動車発達史 上・下　ネコ・パブリッシング　2005/01　2005/08
青木栄一　根室拓殖鉄道　鉄道ピクトリアル　61　鉄道図書刊行会　1956/08
高橋渉・加田芳英　根室拓殖鉄道　加田芳英　1997/04
小熊米雄　羽幌炭砿鉄道　鉄道ピクトリアル　145　鉄道図書刊行会　1963/05
いのうえ こーいち　美唄鉄道　プレスアイゼンバーン　2007/07
小熊米雄　美唄鉄道 私鉄車両めぐり57　鉄道ピクトリアル　146　鉄道図書刊行会　1963/06
関良臣　北海道拓殖鉄道 私鉄車両めぐり 第1分冊　113　鉄道ピクトリアル　鉄道図書刊行会　1960/12
小熊米雄　北海道鉄道とその車輛 買収私鉄探求シリーズ・2　レイル　7　プレスアイゼンバーン　1978/07
星良助　北海道内客車の動き　鉄道ピクトリアル　384　電気車研究会　1980/12
後藤宏志　北海道の私設鉄道と車両概要VII 十勝鉄道　鉄道ピクトリアル　259　鉄道図書刊行会　1971/12
澤内一晃・星良助　北海道の私鉄車両　北海道新聞社　2016/03
澤内一晃・星良助　北海道の専用鉄道車両　鉄道資料　120　鉄道史資料保存会　2008/07
吉川文夫　北海道を去った私鉄車両　鉄道ピクトリアル　384　電気車研究会　1980/12
後藤宏志　三井芦別鉄道　鉄道ピクトリアル　259　鉄道図書刊行会　1971/12
小熊米雄　三井芦別鉄道　鉄道ピクトリアル　186　鉄道図書刊行会　1966/07
今井静也　三菱大夕張礦大夕張線　鉄道ピクトリアル　259　鉄道図書刊行会　1971/12
奥山道紀・赤城英昭　三菱鉱業大夕張鉄道　RM LIBRARY　47　ネコ・パブリッシング　2003/06
星良助　三菱鉱業大夕張鉄道 私鉄車両めぐり 第2分冊　128　鉄道ピクトリアル　1962/03
大西清太　三菱鉱業美唄鉄道　鉄道ピクトリアル　259　鉄道図書刊行会　1971/12
小熊米雄　夕張鉄道　鉄道ピクトリアル　61　鉄道図書刊行会　1956/08
小熊米雄　夕張鉄道　鉄道ピクトリアル　212　鉄道図書刊行会　1968/07
大谷正春　雄別炭礦鉄道 50年の軌跡　ケーエス興産　1984/01
小熊米雄　雄別鉄道 私鉄車両めぐり 第2分冊　128　鉄道ピクトリアル　1964/07
青木栄一　留萠と羽幌　鉄道ピクトリアル　50　鉄道図書刊行会　1955/09
小熊米雄　羽幌炭礦鉄道 私鉄車両めぐり 第4分冊　145　鉄道ピクトリアル　1963/05
石川孝織・奥山道紀・清水一史　釧路・根室の簡易軌道　釧路市立博物館　2017/03
高井薫平　軽便追想 根室拓殖鉄道・十勝鉄道　ネコ・パブリッシング　1997/04
今井啓輔　三井芦別鉄道 私鉄車両めぐり 第7分冊　186　鉄道ピクトリアル　1966/07
今井啓輔　私の見た特殊狭軌鉄道 第1巻　レイルロード　2011/07
小熊米雄・星良助　寿都鉄道 私鉄車両めぐり第8分冊　199　鉄道ピクトリアル　1967/07
関良臣　北海道拓殖鉄道 私鉄車両めぐり第1分冊　113　鉄道図書刊行会　1960/12
今井啓輔　北海道の殖民軌道 聞き書き帳　レイルロード　2021/04
小熊米雄　雄別鉄道 私鉄車両めぐり第2分冊　128　鉄道ピクトリアル　1962/03
小熊米雄　夕張鉄道 私鉄車両めぐり第9分冊　212　鉄道ピクトリアル　1968/07
小熊米雄　留萠鉄道 私鉄車両めぐり第5分冊　160　鉄道ピクトリアル　1964/07

【著者プロフィール】
髙井薫平（たかいくんぺい）
1937年生まれ、地方私鉄巡りは昭和28年の静岡鉄道駿遠線が最初だった。鉄研活動は中学からだが当時は模型専門、高校に進学以来、鉄研に属して今日に至る。1960年から鉄道車両部品メーカーに勤務、退任後は鉄道趣味に本格復帰し現在は鉄道友の会参与、著書に「軽便追想（ネコ・パブリッシング）」RMライブラリーで『東野鉄道』『上武鉄道』『福島交通軌道線』『弘南鉄道』（ネコ・パブリッシング）、『小型蒸気機関車全記録』(講談社)など。

【執筆・編集協力者】
矢崎康雄（やざきやすお）
1971年卒、学生時代から聞けば何でも知って居る重宝な人、都電とともに幼少期を過ごし、どちらかといえば、市電ファンでヨーロッパのほとんどの都市にトラムを見に行った。かつて三田会が編集した「世界の鉄道」（朝日新聞社）では外国の部分の解説をほとんど一人で担当した。本書では「カラーページ」「ことば解説」「駅や空撮の解説」などを担当してもらった。

亀井秀夫（かめいひでお）
1973年卒、学生時代から私鉄ファンで特に車両データや車両史に詳しい。鉄道車両部品メーカーに勤務し、営業・企画を長く担当した。最終校閲をお願いしたほか、この本の巻末の諸元表作成には彼の所有する資料が威力を発揮した。朝日新聞の世界の鉄道でも諸元表まとめの主要メンバーであった。現在、鉄道友の会理事（業務担当）、（一社）鉄道車両工業会参与を務める。

佐竹雅之（さたけまさゆき）
2007年卒、150分の1スケールのNゲージでおもに地方私鉄の鉄道模型を作成している。最近では3Dプリンタを駆使して、市販されていない車両の作成にも挑戦。鉄道車両史に詳しく、今回からサポートメンバーに加わってもらった。原稿の第一校閲者のほか、地域鉄道位置図面の作成も担当してもらった。

【写真をご提供いただいた方々(50音順)】
J.Wally Higgins（名古屋レール・アーカイブス所蔵)、青木栄一（故人）、安藤誠、石川孝織、今井啓輔、上野巌、梅村正明、大賀寿郎、小川峯生、荻原二郎（故人）、荻原俊夫、奥山紀道、倉知光男、齋藤晃、清水敏史、高橋慎一郎（故人）、竹中泰彦、田尻弘行（故人）、田中義人、西川和夫、望月泉男、林嶢、矢崎康雄、山本忠雄、吉村光夫（故人）

【乗車券など提供と解説】 堀川正弘

【寄稿】
石川孝織（釧路私立博物館学芸員）

昭和30年代〜50年代の地方私鉄を歩く 第1巻
時刻表から消えた北海道の私鉄

2022年2月3日　第1刷発行

著　者……………………髙井薫平
発行人……………………高山和彦
発行所……………………株式会社フォト・パブリッシング
　　　　　　　　　　〒161-0032　東京都新宿区中落合2-12-26
　　　　　　　　　　TEL.03-6914-0121 FAX.03-5955-8101
発売元……………………株式会社メディアパル（共同出版者・流通責任者）
　　　　　　　　　　〒162-8710　東京都新宿区東五軒町6-24
　　　　　　　　　　TEL.03-5261-1171 FAX.03-3235-4645
デザイン・DTP………柏倉栄治（装丁・本文とも）
印刷所……………………株式会社シナノパブリッシングプレス

ISBN978-4-8021-3282-4 C0026

本書の内容についてのお問い合わせは、上記の発行元（フォト・パブリッシング）編集部宛ての
Eメール（henshuubu@photo-pub.co.jp）または郵送・ファックスによる書面にてお願いいたします。